外商在中國從事
貿易法律財稅實務

富蘭德林事業群◎著

導讀

　　外商不管是要從事中國境內貿易，或是在中國設立外商獨資貿易公司，一直到2004年12月才算真正完全開放，在此之前，外商在中國從事貿易活動，只能與中方合資，或是委由中國本地內資貿易公司代為操作，這不僅衍生了許多法律糾紛，也讓外商在中國貿易領域始終無法大展鴻圖。

　　即使到現在，中國開放外商進入貿易領域已有一段時間，但在法律財稅實務中，外商在中國從事貿易活動，仍然要面對許多問題，協助外商從實務角度出發解決這些問題，正是本書出版的目的。

　　本書以141個主題專欄，深入剖析外商在中國從事貿易所可能遭遇的法律、財務、稅務三大問題，這141個主題專欄，本書有系統地編入「一般規定」、「幾種特殊的貿易形態分析」、「貿易公司相關財稅」、「對外貿易有關規定」、「進出口與外匯」、「進出口與海關」、「與貿易相關的法律問題及分析」、「交易風險控制和債權回收」八個篇幅，完整含括了外商在中國從事貿易所可能遭遇的法律財稅問題，期待這樣的編排對讀者來說會更具邏輯性，也更具實用性。

　　最後，本書秉持過去服務讀者的立場，提供讀者全新的檢索方式，透過富蘭德林官網www.myChinabusiness.com，讀者可以以關鍵字進行全文檢索，很快便可找到與關鍵字有關的專欄及相關對應的章節。

富蘭德林事業群總經理

（附件）

讀者服務　www.myChinabusiness.com

本書的讀者，可以在富蘭德林官網www.mychinabusiness.com進行關鍵字檢索，很快就能判斷出所要尋找主題位於哪些章節段落。另外也可登錄您的Email，即可收到最新法規條文更新後的內容解析。

一、網站首頁

進入富蘭德林官網後，請點選右上方「讀者服務」選項。

二、讀者服務頁面

進入「讀者服務」頁面後，即可使用：
- 關鍵字查詢
- 查詢本書內容更新
- 訂閱最新法規條文更新內容

《外商在中國從事貿易法律財稅實務》
- 關鍵字查詢：＿＿＿＿＿＿　搜尋
- 查詢本書內容更新
- 訂閱最新法規條文更新內容

三、關鍵字與內容更新查詢

1. 輸入關鍵字之後，即可搜尋出所要尋找主題位於哪些章節段落與頁碼。
2. 點選「查詢本書內容更新」，即出現更新內容列表。

序號	篇名	頁碼
1	常駐代表機構可以做貿易嗎？(更新內容)	8
2	外商投資貿易公司如何辦理利潤匯出 (更新內容)	71
3	外商投資貿易公司可能涉及的各類稅費 (更新內容)	120
4	貿易公司出口退稅政策介紹 (更新內容)	157

四、訂閱最新法規條文更新內容

點選「訂閱最新法規條文更新內容」，登錄您的Email，即可收到最新法規條文更新後的內容解析。

請輸入您的Email：＿＿＿＿＿＿　訂閱

目次

導讀 ……………………………………………………………………… iii

讀者服務 ………………………………………………………………… iv

第一篇　一般規定 ……………………………………………………… 1

【1】　外商投資貿易公司可以採取哪些企業形式 ……………………… 2

【2】　以個體工商戶從事貿易的法律分析 ……………………………… 5

【3】　常駐代表機構可以做貿易嗎？ …………………………………… 8

【4】　「分公司」與「子公司」的法律及稅收差異 …………………… 10

【5】　經營性分公司與非經營性分公司 ………………………………… 13

【6】　ECFA關於兩岸貿易的內容介紹 ………………………………… 15

【7】　設立外商投資貿易公司流程介紹 ………………………………… 17

【8】　不同區域從事貿易的比較分析（一）──保稅區貿易公司 …… 20

【9】　不同區域從事貿易的比較分析（二）──物流園區貿易公司 … 23

【10】　不同區域從事貿易的比較分析（三）──一般貿易公司 ……… 25

【11】　工廠增加貿易經營範圍 …………………………………………… 27

【12】　經營危險化學品的特別規定分析 ………………………………… 29

【13】　經營食品、保健品的特別規定分析 ……………………………… 32

【14】　經營醫療器械的特別規定分析 …………………………………… 35

【15】　經營酒類的特別規定分析 ………………………………………… 37

【16】　經營化妝品的特別規定分析 ……………………………………… 39

【17】　經營出版物的特別規定分析 ……………………………………… 41

【18】　汽車代理銷售的特別規定分析 …………………………………… 43

【19】　如何為外商投資貿易公司「取名」 ……………………………… 45

【20】　如何理解和使用外商投資貿易公司「投注差」 ………………… 47

【21】　設立貿易公司所需的公認證證明和資信證明介紹 ……………… 49

【22】　貿易公司選址與優惠政策的關係 ………………………………… 52

【23】 貿易公司簽署房屋租賃合同的注意事項 ‥‥‥‥‥ 56

【24】 以個人或境外公司投資貿易公司的區別 ‥‥‥‥‥ 58

【25】 外資併購內資貿易公司注意事項 ‥‥‥‥‥‥‥ 60

【26】 以工廠轉投資設立貿易公司實務 ‥‥‥‥‥‥‥ 63

【27】 借「人頭」設立貿易公司的風險 ‥‥‥‥‥‥‥ 65

【28】 投資方設立貿易公司時的出資方式分析 ‥‥‥‥‥ 67

【29】 利潤再投資設立貿易公司分析 ‥‥‥‥‥‥‥‥ 69

【30】 外商投資貿易公司如何辦理利潤匯出 ‥‥‥‥‥‥ 71

【31】 如何擬定外商投資貿易公司的經營範圍 ‥‥‥‥‥ 74

【32】 如何理解批發、零售和傭金代理 ‥‥‥‥‥‥‥ 76

【33】 外商投資貿易公司的股東、董事及監事介紹 ‥‥‥ 78

【34】 外商投資貿易公司如何在大陸申請商標註冊 ‥‥‥ 81

【35】 外商投資貿易公司如何在大陸申請註冊網絡域名 ‥‥ 83

第二篇 幾種特殊的貿易形態分析 ‥‥‥‥‥‥‥‥‥87

【36】 進出口經營權分析 ‥‥‥‥‥‥‥‥‥‥‥‥ 88

【37】 從事進出口代理法律分析 ‥‥‥‥‥‥‥‥‥ 90

【38】 從事零售法律分析 ‥‥‥‥‥‥‥‥‥‥‥‥ 93

【39】 外商投資貿易公司可兼營哪些業務 ‥‥‥‥‥‥ 95

【40】 外商在大陸從事連鎖經營法律分析 ‥‥‥‥‥‥ 97

【41】 商場專櫃銷售法律分析 ‥‥‥‥‥‥‥‥‥‥ 99

【42】 網絡銷售法律實務 ‥‥‥‥‥‥‥‥‥‥‥ 101

【43】 電視銷售法律分析 ‥‥‥‥‥‥‥‥‥‥‥ 103

【44】 如何經營自動販賣機 ‥‥‥‥‥‥‥‥‥‥ 106

【45】 直銷法律分析 ‥‥‥‥‥‥‥‥‥‥‥‥‥ 108

【46】 出口採購中心法律分析 ‥‥‥‥‥‥‥‥‥ 110

【47】 保稅區倉儲、分撥企業法律分析 ‥‥‥‥‥‥ 112

第三篇 貿易公司相關財稅 ‥‥‥‥‥‥‥‥‥‥ 115

【48】 企業應關注的發票管理規定 ……………………………… 116

【49】 外商投資貿易公司可能涉及的各類稅費 …………… 120

【50】 貿易公司如何使用稅控機 ……………………………… 123

【51】 外商投資貿易公司企業所得稅匯算清繳實務 ………… 126

【52】 增值稅「一般納稅人」最新規定 ……………………… 129

【53】 如何開立和抵扣增值稅專用發票 ……………………… 132

【54】 一般納稅人的進項發票抵扣分析 ……………………… 141

【55】 混合銷售與兼營銷售的差異分析 ……………………… 145

【56】 折扣銷售和銷售折讓的增值稅處理 …………………… 147

【57】 貿易公司銷售收入確認的會計和稅務處理差異分析 … 150

【58】 上海綜合保稅區財政補貼分析 ………………………… 153

【59】 貿易公司出口退稅政策介紹 …………………………… 157

【60】 通過海關特殊監管區域出口退稅分析 ………………… 161

【61】 工廠與貿易公司出口退稅政策分析 …………………… 164

第四篇　對外貿易有關規定 ……………………………………… 167

【62】 對外貿易法介紹 ………………………………………… 168

【63】 禁止進口、限制進口和自由進口 ……………………… 170

【64】 進口許可證介紹 ………………………………………… 173

【65】 進口設備機電證的辦理實務 …………………………… 175

【66】 進口舊機電特別規定分析 ……………………………… 178

【67】 進口化妝品注意事項 …………………………………… 180

【68】 進口食品、保健品、酒注意事項 ……………………… 183

【69】 進口標籤的管理規定分析 ……………………………… 186

【70】 一般原產地制度介紹 …………………………………… 189

【71】 普惠制原產地制度介紹 ………………………………… 192

【72】 如何設計交易結構降低關聯交易風險 ………………… 195

【73】 選擇FOB還是CIF之貿易術語注意要點 ……………… 198

【74】 國際貿易通常採用的結算方式介紹 ‧‧‧‧‧‧‧‧‧‧‧ 201

【75】 信用證的開立和使用 ‧‧‧‧‧‧‧‧‧‧‧‧‧‧‧‧‧‧‧‧‧‧‧‧‧‧‧‧ 204

【76】 人民幣信用證兩大優點 ‧‧‧‧‧‧‧‧‧‧‧‧‧‧‧‧‧‧‧‧‧‧ 207

【77】 國際保理介紹及在大陸的發展現狀 ‧‧‧‧‧‧‧‧‧ 209

【78】 應收帳款融資介紹 ‧‧‧‧‧‧‧‧‧‧‧‧‧‧‧‧‧‧‧‧‧‧‧‧‧‧‧‧ 212

【79】 出口押匯介紹 ‧‧‧‧‧‧‧‧‧‧‧‧‧‧‧‧‧‧‧‧‧‧‧‧‧‧‧‧‧‧‧‧‧‧ 215

【80】 出口信用保險介紹 ‧‧‧‧‧‧‧‧‧‧‧‧‧‧‧‧‧‧‧‧‧‧‧‧‧‧‧‧ 217

第五篇　進出口與外匯 ‧‧‧‧‧‧‧‧‧‧‧‧‧‧‧‧‧‧‧‧‧‧‧‧‧‧‧‧ 219

【81】 貿易公司外匯帳戶介紹 ‧‧‧‧‧‧‧‧‧‧‧‧‧‧‧‧‧‧‧‧‧‧ 220

【82】 何為進口延期付匯、遠期付匯 ‧‧‧‧‧‧‧‧‧‧‧‧‧ 223

【83】 貨物貿易改革企業管理新政分析 ‧‧‧‧‧‧‧‧‧‧ 225

【84】 出口收匯核銷最新政策 ‧‧‧‧‧‧‧‧‧‧‧‧‧‧‧‧‧‧‧‧‧‧ 228

【85】 資本金結匯和外債最新規定分析 ‧‧‧‧‧‧‧‧‧‧ 230

【86】 跨境人民幣直接投資最新規定 ‧‧‧‧‧‧‧‧‧‧‧‧‧ 232

【87】 資本項下外債管理最新規定 ‧‧‧‧‧‧‧‧‧‧‧‧‧‧‧ 235

【88】 向外籍人士借款外債管理新解 ‧‧‧‧‧‧‧‧‧‧‧‧‧ 237

【89】 對外擔保外匯規定及辦理實務 ‧‧‧‧‧‧‧‧‧‧‧‧‧ 239

【90】 出口退運涉及的退稅、海關與外匯實務 ‧‧‧ 241

【91】 進出口代理涉及的收付匯辦理 ‧‧‧‧‧‧‧‧‧‧‧‧‧ 244

【92】 跨境貿易人民幣結算的海關、外匯、出口退稅分析 ‧‧‧‧‧ 246

【93】 貿易公司從事轉口貿易收付匯政策介紹 ‧‧‧ 249

【94】 境外傭金涉稅與外匯解析 ‧‧‧‧‧‧‧‧‧‧‧‧‧‧‧‧‧‧‧ 251

第六篇　進出口與海關 ‧‧‧‧‧‧‧‧‧‧‧‧‧‧‧‧‧‧‧‧‧‧‧‧‧‧‧‧ 255

【95】 進出口貨物商品歸類的海關實務 ‧‧‧‧‧‧‧‧‧‧ 256

【96】 大陸海關如何核定進出口商品完稅價格 ‧‧‧ 259

【97】 一般進出口貨物的報關實務 ‧‧‧‧‧‧‧‧‧‧‧‧‧‧‧ 263

【98】 進出口貿易中必須關注的知識產權海關保護 ⋯⋯⋯⋯⋯ 266

【99】 進出口貨物報關單實務分析 ⋯⋯⋯⋯⋯⋯⋯ 268

【100】 海關對貨物的查驗有哪些規定 ⋯⋯⋯⋯⋯⋯ 271

【101】 何種情況下進出口商品可以免驗 ⋯⋯⋯⋯⋯ 274

【102】 海關收取滯報金規定介紹 ⋯⋯⋯⋯⋯⋯⋯ 276

【103】 海關有哪些便捷通關措施 ⋯⋯⋯⋯⋯⋯⋯ 279

【104】 出口提前報關和直轉、出口中轉手續 ⋯⋯⋯⋯⋯ 282

【105】 如何辦理異地報關手續 ⋯⋯⋯⋯⋯⋯⋯⋯ 284

【106】 以郵寄方式進出境的物品如何辦理海關手續 ⋯⋯⋯ 286

【107】 禁限進出口物品介紹 ⋯⋯⋯⋯⋯⋯⋯⋯⋯ 288

【108】 進出口貨物減免稅介紹 ⋯⋯⋯⋯⋯⋯⋯⋯ 291

【109】 保稅倉庫及保稅貨物介紹 ⋯⋯⋯⋯⋯⋯⋯ 294

【110】 對海關的認定和處罰不服應如何解決 ⋯⋯⋯⋯ 297

第七篇　與貿易相關的法律問題及分析 ⋯⋯⋯⋯⋯⋯⋯ 301

【111】 產品質量責任形式及分析 ⋯⋯⋯⋯⋯⋯⋯ 302

【112】 產品銷售和消費者權益保護 ⋯⋯⋯⋯⋯⋯ 305

【113】 商品銷售中價格欺詐行為的法律分析 ⋯⋯⋯⋯ 308

【114】 產品標識標註須注意事項分析 ⋯⋯⋯⋯⋯⋯ 311

【115】 產品的成分標註與實際不符的法律分析 ⋯⋯⋯ 314

【116】 虛假宣傳的主要情形及法律責任 ⋯⋯⋯⋯⋯ 317

【117】 不正當競爭的分類及分析 ⋯⋯⋯⋯⋯⋯⋯ 320

【118】 侵犯他人註冊商標 ⋯⋯⋯⋯⋯⋯⋯⋯⋯ 323

【119】 侵犯專利 ⋯⋯⋯⋯⋯⋯⋯⋯⋯⋯⋯⋯ 326

【120】 壟斷的相關問題法律分析 ⋯⋯⋯⋯⋯⋯⋯ 329

【121】 兩種海關知識產權保護方式的分析 ⋯⋯⋯⋯ 332

【122】 商業賄賂行為及法律責任分析 ⋯⋯⋯⋯⋯⋯ 334

【123】無照經營行為及法律責任分析 ……………………… 336

第八篇　交易風險控制和債權回收 …………………………… 339

【124】從事內銷應特別注意的法律風險 …………………… 340

【125】對交易對方的徵信調查 ……………………………… 342

【126】貨款的付款方式和信用制度的法律分析 …………… 344

【127】合同、訂單、補充協議比較分析 …………………… 346

【128】買賣合同必備條款 …………………………………… 348

【129】買賣合同中如何約定驗收條款 ……………………… 350

【130】買賣合同中應如何約定違約責任的承擔方式 ……… 352

【131】買賣合同中如何約定違約責任的違約金條款 ……… 355

【132】定金的種類分析 ……………………………………… 357

【133】定金條款使用注意事項 ……………………………… 359

【134】交易過程中如何保留證據 …………………………… 361

【135】如何利用擔保來保障債權 …………………………… 363

【136】訴訟和仲裁的選擇 …………………………………… 366

【137】如何查找財產線索 …………………………………… 369

【138】民事強制執行措施及律師在強制執行中的作用 …… 371

【139】如何利用財產保全保障債權回收 …………………… 373

【140】在訴訟仲裁中的調查取證分析 ……………………… 375

【141】因產品質量發生糾紛如何解決 ……………………… 378

第一篇

一般規定

【1】外商投資貿易公司可以採取哪些企業形式

外商在大陸投資設立貿易公司，除非是為了上市、發行債券或其他融資，需要發起設立股份公司，即投資者以其認購的股份為限，對公司承擔責任，否則建議絕大多數外商投資企業採取有限公司的組織形式，即投資者以其認繳的出資額為限對公司承擔責任，公司則以其全部財產為限，對公司的債務承擔責任。當然，股份公司與有限公司在股東要求、註冊資金、治理結構等方面存在諸多差異，在此不做贅述。

而就有限公司這種企業形式來說，大陸根據投資者身分的不同，將其分為中外合資企業和外商獨資企業。中外合資企業，顧名思義，即外國的公司、企業和其他經濟組織或個人，與中國的公司、企業和其他經濟組織，共同投資設立的企業。須提醒的是，雖然大陸對外國投資者並未有自然人或者法人身分上的限制，但目前尚不允許中方投資者直接以自然人的身分進行合資，而必須通過公司的名義，這就使得中外合資企業的設立在某種程度上存在不小的操作障礙。針對此狀況，大陸不少省市如上海浦東新區、江蘇昆山、北京中關村、浙江省、湖南省、重慶市等地方，已逐步開始試點進行突破，分別頒文放寬中方投資者的主體資格。除此外，中外合資貿易公司主要應注意的事項如下：

1. 合資貿易公司中，中外雙方可以不受股權比例的限制，但是若同一外國投資者在大陸累計開設店鋪超過30家以上，例如經營商品包括圖書、報紙、雜誌、汽車、藥品、農藥、農膜、化肥、成品油、糧食、植物油、餐廳、棉花等商品，且上述商品屬於不同品牌，來自不同供應商的，外國投資者的出資比例不得超過49%。

2. 中外投資者可以用貨幣出資，也可以用建築物、廠房、機器設備或者其他物料、工業產權、專有技術、場地使用權等作價出資，

但須經評估機構進行評估。

3. 中外投資者雙方根據各自的出資比例分享利潤，承擔風險。不過，隨著大陸「公司法」的修改，股東可以約定不按照出資比例分取紅利，或者不按照出資比例優先認繳出資。

4. 合資公司的最高權力機構，不是股東會，而是由中外雙方股東委派的董事組成的董事會，來決定公司發展規劃、收支預算、利潤分配及高層管理人員設置等企業重大問題。董事會成員不得少於 3 人。對於涉及公司中止與解散、章程修改、註冊資金的增加與減少、公司的合併與分立等事項，須經出席董事會會議的董事一致通過方可決議，其他事項則由公司章程自行規定即可。

與中外合資企業相比，外商獨資企業的全部資金來源於境外的法人或者自然人，並沒有人數上的限制，即一個境外自然人或者法人都可以直接在大陸投資設立有限公司。因貿易領域涉及面廣，容易對國內低端貿易行業造成衝擊，外商除了在保稅區可設立獨資貿易公司外，大陸在2004年12月11日，即加入WTO滿 3 年前，始終採取個別區域、高條件且須中外合資方式的限制，後根據「外商投資商業領域管理辦法」的規定，開始開放外商可獨資設立貿易公司。與中外合資企業的上述規定相比，外商獨資企業的公司治理結構，基本遵循大陸公司法的規定，即公司的最高權力機構為股東或股東會，並委派董事會或者執行董事決策日常經營中的重大事項，同時交由總經理及其他經營機構執行。

除卻中外合資及外商獨資這兩種企業形式之外，外商還可採取的第三種企業形式，則是中外合作企業。與合資企業按出資比例分享利潤和承擔風險不同，中外合作企業的投資者可以直接在合同中約定投資或者合作條件、收益或產品的分配、風險和虧損的承擔、經營管理的方式和合作企業終止時財產的歸屬等事項。這種企業形式常見於外商以貨幣出資、中方以場地或技術等做為條件，但同時並不轉移該

土地使用權或技術所有權的合作方式。不過,貿易公司由於對於場地及技術並沒有特別要求,所以外商很少採取中外合作企業的方式來進行投資。

【2】以個體工商戶從事貿易的法律分析

　　外商投資大陸貿易領域，除採取前述中外合資、外商獨資及中外合作的形式以外，對於規模不大、希望操作手續簡便的外商來說，以個體工商戶的形態出現，或許也是前進大陸的選擇方式之一。

　　於2011年11月1日起實施的大陸「個體工商戶條例」，摒棄了之前對於個體工商戶只能在國家法律和政策允許的範圍內，如工業、手工業、建築業、交通運輸業、商業、飲食業、服務業、修理業等限制，而實行平等准入、公平待遇的原則，因此只要不屬於法律及行政法規禁止進入的行業，一般均應予以登記。與公司形式的投資相比，個體工商戶具有以下特點：

一、責任承擔

　　以個人身分直接登記為原則，其形式為個體工商戶而非公司，且與公司以其財產為限對外承擔有限責任不同，個體工商戶不具有法人資格，須以其個人或家庭財產對債務承擔無限責任。

二、審批程序

　　個體工商戶設立程序簡單，沒有註冊資金要求，只須到工商部門進行登記，並在核准的經營範圍內經營即可，不像外商投資企業還須經過商務主管部門的前置審批手續，方可申領營業執照。

三、字號

　　儘管並不是公司的形式，沒有公司名稱，但個體工商戶仍可以享有自己的字號如「某某美容美髮廳」。

四、帳務處理

　　個體工商戶對帳務處理的要求不高，根據大陸國家稅務總局「個體工商戶建帳管理暫行辦法」之規定，從註冊資金或月營業額標準

兩方面，判斷該個體工商戶應建立簡易帳或複式帳：1. 註冊資金達到10萬元的應建簡易帳，達到20萬元的應建複式帳；2. 月營業額標準達到1.5萬元的應建簡易帳，達 4 萬元以上的應建複式帳；其中，從事貨物生產的月銷售額達到 3 萬元的應建簡易帳，達 6 萬元的應建複式帳；從事批發或零售的月銷售額達 4 萬元的應建簡易帳，達 8 萬元的應建複式帳。未達上述建帳標準的個體工商戶，經批准可建立收支憑證黏貼簿、進貨銷貨登記簿或者使用稅控裝置即可。而有限責任公司的帳務要求相對高一些，特別是一般納稅人，通常都要求建立複式帳。

五、所涉稅務

從事貿易業務的個體工商戶，其稅負亦分為增值稅與所得稅部分。除卻對無法建帳簿的個體工商戶採取核定徵稅以外，其增值稅的繳納與一般有限公司的繳納方式相同，即對營業規模較小（通常以銷售收入80萬元人民幣以下為標準）的個體工商戶認定為小規模納稅人，按其收入的3%徵稅且取得的進項稅不得抵扣；營業規模較大的則認定為一般納稅人，按其收入的17%計繳銷項稅，並按扣除進項稅額後的餘額，繳納增值稅（負數結轉下期抵扣）。

而對所得稅的徵收，個體工商戶與有限公司則有著根本的區別。有限公司的企業所得稅，是按應納稅所得額的25%進行徵繳，且在該等利潤匯出至境外時，將按投資者的身分不同而扣繳最高為10%的預提所得稅；而個體工商戶由於不具備法人資格，因此其所得稅的徵收完全按個人所得稅的5%至35%超額累進稅率（見以下附表）徵繳。根據大陸國家稅務總局2011年9月1日起實施的「關於調整個體工商戶、個人獨資企業和合夥企業自然人投資者個人所得稅費用扣除標準的通知」，對個體工商戶的生產經營所得計徵個人所得稅時，其費用統一扣除標準確定為42,000元／年。以應納稅所得額100萬為例，

其應納所得稅稅額即為（100－4.2）×35%－1.475＝32.055萬元。

級數	全年應納稅所得額	稅率（%）	速算扣除數
1	不超過15,000元	5	0
2	超過15,000元至30,000元的部分	10	750
3	超過30,000元至60,000元的部分	20	3,750
4	超過60,000元至100,000元的部分	30	9,750
5	超過100,000元的部分	35	14,750

　　2011年11月1日新的「個體工商戶條例」施行之前，台灣居民能否申請登記個體工商戶，由各省市根據經濟發展需要提出政策，只有江蘇、福建及廣東外商聚集的少數地區開放；而「個體工商戶條例」施行之後，台港澳居民則都可比照內地居民申請登記為個體工商戶。

【3】常駐代表機構可以做貿易嗎？

外國企業在中國的常駐代表機構，即通常所稱的「代表處」，根據2011年3月1日起施行的「外國企業常駐代表機構登記管理條例」第二條規定，代表處是指：「外國企業在中國境內設立的從事與該外國企業業務有關的非營利性活動的辦事機構。代表機構不具有法人資格。」

既然代表處不能從事營利活動，當然也就不可以直接從事貿易業務。也就是說，對於希望以大陸機構名義買進賣出貨物，或因應客戶要求必須開立大陸公司發票的外國企業來說，唯一的選擇只能是直接在大陸設立貿易公司，而不能通過代表處的方式來從事貿易。

與具有獨立法人資格的貿易公司相比，代表處具有以下特點：

1. 功能定位不同。貿易公司做為獨立的法人企業，可從事與其經營範圍相適應的業務活動，例如貨物的批發、零售、進出口及提供維修、技術諮詢等售後服務活動，而代表處只能從事與外國母公司產品或者服務有關的市場調查、展示、宣傳活動，或與母公司產品銷售、服務提供、境內採購、境內投資有關的聯絡活動。如違反規定從事營利性活動，登記機關有權責令改正，沒收違法所得，沒收專門用於從事營利性活動的工具、設備、原材料、產品（商品）等財物，處5萬元以上50萬元以下罰款；情節嚴重的，吊銷登記證。

2. 機構性質不同。貿易公司做為獨立的法人公司，具備完全的法人民事行為能力和民事責任能力，可以以自身名義簽署與其經營範圍相適應的經濟合同，並承擔因履行不能而產生的法律責任，也可以自行招聘員工及簽署勞動合同，並承擔用人過程中所產生的相關責任；而代表處則因不具備法人資格，只能簽署與其身分相適應的如房屋租賃合同、勞務派遣協議等，而不可簽署具有營利性目的的經濟合同，於此產生的法律責任亦應由外國母公司承擔；同時，代表處也不

可自行招聘員工及簽署勞動合同，只能委託人事代理機構進行並代為繳納社保。

3.　註冊資金及經營期限要求不同。貿易公司必須具備一定的註冊資金方可登記設立，而代表處無需註冊資本，只要滿足日常開支需要即可；就經營期限來說，貿易公司的經營期限由投資者申報並經審批機關批准即可，實務中通常為30年左右，期滿前180天內可申請延期；而代表處的駐在期限，則不得超過其外國母公司的存續期限。

4.　繳稅方式不同。貿易公司可獨立開立發票，並根據實際開票金額繳納增值稅或營業稅，並在每一會計年度終了時，根據當年度盈利狀況繳納企業所得稅；而代表處不能從事營利性活動，因此也不能開立發票，根據大陸國家稅務總局2010年1月1日起施行的「外國常駐代表機構稅收管理暫行辦法」，對於可以準確反映收入但不能準確反映成本費用的代表機構，可採取按其收入總額核定應納稅所得額的方式繳納企業所得稅，即收入總額×核定利潤率（一般不得低於15%）×企業所得稅率（25%）；而大多數的代表機構，由於不能準確反映收入或成本費用，但可準確反映其經費支出，因此通常採取按經費支出換算收入的方式徵收所得稅，即其應納所得稅額為本期經費支出額／（1－核定利潤率－營業稅稅率5%）×核定利潤率（一般不得低於15%）×企業所得稅率（25%）。該規定意味著，代表處與具有獨立法人資格的公司有著本質區別，做為一個純粹的費用中心，即便未創造任何收益，但也必然會產生一定的稅收成本。

【4】「分公司」與「子公司」的法律及稅收差異

　　設立分公司還是子公司，是外商投資貿易公司在異地開拓業務過程中經常遇到的困擾。與不具備法人資格，僅在總公司經營範圍內從事業務活動的分公司不同，這裡的子公司，是指外商投資貿易公司以自有資金獨資或與他人合資設立的，具有獨立法人資格的企業，其性質上屬於外商投資企業再投資，按內資企業進行管理。

　　獨立法人資格的具備與否，使得分公司與子公司無論在企業性質、設立審批及稅收等方面都有著明顯的差異。

　　1. 名稱的擁有及責任的承擔：分公司不具有獨立的字號，只須在總公司的名稱後加上分公司字樣即可，其經營活動中的負債由總公司負責清償，總公司以全部資產為限，對分公司在經營中的債務承擔責任。子公司則可擁有與母公司完全不同的字號，做為獨立法人，母公司以其對子公司的出資額為限，對子公司的債務承擔責任，子公司則以其自身的全部財產為限，對外承擔責任。

　　2. 註冊資金的需求：分公司做為總公司的分支機構，只須總公司撥付營運所需資金即可，其占有和使用的財產是總公司的一部分，並列入總公司的資產負債表中；而子公司做為獨立法人，必須滿足公司法對註冊資金的最低要求。就貿易公司而言，出於各地稅務機關對於一般納稅人認定的需要，通常建議註冊資金不要低於人民幣50萬元，同時，如果該子公司係由母公司獨資設立，則屬於公司法上的一人有限公司，註冊資金應當一次足額繳納，不能像其他有限公司可以分期出資。

　　3. 經營範圍的設定：分公司既然依附於總公司之下，其經營範圍必然不得超越總公司。同時，從是否從事經營的角度來看，分公司可以分為經營性分公司和非經營性分公司。非經營性分公司一般只是從事總公司經營範圍下的市場開拓、宣傳業務等聯絡及溝通工作；經

營性分公司從事的經營範圍可與總公司完全相同。而子公司與母公司分屬於獨立的不同法人，可以設定與母公司完全不同的經營產品及經銷方式。

4. 審批流程的簡易：除非是危險化學品、食品、酒類、醫療器械等須辦理行業經營許可證的產品，須先取得主管部門頒發的經營許可證，從事一般產品貿易的分公司只須到所在地的工商部門申領「營業執照」即可，同時並辦理企業組織代碼證、稅務登記等手續；而子公司如涉及「外商投資商業領域管理辦法」規定的如藥品、農藥、汽車、成品油、圖書、雜誌、期刊等特殊產品，或涉及電視、電話、郵購、網購、自動販賣機等銷售方式的，則應按規定先到省級或省級以上的商務主管部門審批，再到所在地工商部門申請「企業法人營業執照」，並辦理後續所需的企業組織代碼證、統計證、財政登記證、稅務登記證等手續；當然，與分公司一樣，如涉及行業經營許可證的，還須先取得經營許可證，一般產品則無須經過商務部門的審批，直接到工商所在地申領執照即可。

5. 稅收的繳納方式：從稅收角度講，經營性分公司應該是獨立核算的主體，對外可以自己的名義經營業務，並以自己的名義對外開具發票，其增值稅和營業稅等流轉稅應在分公司所在地繳納，所得稅則根據國稅函（2009）221號文「關於跨地區經營匯總納稅企業所得稅徵收管理若干問題的通知」的規定，如與總公司處於不同稅率地區的，先由總公司統一計算全部應納稅所得額，然後再按資產、收入、工資等權重比例，分攤就地預繳的企業所得稅款。非經營性分公司因是非獨立核算的主體，不能從事經營活動，沒有涉稅收入，無須以自己的名義對外開立發票，也就不會涉及到流轉稅及所得稅的繳納。但須提醒的是，非經營性分公司的非獨立核算僅指財務帳目上的處理，其做為納稅主體，仍應在辦理稅務登記證後的次月起，每月進行稅務的零申報，否則將招致稅務機關的處罰。而子公司做為獨立的法人主

體，其增值稅、營業稅及所得稅都將在企業所在地獨立計徵。

6. 享受地方優惠政策的程度：子公司因其流轉稅和所得稅都在所在地繳納，當然最受地方財政的歡迎，也因此可以有空間與地方政府洽談財政上的支持；而分公司由於所得稅與總公司合併繳納，申請地方財政支持的難度就相對大一些。

【5】經營性分公司與非經營性分公司

　　對於分公司的定義，大陸「公司登記管理條例」（2005年12月18日實施）第四十六條明確解釋：「分公司是指公司在其住所以外設立的從事經營活動的機構。分公司不具有法人資格。」而2006年4月24日頒布的「關於外商投資的公司審批登記管理法律適用若干問題的執行意見」（以下簡稱「執行意見」）第二十五條中又規定：「公司登記機關不再辦理外商投資的公司辦事機構的登記。原已登記的辦事機構，不再辦理變更或者延期手續。期限屆滿以後，應當辦理註銷登記或者根據需要申請設立分公司。外商投資的分公司可以從事經營範圍內的聯絡、諮詢等業務。以辦事機構從事經營活動的，由公司登記機關依法查處。」

　　由此可見，儘管「公司登記管理條例」中賦予了分公司以「經營活動」的性質，而實際上「執行意見」則將分公司的功能進行了擴張，即分公司包含了從事經營活動和從事業務聯絡、諮詢活動兩種情形。前者通常被稱為經營性的分公司，後者則被稱為非經營性的分公司，即代替了之前的辦事處。

　　無論是經營性還是非經營性的分公司，其共性均為沒有獨立的法人地位或資格，但可以有自己的名稱，即反映其與總公司的隸屬關係，如ABC諮詢（上海）有限公司蘇州分公司。分公司也沒有自己的獨立財產，其實際占有、使用的財產是做為總公司的財產而計入總公司的資產負債表之中，同時總公司應以其全部財產對其分公司活動所產生的債務承擔責任。兩者的設立程序都較為簡單，只須到分公司所在地申領營業執照即可，但做為經營性的分公司，尤其是從事零售的店鋪，開設時還須經所在地商務主管部門對於商業規劃的許可。

　　兩者的區別在於，經營性分公司既然可從事經營活動，即可向當地稅務機關申請開立發票，並繳納流轉稅及企業所得稅；而非經營

性分公司因只能從事業務聯絡及諮詢活動，故不可申請開立發票，但因對員工個人所得稅負有代扣代繳義務，故即使是非經營性的分公司，在取得稅務登記證以後也應每月進行稅務的申報工作。

那麼，如何區分「經營性」和「非經營性」這兩種功能呢？在實務操作中，外商投資的貿易公司常有以下情形需要而開設分公司：

1. 註冊地與經營地不一致。外商投資設立貿易公司時，常受到註冊所在地可提供財政返還等優惠政策的吸引，從而在對方提供的虛擬地址上進行註冊，但實際辦公地址並不在此；或在公司設立後不久找到更合適的辦公地址，但又擔心跨區搬遷手續繁複而不想辦理法律上的地址變更。

2. 需要在不同的地點開設店鋪進行銷售。尤其對零售商來說，每家店鋪都必須擁有自己的營業執照，而不可一個城市或一個區域的多個門店共用一張執照。

3. 在異地租賃倉庫就近提供貨源，或應客戶要求須儘快提供發票。貿易通常贏在資訊的封鎖或管道的占有，在第一時間內滿足客戶的需求是成功的關鍵，因此很多貿易公司需要在異地存儲貨源，同時如在當地擁有一個機構的名義，也可以滿足當地客戶在品質等問題發生後可以追索的信心保證。

4. 在異地租賃辦公室提供維修、技術培訓等售後服務。對於重大的機械設備來說，在一些重點銷售區域派駐專業人員進行售後服務，也是貿易公司常見的操作模式。

5. 在異地租賃辦公室進行業務聯絡或進行業務開發。

雖然法規並未對「經營活動」進行嚴格的界定，從實務執法狀況來看，前述 1 至 5 項均應屬於經營活動，應設立經營性的分公司。當然，也有一些地方執法部門出於地方稅收利益的考量因素，而要求將非經營性的分公司設立為經營性的分公司，在此不做評論。

【6】ECFA關於兩岸貿易的內容介紹

ECFA即「海峽兩岸經濟合作框架協議」，是大陸與台灣為了推動兩岸經貿往來，建立兩岸經濟合作機制，經多次磋商後僅先確定架構及目標，具體內容日後再經協商而形成的框架性協議。ECFA自2010年9月12日起生效，架構上包含了序言、5章、16條及5個附件，內容涵蓋了兩岸知識產權保護、金融合作、貿易促進與貿易便利化、海關合作、電子商務、重大項目合作以及中小企業合作等等。

ECFA針對雙方較具競爭力或較為迫切的項目，倡議提早實施貿易自由化，如石化、紡織與食品衛生標準等，兩岸之間先進行互免關稅或優惠市場開放條件之協商，協商完成者先予執行，這些產品因此而被稱為「早期收穫清單」。在ECFA生效後6個月開始實施的清單中，大陸對台灣的免稅項目有539項，其中高達20%是台灣產品在中國大陸市場面臨東盟（即東協）國家激烈競爭或處於競爭劣勢的產品，包括塑膠原料、塑膠製機器及儀器用零件、照相機模塊等，另外，也包含不少台灣相對東協國家有競爭優勢、但因高關稅削弱台灣產品競爭力的產品：如石化原料氯乙烯、正丁醇、鋰離子電等。除此外，台灣原本就較日本與韓國的產品具有相當競爭優勢者，如自行車及其零組件、石化原料、工具機、其他聚酯非變形長絲布、其他放電燈管等，本次也被納入ECFA的早收清單，這樣有助於此類產品提升在中國大陸市場的競爭力，奪取日韓等其他國家在中國大陸的市場占有率。

而台灣對大陸的免稅項目則有267項，主要集中於石化產業（以塑膠原料及雜項化學品為主）與產業機械及其零件；至於自行車及紡織等產業，亦均以中間零配件項目為主。兩岸互免關稅的方式，為3年內對清單所列商品的關稅分別採取逐年降低的方式，至2013年降為零。因此，ECFA的實施使台灣進入大陸的關稅成本大為降

低，有利於台灣企業的產品進入大陸。

做為零關稅的早收清單的補充，ECFA還制定了臨時原產地規則。只有貨物完全由一方或雙方的原材料生產，或即使使用非原材料生產，但可依據稅則號別的變更、區域產值含量、加工工序標準或者其他標準認定其原產資格的，均可認定為符合原產地規則。台灣產品出口到大陸，可到台灣的同業工會、商業會、工業會、標準檢驗局等62家簽證機構申請；大陸產品出口到台灣時，則可直接到大陸國家質檢總局下屬的35個省級地方局，及中國國際貿易促進委員會及其下屬的分會申請出具即可。

原產地證書自簽發之日起12個月內有效，最好在出口報關前申領，以便貨物在台灣或大陸進口清關時立刻享受關稅優惠。如出口報關前來不及申請，根據ECFA相關規定，出口商或者生產商可在貨物出口報關之日起90天內，申請補發原產地證書。貨物報關進口時，進口商如無法提交有效的ECFA原產地證書，但已依據進口方海關以書面或者電子方式向海關主動申報，申明該貨物具備原產地資格，該方海關可收取相應的保證金後放行貨物。對於經擔保放行的貨物，進口商應在海關規定的期限內，提交有效的原產地證書及其他原產地證明相關文件，以辦理繳稅及退還保證金的相關手續。因此，對於從事兩岸貿易的外商來說，要申請進出口產品的關稅優惠，在貨物進口時除需要按正常程序辦理通關、提交報關單證外，還應當提交兩岸簽證機構簽發的原產地證書，並在填報進口報關單時主動申報適用ECFA協定稅率。

外商在兩岸之間從事生產或貿易，原本都轉由第三地境外公司進行，但在ECFA給予的互免關稅的優惠條件下，建議外商可取消第三地的訂單移轉，改由大陸與台灣之間直接進行交易。當然，為了避免兩岸關聯交易所引起的稅務查核，建議外商可以以大陸台資企業的名義，直接在台灣設立銷售性子公司或分公司，從而可最大限度符合大陸稅務機關對子（分）公司利潤合併同至大陸企業的要求。

【7】設立外商投資貿易公司流程介紹

　　從開放之初的無論規模大小都須經大陸國家商務部審批，到如今與一般外商投資企業無異，只要經所在地商務部門審批即可，外商投資貿易公司從開始申請，到可以開立發票從事經營活動，所需時間通常為 3 至 4 個月，較之以前縮短了至少半年。

一、審批流程

　　除非是成品油、農藥、化肥、圖書雜誌等特殊商品，仍須提交到國家商務部審批，外商如投資一般商品貿易公司，其審批流程大致如下：

　　1. 到所在地工商行政管理部門，進行名稱核查並取得名稱核准通知書。

　　2. 向所在地的商務部門遞交申請並取得批復及批准證書。

　　3. 向所在地工商行政管理部門申請營業執照。

　　4. 向公安部門申請核准代刻公司公章、法定代表人章、財務專用章、報關專用章。

　　5. 向技術監督管理部門辦理企業組織代碼登記證。

　　6. 向所在地的商務部門辦理對外貿易經營者備案表。

　　7. 向外匯管理部門辦理外匯登記證及IC卡。

　　8. 向稅務管理部門辦理稅務登記證。

　　9. 辦理外匯資本金帳戶、美金結算帳戶、人民幣基本帳戶及納稅專用戶等開戶手續。

　　10. 匯入資本金後並辦理驗資手續。

　　11. 辦理首期註冊資金到位後的營業執照及企業組織代碼證變更手續。

　　12. 向海關辦理海關登記證。

13. 向商品檢驗檢疫部門辦理商檢登記證。

14. 向統計部門辦理統計證。

15. 向財務部門辦理財政登記證。

16. 向海關辦理電子口岸登記手續並取得出口領取證、進口名錄卡、法定代表人及經辦人的身分識別卡、法定代表人及經辦人的操作員卡。

17. 代辦一般納稅人身分認定手續。

18. 有出口業務者，還須辦理出口退稅認定手續。

如有些產品涉及環境保護、人體安全、衛生管理等方面，則還須根據規定取得行業要求的經營許可，例如危險化學品經營許可證、醫療器械經營許可證、食品流通許可證、酒類流通許可證等。這些證照通常是在外商投資貿易公司將申請文件提交商務部門之後，由商務部門轉發給行業主管部門聽取意見、頒發批准證書，或經認證後取得行業的經營許可證，才能到工商部門申請取得公司的營業執照。

二、須提交的資料

外商申請設立貿易公司時，須提交以下的資料：

1. 投資者的身分證明。如以境外公司名義投資，則須提交境外公司的營業執照影本及中國駐該境外公司所在地的大使館出具的公證認證證明；如以自然人名義投資，則須提交護照（台胞須提交台胞證）影本即可。

2. 投資者的開戶銀行出具的，關於該投資者信用往來無不良紀錄的銀行資信證明；投資者為自然人時，銀行出具的多為存款餘額證明，此時建議存款金額儘量不要低於大陸貿易公司的註冊資本額。

3. 新設貿易公司的名稱、經營範圍及註冊資金數額的確定。

4. 新設貿易公司的辦公室租賃合同及房屋產權證明影本，住宅等非辦公或商業用途房屋不得做為貿易公司的註冊地址使用。

5. 新設貿易公司的董事會成員（或執行董事）、法定代表人及監事名單及其身分證明影本、投資者對該等人員的委派書等。

6. 設立貿易公司的可行性研究報告，即針對公司設立後的市場前景、公司運作及未來市場業績等進行預估及分析。

7. 新設貿易公司的章程。

8. 新設貿易公司所涉商品的目錄。營業執照中之經營範圍通常只是針對幾個商品的大類進行描述，而無法涵蓋所涉商品之明細，可通過具體羅列的方式，提交相關商品的目錄及海關編碼加以補充說明。

【8】不同區域從事貿易的比較分析（一）
──保稅區貿易公司

　　隨著中國大陸在貿易領域對外資開放的深入，特別是2004年「對外貿易法」、「外商投資商業領域管理辦法」的頒布實施，外商可以按照與內資公司相同的條件設立貿易公司，取得分銷權，從事批發、零售及進出口業務。但實務中，外商投資貿易公司選擇設立在一般區域還是保稅區、保稅物流園區等海關特殊監管區域，須考量不同區域貿易公司在業務模式、經營範圍、發票管理、關務操作、外匯管制等方面的不同而做出選擇。總的來說，在一般區域設立貿易公司，審批、登記部門雖然對外商沒有設置特殊門檻，但若在貿易過程中需要輔之以保稅功能配合業務經營的外商，則須考慮在保稅區或者保稅物流園區內設立貿易公司。

　　以上海外高橋保稅區為例，在保稅區設立貿易公司，經營範圍通常表述為「國際貿易、轉口貿易、保稅區企業間的貿易及保稅區內貿易代理」，還可以根據需要加上「提供產品維修服務、商務諮詢服務及商業性簡單加工」等經營範圍（以下稱「一般保稅區貿易公司」）；而增加了分銷權的保稅區貿易公司，經營範圍則通常表述為「某某產品的批發、傭金代理（拍賣除外）、進出口及其他相關配套業務，國際貿易、轉口貿易、保稅區企業間的貿易及保稅區內貿易代理」（以下稱「有分銷權的保稅區貿易公司」）。一般保稅區貿易公司在從事進口業務時，根據進口貨物是否進入保稅區，分成貨物進保稅區的「兩次報關」進口，和貨物不進保稅區的「一次報關」進口。前者指進口貨物不論在哪個口岸實際到岸，都進入保稅區，在保稅倉庫裡保稅倉儲，客戶有需要時再清關出區。後者指進口貨物到岸後，無須進入保稅區，在口岸直接辦理清關手續進入國內市場。兩種進口

方式各有特點，也各有利弊。相較於一般保稅區貿易公司，增加了分銷權的貿易公司還可完全自行經營進出口，不需要透過進出口代理公司進行業務操作，通俗的說，就是可以自行與國內客戶進行貿易，包括從國外進口後在國內銷售；國內採購、國內銷售；國內採購後出口至國外，還可在保稅區外甚至異地設立分公司進行業務操作。

功能	保稅區 貿易公司	保稅物流園區 貿易公司	一般區域 貿易公司
1.外購（保稅）外銷	√	√	×
2.外購（保稅）、內銷（保稅）	√	√	×
3.外購內銷（開增票）	√	×	√
4.內購外銷（內購視同出口）	×	√	×
5.內購外銷（外銷退稅）	√	×	√
6.內購內銷（開增票）	√	×	√
7.轉口貿易	√	√	×
8.出口三邊貿易	√	√	×
9.進口三邊貿易	√	√	×

　　可見，保稅區貿易公司除了具備保稅功能，適合從事國際貿易、轉口貿易外，對以進口分銷業務為主的貿易公司，從事倉儲分

撥，或者產品商業性簡單加工後再銷售到區外的業務，也有極大的便利：在區內可暫不繳納關稅和進口環節增值稅，等到區外客戶下訂單，可隨時辦理清關手續，一方面降低稅收占用流動資金的資金成本，另一方面可隨時根據客戶需要供貨。有些區內貿易公司為了便於開展業務，還在區外設立分公司，但需要注意分公司增值稅發票開具問題：上海外高橋保稅區貿易公司區外同城分公司，不能獨立開具增值稅發票；在異地的分公司則可向當地稅務部門申請開立增值稅發票。但是，在發票管理方面，保稅區貿易公司只能委託保稅區內的「會員市場」統一開立增值稅發票。並且，保稅區的「境內關外」程度不高，境內貨物進入保稅區內視同內銷，最終離境才退稅。也正因為如此，保稅物流園區的產生彌補了保稅區在此功能上的不足。

【9】不同區域從事貿易的比較分析（二）
——物流園區貿易公司

　　大陸九個保稅物流園區（上海、張家港、寧波、青島、大連、廈門、福州、深圳、天津）均依附在當地的保稅區旁成立，再加上物流園區本身也具備保稅功能，所以稱為「保稅物流園區」。另外，除保稅物流園區外，蘇州保稅物流中心功能類似於保稅物流園區，但沒有依附在保稅區設立（蘇州沒有保稅區）。本文所分析的物流園區，即前述保稅物流園區及保稅物流中心。

　　大陸官方設立物流園區，主要是為了提供貨物不須真實離境，只要進到物流園區即視同出口，可以辦理出口退稅，出口退稅方面的功能與貨物進到出口加工區也可辦理出口退稅完全相同。但要注意的是，物流園區和保稅區兩者雖然都可保稅，但如果貨物是從大陸境內進到保稅區中，是視同國內交易，銷售方不但要繳納增值稅，也不能辦理出口退稅，因此區分物流園區、出口加工區和保稅區，規劃自己最大利益的貿易模式，是外商在大陸從事貿易非常重要的步驟。

　　物流園區的交易模式主要有兩種，首先是區外企業直接將貨物銷售給在物流園區內註冊的企業，其次最常見的是，區外企業在名義上將貨物銷售給境外企業，發票開立和貨款收取也都是與境外企業往來，但物流部分則不真實離境出口，而是將貨物運入物流園區，交給區內倉儲企業，完成形式上的出口要件，並申請出口退稅。

　　外商要在物流園區內設立獨資公司，須先區分是在蘇州保稅物流中心還是在保稅物流園區設立公司，蘇州保稅物流中心到現在為止，仍只允許設立外商獨資的物流公司，從事物流中心內的倉儲物流業務。但保稅物流園區除允許外商設立物流公司外，還允許設立外商投資貿易公司。根據「中華人民共和國海關對保稅物流園區的管理辦

法」規定，物流園區內的公司除了具有完全企業法人資格外，若經直屬海關批准，物流園區外的法人企業也可在區內設立分支機構。以上海外高橋保稅物流園區為例，如果外商已在外高橋保稅區中設立公司，則可以在隔壁的物流園區中直接設立分公司，海關會給予該分公司獨立的10位數編碼，在保稅區內的貿易公司去物流園區設立分公司，和在物流園區設立貿易公司，功能上完全相同，因此實務中外商多採取此方式。

物流園區內不管是物流公司或貿易公司，稅務上主要是繳納營業稅、所得稅、個人所得稅，因為物流園區視同「境外」，所以稅務機關不會提供增值稅發票。至於設立公司的註冊資金，雖然沒有具體要求，但實務上多以20萬美元為底線，並且要再視經營範圍做最後決定。

在物流園區內設立貿易公司，比如以境內工廠為母公司，百分之百轉投資一家物流園區內的貿易公司，工廠可與其位於物流園區的子公司進行交易，因母公司合併子公司報表，不屬稅務局關注的關聯交易，並同時享受貨物進入物流園區即可辦理出口退稅的政策。而對在國內採購，真實要出口到國外的外商來說，將貿易公司設在物流園區內，可讓供貨方自己辦理出口退稅，既可減少自己採購資金的壓力，也可避免自行辦理出口退稅時，徵17%卻不能全部退回的損失。

【10】不同區域從事貿易的比較分析（三）
──一般貿易公司

　　一般貿易公司，指的是在中國境內非海關特殊監管區域設立貿易公司。2004年12月11日以前，外商在中國從事貿易，屬於受中國政府限制的行業之一，外商一般只能在保稅區裡註冊設立貿易公司，才可在中國從事國外進口或者國內採購出口銷售等業務。但2004年12月11日後，中國政府為了履行加入WTO的承諾，開始向外商開放批發和零售的貿易業務。根據中國商務部2004年4月16日頒布的「外商投資商業領域管理辦法」之規定，外商在中國投資設立批發或者零售企業，並沒有特別的條件限制，也就是說，外商只要符合「公司法」對於公司的註冊資金要求（但各地在審批時，可能會提出更高要求），無論其是來自哪個國家或者地區的自然人或者企業，都可在中國投資設立貿易公司，從事各類產品的批發、傭金代理（拍賣除外）、進出口及其他相關配套業務。有零售店面的，經營範圍還可以增加「零售」。

　　一般貿易公司的設立，如果不涉及食品、藥品、危險化學品等特殊產品，僅須至當地商務主管部門進行審批，領取批准證書之後至工商局、稅務局、外匯、海關、商檢、統計等，辦理後續證件即可。

　　一般貿易公司與保稅區、物流園區貿易公司在設立方面，主要區別如下頁表格所示。

　　另外，因一般貿易公司的經營範圍不涉及保稅，故在特殊區域設立分公司將受到限制，但反過來，特殊區域貿易公司若經營範圍包括保稅和一般貿易，在特殊區域及一般區域設立分公司將沒有障礙。

項目	保稅區內貿易公司	物流園區內貿易公司	一般區域內貿易公司
註冊資本（申請一般納稅人資格）	不低於100萬人民幣（上海）	不低於100萬人民幣（上海）	不低於100萬人民幣（浦東）；不低於50萬人民幣（浦西）；江蘇省不低於21萬美元
公司名稱為「某某國際貿易（行政區劃）有限公司」	可以	可以	比較難
經營範圍	1.國際貿易、轉口貿易、保稅區企業間的貿易及區內貿易代理；保稅區內商業性簡單加工 2.批發、傭金代理（拍賣除外）、進出口及其他相關配套業務	1.國際貿易、轉口貿易、保稅區企業間的貿易及區內貿易代理；保稅區內商業性簡單加工 2.區內倉庫、物流分撥業務	批發、傭金代理（拍賣除外）、進出口及其他相關配套業務
發票管理	由外高橋保稅區的「會員市場」代開發票	自行管理	自行管理
是否可做維修	原產地中國的商品維修可以	不可	可以

【11】工廠增加貿易經營範圍

　　雖說設立外商獨資貿易公司在大陸從事貿易非常簡便，不但審批手續不難，註冊資本要求也不高，但對已在大陸設立工廠的外商來說，如果可以在原先工廠自產自銷經營範圍外，透過申請增加貿易經營範圍來從事貿易，也不失為一個選擇，不僅官方手續相對較簡單，還可簡化管理及降低管理成本。

　　根據大陸國家商務部2004年6月1日起施行的「外商投資商業領域管理辦法」第二十四條之規定：「外商投資商業企業以外的其他外商投資企業，從事本辦法第三條所列經營活動的，應符合本辦法的規定，並依法變更相應的經營範圍。」，以及「關於外商投資非商業企業增加分銷經營範圍有關問題的通知」規定：「外商投資非商業企業增加分銷經營範圍，企業投資各方應依法修改企業合同、章程，填寫申請表，按擴大企業經營範圍的相關法定程序上報，並換領外商投資企業批准證書。外商投資非商業企業增加分銷經營範圍，應明確具體分銷方式（批發、零售、傭金代理），並在申請時報送所經營商品目錄清單。」由此可見，工廠如果擬在銷售自產產品的同時銷售其他產品，可以根據前述規定，在現有的經營範圍基礎上增加批發、零售經營範圍。

　　早前，官方對於增加分銷權的審批，原則上只同意增加同類產品的分銷權，所增加的經營範圍一般表述為：「與本企業生產的同類產品的批發、傭金代理（拍賣除外）及進出口業務」，對於不同類產品則不予批准。但目前，江蘇省部分地區對此已經有放寬，但仍須進行協調與溝通方可通過，尤其當可能涉及到一些危險化學品及不同類產品的出口（因涉及出口退稅）時，審批會更加嚴格一些。而對於增加分銷權的條件，審批實務中，主要是要求申請企業的註冊資本須全部到位，或是按期到位。

　　工廠增加貿易經營範圍，以工廠的法人主體從事貿易，意味著外商可從過去的單純生產模式，轉型為生產加通路的混業經營方式，外商除了可代理國外與自己相同產品的品牌外，更可在國內買賣與自己的產品相同通路屬性的周邊產品，將通路的價值大幅提升，不僅通過生產，還透過貿易方式迅速擴大營業額。另外，此模式還可達到合法節稅的目的，因一般貿易公司的企業所得稅稅率為25%，而對於在兩稅合一過渡期內（2008至2012年）的工廠，以及企業所得稅稅率低於25%的工廠，如果順帶做貿易，並且仍然可以保證生產性經營收入超過全部業務收入50％，則可以把貿易的收入搭工廠便車，一併享受低稅率。

　　但要注意的是，工廠增加貿易經營範圍後，若從國內採購直接出口銷售，則必須考慮該貿易出口產品是否能夠被視同為自產產品；如可以被視為自產產品，將可享受出口退稅優惠，反之則依照內銷方式繳納增值稅，無法辦理出口退稅。根據大陸國家稅務總局「關於出口產品視同自產產品退稅有關問題的通知」國稅函[2002]1170號，若同時符合以下條件，可以視同自產產品給予出口退稅：1. 與本企業生產產品的名稱、性能相同的產品；2. 使用本企業的註冊商標或外商提供給本企業使用的商標的產品；3. 出口給原先就進口本企業自產產品的外商。與本企業所生產的產品配套出口的產品，且出口給進口本企業自產產品的外商，在符合一定條件下，也可視同自產產品辦理退稅。

【12】經營危險化學品的特別規定分析

　　根據中國大陸法律的規定，從事危險化學品經營活動的企業，在辦理營業執照前，應先取得「危險化學品經營許可證」（以下簡稱「許可證」）。危險化學品包括爆炸品、壓縮氣體和液化氣體、易燃液體、易燃固體、自燃物品和遇濕易燃物品、氧化劑和有機過氧化物、有毒品和腐蝕品等，具體以列入中國大陸公布的「危險化學品名錄」為準。

　　「許可證」分為甲、乙兩種。取得甲種經營許可證的單位，可經營、銷售劇毒化學品、成品油及運輸工具用液化氣和其他危險化學品；取得乙種經營許可證的單位，只能經營銷售除劇毒化學品、成品油及運輸工具用液化氣以外的危險化學品。根據企業擬銷售的具體產品的不同，「許可證」的審批機關級別亦存在差別，具體來說，省級安全生產監督管理部門負責審批劇毒化學品、成品油及運輸工具用液化氣的經營單位（核發甲種證）；市級安監部門負責審批上述單位以外的經營單位，並核發乙種經營許可證。以上海市為例，市級審批部門是指企業註冊地的區一級的安全生產監督管理局，省一級的審批部門是指上海市安全生產監督管理局危險化學品登記註冊辦公室。

一、申請「許可證」條件

　　1. 經營和儲存場所、設施、建築物符合國家標準「建築設計防火規範」（GBJ16）、「爆炸危險場所安全規定」和「倉庫防火安全管理規則」等規定的，那麼建築物的消防設施應當經公安消防機構驗收合格。

　　2. 經營條件、儲存條件符合「危險化學品經營企業開業條件和技術要求」（GB18265）、「常用危險化學品儲存通則」（GB15603）的規定。

3. 企業主要負責人和主管人員、安全生產管理人員和業務人員，經過危險化學品專業培訓以及消防安全知識培訓，並經考核合格，取得工作資格。

4. 企業有健全的安全管理制度和崗位安全操作規程。

5. 企業有本單位事故應急救援預案。

6. 經營商店（場所）、儲存區無人員住宿。

企業是否符合上述條件，由具有資格的安全評價機構進行先期檢核，並在其出具的「安全評價報告」中體現。

二、申請「許可證」所需資料

1. 「危險化學品經營許可證申請表」一式三份和電子版一份。

2. 「安全評價報告」。

3. 經營和儲存場所建築物消防安全驗收文件原件和影本，或經營場所安全生產監察驗收文件原件和影本。

4. 經營和儲存場所、設施產權或租賃證明文件原件和影本。

5. 企業主要負責人和主管人員、安全生產管理人員以及業務人員危險化學品專業培訓合格證書，和消防安全知識培訓合格證書原件和影本。

6. 安全管理制度和崗位安全操作規程。

若企業擬銷售的是屬於國家特別監控的危險化學品，審批機關還會要求企業提交其他補充資料（如省級政府部門的批准文件等）。

以上海市為例，具有審批許可權的安全生產監督管理局，將在收到符合要求的資料後30個工作日內，對申請人提交的資料進行審查和現場核查，對符合條件的，頒發「許可證」。「許可證」有效期為3年。有效期滿後，企業繼續從事危險化學品銷售活動的，應當在「許可證」有效期滿前 3 個月內，向原審批機關提出換證申請，經審查合格後換領新證。

最後須注意的是，若企業擬銷售「淘汰落後生產能力、工藝和產品的目錄」、「禁止進口貨物目錄」和「禁止出口貨物目錄」中的危險化學品，不會獲得「許可證」審批通過。

【13】經營食品、保健品的特別規定分析

目前大陸對於外商投資經營食品、保健食品行業，已基本沒有障礙，惟因近年來大陸食品安全問題頻出，因此對於食品、保健食品的監管措施自2008年起進行了較大程度的調整，以下對此進行簡要分析。

一、各階段須取得不同許可證

根據2008年全國人大常委會頒布的「食品安全法」的規定，外商在經營食品的各階段，都需要取得不同的前置性許可，方可開始實際經營，具體為：

1. 食品生產階段，應向品質監督技術局申請辦理「食品生產許可證」。

2. 食品流通階段，應當向工商行政管理局辦理「食品流通許可證」。

3. 餐飲服務（含集體用餐配送服務），應向食品藥品監督管理局辦理「餐飲服務許可證」。

二、關於「食品流通許可證」

對於從事食品批發、零售的外商貿易公司來說，應當申請辦理「食品流通許可證」。若開設分公司從事食品經營，則各分公司應當分別申領「食品流通許可證」。申請辦理該證須符合下列要求：

1. 具有與經營的食品品種、數量相適應的食品原料處理和食品加工、包裝、貯存等場所，保持該場所環境整潔，並與有毒、有害場所以及其他污染源保持規定的距離。

2. 具有與經營的食品品種、數量相適應的設備或者設施，有相應的消毒、更衣、盥洗、採光、照明、通風、防腐、防塵、防蠅、防鼠、防蟲、洗滌，以及處理廢水、存放垃圾和廢棄物的設備或設施。

3. 有食品安全專業技術人員、管理人員和保證食品安全的規章制度。

4. 具有合理的設備布局和工藝流程，防止待加工食品與直接入口食品、原料與成品交叉污染，避免食品接觸有毒物、不潔物。

一般來說，工商行政管理部門對食品貿易公司是否符合上述要求，都會對其實際經營場所進行現場核查。

「食品流通許可證」的有效期為 3 年，有效期屆滿30日前，外商必須向原許可機關提出延期申請。

三、謹慎面對各種資料

在實際經營食品貿易時，應當如實記錄批發食品的名稱、規格、數量、生產批號、保質期、購貨者名稱及聯繫方式、銷售日期等內容，或者保留載有相關資訊的銷售票據。紀錄、票據的保存期限不得少於2年。同時還應當建立並執行從業人員健康檢查制度和健康檔案制度。食品經營從業人員每年應當進行健康檢查，取得健康證明後方可執業。

四、保健食品各地執行標準不一

由於大陸至今沒有針對保健食品貿易的監管進行立法，而「食品安全法實施條例」及2008年11月10日國務院辦公廳下發的「關於調整省級以下食品藥品監督管理體制有關問題的通知」（國辦發[2008]123號）中，又明確將保健食品的監督管理職責劃入國家食品藥品監督管理局，因此實務中對於外商從事保健食品貿易是否應該取得「食品流通許可證」，或者說取得「食品流通許可證」後是否就可以進行保健食品的貿易，實務中各地的執行標準並不統一，存在較大的落差。

例如在上海，根據2011年7月22日上海市食品藥品監督管理局下發的「關於做好保健食品專營單位告知承諾有關工作的通知」（滬食

藥監食安[2011]554號），外商從事保健食品貿易必須在取得食品藥品監管部門的告知承諾登記憑證後，方可申請設立。而江蘇食品藥品監督管理局則無此類規定。

外商在銷售保健食品時，必須持有所售保健食品的生產企業的「保健食品批准證書」影本，並應注意檢查所售保健食品的標籤標識、說明書內容是否與批准證書一致。同時必須建立索證索票制度及紀錄台，確保所售保健食品的進貨管道可以追溯。

【14】經營醫療器械的特別規定分析

　　中國大陸對醫療器械實行類別管理，根據醫療器械可能對人體產生的風險，將其分為三類：風險程度較低的為第一類醫療器械；風險程度高的為第三類醫療器械，如植入人體或者用於支持、維持生命的醫療器械等；風險程度界於第一類和第三類醫療器械之間的，為第二類醫療器械。在中國大陸境內銷售、使用的醫療器械，無論其為中國大陸生產製造，還是從境外進口，均應當取得醫療器械註冊證書，未獲准註冊的醫療器械，不得在中國大陸銷售、使用。

　　外商投資貿易公司若銷售的產品涉及醫療器械，首先該醫療器械必須已經取得醫療器械註冊證書；其次應查看其註冊證書上所屬類別，若為第二類、第三類醫療器械，應向食品藥品監督管理部門申請「醫療器械經營企業許可證」，方可在公司營業執照上的經營範圍登記此項醫療器械的批發或零售。若擬經營的醫療器械為第一類，則無須辦理「醫療器械經營企業許可證」，另外，在流通過程中通過常規管理能夠保證其安全性、有效性的少數第二類醫療器械，也可以不申請「醫療器械經營企業許可證」，具體須查看由國家食品藥品監督管理局制訂並公布的目錄。

　　申請獲得「醫療器械經營許可證」最關鍵的，是場地、人員和文件。以上海為例：

　　1. 首先，必須有與經營規模和經營範圍相適應的相對獨立的經營場所，以及相對應的倉儲條件，其中辦公面積至少在35平方米以上，倉庫面積至少在15平方米以上（經營無菌器械者，按「一次性使用無菌醫療器械目錄」實施重點監督管理的產品，倉庫的使用面積應不低於100平方米，並具有獨立自行管理的倉庫）。

　　2. 至少要有品質管制人員等 3 人；經營第二、三類醫療器械的品質管制人員應具有相關專業大專以上學歷或初級以上技術職稱。

3. 最後，在資料方面，須特別注意取得：

（1）欲經營的每個醫療器械產品的註冊證影本。

（2）若產品從廠商直接採購，取得廠商的「醫療器械生產企業許可證」、營業執照、稅務登記證等影本；若產品從代理商採購，取得代理商的「醫療器械經營企業許可證」、營業執照、稅務登記證等影本。

（3）與廠商或代理商簽署的「經銷合同」或「授權經銷書」。

（4）相關品質管制人員就每個醫療器械產品的相關培訓證明。

（5）產品的企業標準、國家標準、行業標準。

（6）採購、進貨驗收、倉儲保管、出庫覆核、品質追蹤制度和不良事件的報告制度等。

（7）和員工簽訂的「勞動合同」。

實務中，若外商投資貿易公司擬經營進口醫療器械，而該擬進口的醫療器械尚未在中國取得註冊證，則需要在國內先委託一家具有「醫療器械經營企業許可證」的企業，做為擬進口醫療器械的臨時售後服務機構（該企業經營的醫療器械須與擬進口器械分類目錄號相同），待進口醫療器械註冊證書辦妥後，憑藉該醫療器械註冊證書辦理本公司「醫療器械經營企業許可證」，隨後再取得該進口醫療器械經營範圍，最後辦理該進口醫療器械在中國境內的售後服務機構的變更。或者，也可使用在國內已經註冊的同類型的醫療器械註冊證書，先取得該進口醫療器械經營範圍，以本公司做為擬進口醫療器械的售後服務機構，最後再辦理進口醫療器械註冊證書，由於醫療器械註冊證書的辦理須 1 年半左右的時間，故後者須近 1 年半的時間才可進口該醫療器械在中國境內銷售。

【15】經營酒類的特別規定分析

根據大陸商務部2005年頒布的「酒類流通管理辦法」，大陸對於酒精度（乙醇含量）大於0.5％（體積分數）的含酒精飲料，包括發酵酒、蒸餾酒、配製酒、食用酒精以及其他含有酒精成分的飲品的批發和零售，實行酒類經營者備案及酒類商品的溯源制度。

因此外商在大陸投資的貿易公司若擬從事酒類的批發、零售等業務，應自取得營業執照後的60日內，至登記註冊地工商行政管理部門的同級商務主管部門，辦理相關手續。值得一提的是，目前大陸各省份沒有統一實行酒類經營者備案制度，有些地區仍繼續實行酒類商品流通許可制度，例如：上海地區實行許可制度，外商應至各區縣的酒類專賣管理局，申請酒類商品的批發或者零售許可證，而在江蘇地區實行的是備案制度，外商應至各地商務主管部門下屬的市場運行調節處的酒類辦公室，申請備案。

無論是申請備案還是申請許可，除必須具備主管部門所要求的經營場地、固定倉儲設施及人員要求外，由於酒也屬食品範圍，因此外商投資貿易公司在申請備案及許可之前，還須根據「食品安全法」的規定取得「食品流通許可證」。

備案或取得許可證之後，若備案登記表或許可證上的任何登記事項發生變更時，酒類經營者應當自變更之日起30日內（屬於工商登記事項的，自工商登記變更之日起30日內），向商務主管部門辦理變更手續。

在實行備案登記的地區，對不進行備案登記的酒類經營者，由商務主管部門給予警告，責令其限期改正；逾期拒不改正的，可視情節輕重，對酒類經營者處2,000元以下罰款，並可向社會公告。

而在上海對無許可證經營酒類商品的，可處沒收違法所得，並處以 2 萬元以下（酒類批發經營者）或 5 千元以下（酒類零售經營

者）的罰款。對於不按規定辦理變更登記手續的，將責令改正並處以5,000元以下的罰款。

外商投資貿易公司在實際經營酒類商品時，應建立酒類經營購銷台帳，並保留3年，同時應實現法律所規定的酒類商品自出廠到銷售終端全過程流通信息的可追溯性：

1. 批發銷售酒類商品時，應填製由商務主管部門統一印製的「酒類流通隨附單」（以下簡稱「隨附單」），詳細記錄酒類商品流通信息。「隨附單」附隨於酒類流通的全過程，單隨貨走，單貨相符。

2. 在採購酒類商品時，應索取有效的產品品質檢驗合格證明影本，以及加蓋酒類經營者印章的「隨附單」。若外商投資貿易公司採購進口酒類商品，還應索取國家出入境檢驗檢疫部門核發的「進口食品衛生證書」和「進口食品標籤審核證書」影本。

「隨附單」內容應包括售貨單位（名稱、地址、備案登記號、聯繫方式）、購貨單位名稱、銷售日期、銷售商品（品名、規格、產地、生產批號或生產日期、數量、單位）等內容，並加蓋公司印章。

外商投資貿易公司若不執行上述溯源制度，則將被商務主管部門予以警告，責令改正，並可向社會公布；拒不改正的，可視情節輕重，處5,000元以下罰款，並向社會公告。

【16】經營化妝品的特別規定分析

所謂化妝品，是指以塗、擦、散布於人體表面任何部位（皮膚、毛髮、指甲、口唇等）或口腔黏膜，以達到清潔、護膚、美容和修飾目的的產品。大陸對化妝品生產企業實行嚴格的行政許可制度，但對從事化妝品的貿易，在資格上則並無特別的要求。

一般來說，外商在經營時應當注意以下幾點。

一、不得銷售未取得「化妝品生產企業衛生許可證」的企業所生產的化妝品

外商在銷售國內生產的化妝品時，應當要求生產企業提供「化妝品生產企業衛生許可證」的影本，並檢驗該生產企業提供的化妝品標籤上的「化妝品生產企業衛生許可證」編號和廠名是否與其提供的影本相符，其許可證是否在有效期內（一般「化妝品生產企業衛生許可證」有效期為自取得之日起的 4 年）。

二、不得銷售無品質合格標記的化妝品

所謂「品質合格標記」，是指化妝品生產企業在其生產的化妝品上加蓋檢驗合格證（章）。因此對於沒有檢驗合格證（章）的化妝品，外商不應採購。

三、不得銷售未取得批准文號的特殊用途化妝品

大陸將化妝品分為特殊用途化妝品和非特殊用途化妝品，前者實行許可制度，後者實行備案制度。

特殊用途化妝品主要是指：育髮化妝品、染髮化妝品、燙髮化妝品、脫毛化妝品、美乳化妝品、健美化妝品、除臭化妝品、雀斑化妝品、防曬化妝品。由於大陸規定對於特殊用途化妝品在投放市場前必須進行安全評價，只有通過安全評價方能取得批准文號，而批准文號才是特殊用途化妝品的生產憑證。此外，特殊用途化妝品批准文號

須每 4 年重新審查一次。期滿前 4 至 6 個月，由企業執原批件重新申請批號。

故此，外商在經營化妝品時，應特別注意擁有「化妝品生產企業衛生許可證」並不等於就擁有生產特殊用途化妝品的許可。

四、不得銷售標籤、小包裝或者說明書不符合規定的化妝品

根據「化妝品衛生監督條例」第十二條規定，化妝品標籤上應當註明產品名稱、廠名，以及生產企業衛生許可證編號；小包裝或者說明書上，應當註明生產日期和有效使用期限。特殊用途的化妝品，還應當註明批准文號。對可能引起不良反應的化妝品，說明書上應當註明使用方法、注意事項。化妝品標籤、小包裝或者說明書上得註明適應症，不得宣傳療效，不得使用醫療術語，例如不得違法宣稱「藥妝」、「醫學護膚品」的字樣。

五、不得銷售超過使用期限的化妝品

一旦化妝品的有效使用期限已經屆滿，外商就必須採取下架等措施，不得繼續銷售。

如果外商銷售前述幾類不符合規定的化妝品，相關部門可處以停產或停止經營化妝品30天以內的處罰，並可以處沒收違法所得及違法所得二到三倍的罰款，同時對於不合格產品，予以銷毀。

最後，外商若從事進口化妝品經營，還須注意：

1. 對擬進口的化妝品必須先至國家食藥監局辦理相關手續，其中進口特殊用途化妝品的，須取得衛生行政許可批件，進口非特殊用途化妝品，須進行備案。

2. 檢驗檢疫機構對進口化妝品的收貨人，實施備案管理。進口化妝品的收貨人應當如實記錄進口化妝品流向，紀錄保存期限不得少於 2 年。

【17】經營出版物的特別規定分析

　　大陸出版業包括出版和發行兩大塊業務，出版指出版物的出版、印刷或複製；發行指總發行、進口、批發、零售以及出租、展銷等活動。在大陸，按照「出版管理條例」規定，出版物包括圖書、報紙、期刊、音像製品、電子出版物等。

　　根據商務部、新聞出版總署2011年頒布的「出版物市場管理規定」，外商可獨資設立從事國內出版物的批發、零售、連鎖等業務的貿易公司，但須注意：

　　1. 從事音像製品（除電影外）的批發和零售業務，只限於採取中外合作，且由中方控股，即以中方合作者持股比例不低於51%的方式進行。

　　2. 從事圖書、報紙、期刊連鎖經營業務，連鎖門店超過30家的，不允許外資控股（香港、澳門服務提供者除外，但香港、澳門服務提供者的控股比例不得超過65%）。

　　根據外商投資從事出版物的方式不同，設立的要求也不一樣。

　　1. 設立出版物批發企業的，註冊資本不少於人民幣500萬元；至少一名負責人應當具有中級以上出版物發行員職業資格，或者新聞出版總署認可的，與出版物發行專業相關的中級以上專業技術資格；進入出版物批發市場的單店營業面積不少於50平方米，獨立設置經營場所的營業面積不少於200平方米。

　　由於之前「外商投資圖書、報紙、期刊分銷企業管理辦法」規定設立圖書、報紙、期刊批發企業的註冊資本，至少需人民幣3,000萬元，故現在規定中對於註冊資本金的要求已經大幅放寬。

　　2. 設立出版物零售企業的，對註冊資金已無最低限額的要求，但應有與經營業務相適應的固定的經營場所，及至少一名負責人應當具有初級以上出版物發行員職業資格，或者新聞出版總署認可的與出

版物發行專業相關的初級以上專業技術資格。

3. 設立出版物連鎖經營企業的，註冊資本不少於人民幣300萬元，從事全國性連鎖經營的不少於1,000萬元；有10個以上的直營連鎖門店；至少一名負責人應當具有中級以上出版物發行員職業資格，或者新聞出版總署認可的與出版物發行專業相關的中級以上專業技術資格；樣本店的經營面積不少於500平方米。

出版物連鎖經營企業總部取得「出版物經營許可證」後，其再設立直營連鎖門店時，不須單獨辦理「出版物經營許可證」，僅須憑總部的「出版物經營許可證」影本，到門店所在地縣級人民政府新聞出版行政部門備案即可，備案後再到工商行政管理部門依法領取非法人的營業執照。

外商投資者應事先向其註冊地址所在地的新聞出版行政部門申請，並取得相關批准文件後，方可向商務主管部門申請設立外商投資圖書、報紙、期刊的分銷企業，並於獲得批准後90天內，持批准文件和「外商投資企業批准證書」到原批准的新聞出版行政部門領取「出版物經營許可證」。申請人持「出版物經營許可證」和「外商投資企業批准證書」，向所在地工商行政管理部門依法領取營業執照。

除上述業務外，根據2011年12月「外商投資產業指導目錄」，圖書、報紙、期刊的出版業務，以及音像製品和電子出版物的出版、製作業務，均為禁止外商投資的產業。

【18】汽車代理銷售的特別規定分析

外商投資者在大陸從事除專用作業車以外的所有汽車的代理銷售業務，均應符合2005年頒布的「汽車品牌銷售管理實施辦法」（商務部、發展改革委、工商總局令[2005]10號）的相關規定，方能從事。

根據該實施辦法規定，從事汽車銷售的代理商分為兩個級別，即總經銷商和品牌經銷商，其中，總經銷商是指經境內外汽車生產企業授權，在境內建立汽車品牌銷售和服務網絡，從事汽車分銷活動的企業；而品牌經銷商則是指汽車供應商授權，按汽車品牌銷售方式從事汽車銷售和服務活動的企業，品牌經銷商可以是經總經銷商授權的企業。

申請設立（含併購、變更經營範圍）汽車總經銷商，應當具備企業法人資格；獲得汽車生產企業的書面授權，獨自擁有對特定品牌汽車進行分銷的權利；具備專業化汽車行銷能力，主要包括市場調研、行銷策劃、廣告促銷、網絡建設及其指導，產品服務和技術培訓與諮詢、配件供應及物流管理。

申請設立（含併購、變更經營範圍）汽車品牌經銷商，應具備企業法人資格；獲得汽車供應商品牌汽車銷售授權；使用的店鋪名稱、標識及商標，與汽車供應商授權的相一致；具有與經營範圍和規模相適應的場地、設施和專業技術人員；新開設店鋪符合所在地城市發展及城市商業發展的有關規定。

同時，根據「外商投資商業領域管理辦法」，外商從事汽車零售業務的註冊資本，最低限額為1,000萬元人民幣，在中西部地區設立的汽車零售企業註冊資本，最低限額為600萬元人民幣。至於外商投資設立汽車代理銷售的公司形式，一般來說均可以採取獨資的方式進行。

　　外商投資設立汽車總經銷商、品牌經銷商，應先向其註冊所在地省級商務主管部門提出申請，省級商務主管部門在 1 個月內完成初審後，上報商務部審批，商務部自收到全部申請資料 3 個月內會同國務院工商行政管理部門，做出是否予以批准的決定。一般來說，商務主管部門審核的重點為：

　　1. 汽車總經銷商：投資各方的基本情況、出資比例及方式、經營範圍、投資規模及期限。建設及配套內容：主要設施；經營商品來源、採購、配送方式；環保、消防安全方案等。專業化汽車行銷能力分析：市場調研、行銷策劃、廣告促銷、網絡建設及其指導、產品服務、技術培訓與諮詢、配件供應及物流管理的具體內容、組織機構、人員設置及構成。其中，網絡建設應明確顯示網點建設布局、規模及進度。

　　2. 汽車品牌經銷商：投資各方的基本情況、出資比例及方式、經營範圍、投資規模及期限。建設及配套內容：設立分支機構（含店鋪）數量、營業面積等；主要設施；經營商品來源、採購、配送方式等；環保、消防安全方案。汽車經營範圍、規模與場地、設施、專業技術人員相適應的分析說明。

　　在經營過程中，汽車品牌經銷商必須在經營場所的突出位置，設置汽車供應商授權使用的店鋪名稱、標識、商標等，並不得以任何形式從事非授權品牌汽車的經營；汽車品牌經銷商應當在經營場所向消費者明示汽車品質保證及售後服務內容，按照汽車供應商授權經營合同的約定和服務規範的要求，提供相應的售後服務，並且接受消費者監督。

【19】如何為外商投資貿易公司「取名」

在確定擬設立貿易公司的地址後，外商就必須先至擬註冊貿易公司所在地的工商行政管理部門，申請公司名稱的預先核准，只有符合大陸法律規定的名稱，才能得到工商行政管理部門的核准。值得一提的是，名稱被核准後的有效期為 6 個月，有效期滿，核准的名稱自動失效，若外商想繼續保留該名稱，則應在期限屆滿前申請延期。

根據大陸「公司法」、「公司登記管理條例」、「企業名稱登記管理規定」、「企業名稱登記管理實施辦法」的規定，外商投資貿易公司的名稱應當由四部分依次組成，即行政區劃＋字號＋行業＋組織形式，或者字號＋（行政區劃）＋行業＋組織形式。

1. 行政區劃：是指擬設立貿易公司所在地縣級以上行政區劃的名稱或地名，例如昆山某某公司。但市轄區的名稱不能單獨用做企業名稱中的行政區劃，例如不能取名為上海徐匯區某某公司。

若外商投資貿易公司的註冊資本金不少於5,000萬元人民幣時，可以申請使用「中國」字樣做為擬設立公司名稱中的行政區劃，但不得使用「中華」、「全國」、「國家」、「國際」等字樣。

2. 「字號」應當符合以下標準：

（1）字號應當由 2 個以上漢字組成，通常情況下不得使用中文拼音字母和阿拉伯數字表示公司的字號，但民族自治地方可以同時使用民族語言。

（2）字號中也不可以含有另一公司的字號及行政區劃，但可以使用自然人投資人的姓名為字號。

（3）字號中不應當明示或者暗示有超越其經營範圍的業務。

3. 「行業」的表述應當反映企業經濟活動性質所屬國民經濟行業或者企業經營特點的用語，且企業名稱中行業用語表述的內容應當與企業經營範圍一致。因此一般來說擬設立的貿易公司，就用「貿

易」兩字來表述公司的行業。

4.「組織形式」是指外商擬設立貿易公司所採取的形式，在中國大陸，公司只能採取兩種組織形式，即有限責任公司和股份公司。一般來說，外商投資的貿易公司都採取有限責任公司的形式，因此在公司名稱中的「組織形式」即為「有限公司」。

即便外商根據上述規則為擬設立貿易公司取名，也不一定會得到工商行政管理部門的核准。一般擬設貿易公司的名稱，有下列情形之一的，不予核准：

1. 企業名稱中含有有損於國家、社會公共利益的、可能對公眾造成欺騙或者誤解的、外國國家（地區）名稱、國際組織名稱、政黨名稱、黨政軍機關名稱、群眾組織名稱、社會團體名稱及部隊番號等內容。

2. 在登記主管機關轄區內，不得與已登記註冊的同行業企業名稱相同或者近似。

3. 與同一工商行政管理機關核准或者登記註冊的貿易公司名稱字號相同，但有投資關係的除外。

4. 與其他企業變更名稱未滿 1 年的原名稱相同。

5. 與註銷登記或者被吊銷營業執照未滿 3 年的企業名稱相同。

6. 其他違反法律、行政法規的。

最後，倘若外商投資設立的貿易公司擬取英文名稱，或企業中文名稱須譯成外文使用，則該英文名稱不須經過工商行政管理機關核准登記，外商可自行取英文名稱或依據文字翻譯原則自行翻譯使用。

【20】如何理解和使用
外商投資貿易公司「投注差」

　　外商投資貿易公司的註冊資本，是指貿易公司在工商行政管理部門依法登記的全體股東認繳的出資額，貿易公司的股東根據其認繳的出資額為限，對貿易公司承擔風險及分配利潤。根據「公司法」規定，目前有限責任公司註冊資本的最低限額為人民幣30,000元，但外商投資設立貿易公司通常需要進行一般納稅人認定，過低的註冊資本金不利於一般納稅人認定，因此外商投資貿易公司的註冊資本金一般至少設在50萬元人民幣。

　　外商投資貿易公司投資總額，是大陸外商投資企業特有的概念，在內資企業中並不存在須經官方登記的投資總額。所謂投資總額，是指根據貿易公司實際經營需要而投入的資金總和，即投資總額實際上包括投資者認繳的註冊資本，和外商投資企業的借款。

　　外商投資貿易公司並不能隨意設定公司的投資總額，而應與註冊資本保持一定比例，根據「國家工商行政管理局關於中外合資經營企業註冊資本與投資總額比例的暫行規定」，應遵循如下頁表格所示比例。

　　值得一提的是，無論貿易公司新設還是增資，投資總額和註冊資本金均須符合表格所述比例標準，假設A公司註冊資本為1,000萬美元：

　　1. 設立時一次性認繳註冊資本1,000萬美元，則投資總額為2,500萬美元。

　　2. 若設立時認繳註冊資本800萬美元，之後以增資方式使註冊資本達到1,000萬美元，則投資總額分段計算＝設立時的投資總額2,000萬＋增資時投資總額285萬＝2,285萬美元。

序號	投資總額	註冊資本	備註
1	300萬美元以下（含）	註冊資本至少應占投資總額的7/10	
2	300萬美元～1,000萬美元（含）	註冊資本至少應占投資總額的1/2	但投資總額在420萬美元以下的，註冊資本不得低於210萬美元
3	1,000萬美元～3,000萬美元（含）	註冊資本至少應占投資總額的2/5	但投資總額在1,250萬美元以下的，註冊資本不得低於500萬美元
4	3,000萬美元以上	註冊資本至少應占投資總額的1/3	但投資總額在3,600萬美元以下的，註冊資本不得低於1,200萬美元

通過上述舉例亦可看出，註冊資本初始設立的大小，將直接影響公司最終可以獲得的投資總額的大小。

投資總額之所以對外商貿易投資公司重要，是因為投資總額還關係到外商投資貿易公司向境外借款的額度，即外債額度的依據。根據大陸「外債管理暫行辦法」（國家發展計畫委員會、財政部、國家外匯管理局令28號）第十八條規定，外商投資貿易公司可借用外債額度＝投資總額－註冊資本－境外擔保履約額－已借中長期外債累計發生額－已借短期外債餘額。若外商投資貿易公司舉借外債時，註冊資本未全部到位的，則外債額度按註冊資本到位比例計算。

綜上，由於投資總額並不需要投資方實際出資到位，且關係到外債額大小，因此無論是新設還是在每次增資時，外商投資貿易公司股東都應當用足投資總額的額度，否則一旦設定，往後即無法更改。

【21】設立貿易公司所需的
　　公認證證明和資信證明介紹

　　外商來中國大陸投資設立貿易公司，須向商務主管部門和工商登記部門，提交境外投資方的主體資格證明（通常是指外國企業的營業執照）或身分證明（通常是指外國個人的護照），且前述證明須經其投資方所在國家主管機關公證後，送中國大陸駐該國使（領）館認證。如其投資方所在國家與中國大陸沒有外交關係，則應當經與中國大陸有外交關係的第三國駐該國使（領）館認證，再由中國大陸駐該第三國使（領）館認證。若是某些國家的海外屬地出具的文書，則應先在該屬地辦妥公證，再經該國外交機構認證，最後由中國大陸駐該國使（領）館認證。

　　例如，在英屬維京群島註冊登記的投資方，須由中國大陸駐英國的使領館認證。若投資方來自香港、澳門或台灣地區，其主體資格證明或身分證明則應當按照專項規定或協議辦理。例如，若投資方為香港法人，須提交註冊證書和商業登記證，若為香港個人，須提交香港身分證明、「港澳居民來往內地通行證」，以上須經中國司法部委託的香港律師公證，並加蓋「中國法律服務（香港）有限公司」轉遞章。若投資方為台灣法人，則須提交營利事業登記證，並須在台灣公證機關辦理公證後，經海基會寄送副本，再經擬投資所在地省一級公證員協會認證；若為台灣個人，則只要提交「台灣居民來往大陸通行證」原件供審批部門及工商登記部門核對影本即可，無須再辦理公證手續。前述公認證證明由於辦理時間較長，通常為 1 至1.5個月，所以投資者應提早辦理，且在提交給審批部門前，應請有翻譯資格的國內企業，先翻譯為中文。

　　通常來說，對境外投資者的公認證只是對於投資主體實際有效

存在出具證明，但根據中國大陸政治和經濟形勢的變化，以及各地政府部門的態度不同，對於公認證內容的要求還是略有變化和區別的。例如，在人民幣升值壓力加大，中國政府嚴守熱錢流入的情況下，一些地方的審批部門開始要求境外投資者在公認證主體資格時，應同時公認證投資方的股東名冊、董事名冊，甚至會要求就投資方的法定代表人進行公認證，而能夠證明投資方法定代表人身分的文件通常是投資方董事會所做出的誰有權代表本公司簽字的決議，若投資方是境外的上市公司，也可以公認證上市公開資料，證明某人是上市公司的董事長或者總經理，以及按照所在國家規定，董事長或總經理依法可以做為公司代表。

　　資信證明則與前述公認證文件不同，只有在向商務主管部門申請公司設立時需要提交，對工商登記部門無須提交。此處所謂資信證明指的是銀行開具的，用以證明投資方的資產、信用狀況的書面文件。投資方若為境外公司，銀行資信證明主要說明該公司的帳戶往來正常，紀錄良好；若投資方為境外個人，銀行資信證明通常須說明此人帳戶上的資金餘額為多少，且該餘額通常須大於擬在中國投資設立的公司的註冊資本。實務中，也遇到一些地方的審批部門，在投資方為當年新設境外公司時，會認為「往來正常，紀錄良好」不符合其投資方為新設境外公司的性質，因而改為要求證明該境外公司的帳戶餘額。

　　前述銀行資信證明應由境外銀行開具，也可以由境外投資方在中國大陸的OBU帳戶所在銀行開具。境外投資方對中國大陸的出資，須從境外銀行本公司／本人帳戶或中國大陸境內本公司／本人OBU帳戶匯出，但該帳戶不必一定是開具資信證明的帳戶，與境外投資方今後收取投資利潤的銀行，也沒有必然關係。不同的銀行對於

開戶及辦理資信證明的條件、所需時間有不同規定，而審批部門對於
資信證明關注的是內容，而不是開具銀行的規模大小，故在選擇銀行
前應多諮詢幾家銀行，儘量考慮選擇配合度較高的銀行開具。前述公
認證文件及資信證明通常須準備兩份原件，且應儘量開具中文資信證
明，免去翻譯所需費用及時間。

【22】貿易公司選址與優惠政策的關係

外商在大陸設立貿易公司雖然早已取消了設立的地域限制,但外商在選擇地址的時候,由於不同地區可以享受到的財政扶持優惠政策不同,所以還是應事先做好功課,有所考量比較。以下是大陸部分地區的優惠政策比較。

一、上海綜合保稅區

上海綜合保稅區包括了外高橋保稅區(包括外高橋物流園區和外高橋保稅區)、洋山保稅港區、浦東機場綜合保稅區。在上述三個地區可以享受的優惠政策可參見下表:

比較項目	貿易公司		原設公司(2011年1月1日前成立)
	新設公司(2011年1月1日後成立)		
增值稅	前二年	補貼增加值的2.55%,實徵14.45%	「十二五」期間補貼增加值的1.275%,實徵15.725%
	以後年度	補貼增加值的1.275%,實徵15.725%	
企業所得稅	前二年	利潤總額的5%,實徵20%	「十二五」期間補貼增加值的2.5%,實徵22.5%
	以後年度	利潤總額2.5%,實徵22.5%	

註：1. 上述補貼額一律計算到千元。千元以下的尾數和補貼金額不足千元的項目不予
　　　補貼。

2. 對新引進從事訂單管理、技術服務、融資租賃、數據服務等業務的服務貿易企
　　業，其實現的營業收入、利潤總額形成新區地方財力部分，一年內給予100%
　　補貼，其餘年度給予50%補貼。

二、重慶保稅港區財政扶持政策

比較項目	貿易公司	
增值稅	保稅港區內企業貨物交易	不徵收增值稅、消費稅
	保稅港區內企業直接出口	免徵增值稅、消費稅
	保稅港區內企業從境外進口貨物	不徵收增值稅、消費稅
	保稅港區內企業向區外銷售貨物	按一般貿易方式徵收增值稅等，沒有優惠政策
企業所得稅	1.新辦的鼓勵類產業的企業，按西部大開發政策，減按15%的稅率徵收企業所得稅，有效期為2011年至2020年度。 2.2012年前在保稅港區內新辦的大型倉儲、分撥、配送、採購類物流企業，和經認定為高新技術的出口加工貿易企業，自獲利年度起，根據企業繳納的企業所得稅市級（40%）留成部分給予第1至2年全額補貼（6%），第3至5年減半補貼（3%）。 3.上述兩者貿易公司享受不到。	

三、江蘇昆山花橋地區

　　昆山花橋地區對於貿易公司達到總部企業或地區總部的相關條件的規定，可以享受以下財政扶持政策。

補貼專案	條件	時間	補貼金額或比例
增值稅	營業收入達到 5 億元	前五年	12.5%
		後五年	6.25%
營業稅		前五年	78%~80%
		後五年	39%~40%
企業所得稅		前五年	30%~32%
		後五年	15%~16%
	營業收入達到50億且在經營過程中實行所得稅稅負高於15%的部分，由開發區管委會給予獎勵		
房產稅	在開發區建造自用辦公用房	三年內	開發區留成的100%
契稅		三年內	開發區留成的100%
個人所得稅	創新創業領軍人才	三年內	繳納部分100%
	高層、年薪50萬元以上	三年內	繳納部分80%
	年薪25萬元以上	三年內	繳納部分50%
	年薪 6 萬元以上	三年內	繳納形成昆山財力100%

對於總部和地區總部條件，根據花橋當地的政策規定，需要滿足以下條件：

1. 具有獨立法人資格。
2. 母公司的資產總額不低於 1 億美元（或等值人民幣）。
3. 母公司在中國大陸投資累計總額不低於 1 億元人民幣。
4. 註冊在區內的企業總部經營期須滿 5 年以上。
5. 在區內擁有不少於1,000平方米的產權辦公用房。
6. 實行統一核算，並在花橋匯總繳納企業所得稅。

【23】貿易公司簽署房屋租賃合同的注意事項

外商在大陸設立貿易公司，在確定新公司所在的地區及街道以後，面臨的就是與房東簽署房屋租賃合同。房屋租賃合同是外商設立貿易公司，向審批部門提交資料中必須具備的一項。實務中，各地審批部門，特別是工商部門，都會對貿易公司承租的房屋是否合規進行嚴格的審查，審查的重點就是房屋租賃合同及其配套的房地產權證是否符合貿易公司設立的規定及要求。具體來說，外商在簽署房屋租賃合同時，對於以下事項須重點關注：

一、房屋產權證的記載事項

房屋產權證做為房屋的權屬登記憑證，不僅是貿易公司設立必須提供的資料之一，外商在簽署租賃合同前，也需要對房屋產權證進行詳盡審查，包括：

1. 房產證權利人的審查。實務中，很多房屋的出租方並不是房產證上登記的權利人。對於這種轉租的情形，審批部門會要求外商出具出租方與房產證登記人之間的出租合同，如果在出租方與產權人的出租合同上有明確約定禁止轉租的條款，那麼外商很可能就無法承租該房屋；如果在出租合同上約定轉租須經過產權人同意，審批部門通常會要求產權人出具同意轉租的書面意見，或者要求產權人在轉租人與外商的房屋租賃合同上加蓋公章並標註同意轉租。此外，外商對於轉租的期限，一定要注意不能超過原租賃合同約定的租賃期限。

2. 房屋用途的審查。根據大陸法令的要求，貿易公司的註冊地址必須是房產用途為商業或辦公用途的房屋，不能是住宅，否則就不予註冊。

二、租賃合同簽訂的主體問題

外商在簽訂租賃合同時，由於新公司尚未設立，有時甚至連新

公司的名稱也未核准下來，此時要簽訂房屋租賃合同，該以哪一方的名義進行簽署才合法有效，這一問題實務中爭議較大。一般來說，如果新公司的名稱已經核准，就可以以新公司的名義進行簽署，由新公司的投資方簽字蓋章進行確認即可。但如果新公司的名稱尚未核准，此時簽訂房屋租賃合同就存在一定風險。在這種情形下，部分地區審批部門會認可由出租方與新公司投資方直接簽署的租賃合同，部分地區還會要求將來名稱核准後，再由投資方與新公司之間簽訂一份轉租合同，但是，也有地區對於這種與投資方直接簽署的租賃合同不予認可，甚至出租方也不願與名稱未核准的公司簽訂合約。因此，如果不是非常緊急，外商還是應在新公司核名完成後再與出租方簽訂房屋租賃合同。

三、虛擬地址的問題

實務中，一些外商往往出於各種因素的考慮，在尚未確定註冊地址的時候便著手設立貿易公司，此時外商往往會選擇以虛擬地址先進行註冊登記，待將來確定地址後再進行遷址等變更手續。所謂虛擬地址，是指由街道、鎮、區等地方政府，提供門牌號碼給外商投資企業做為註冊登記地址，而不須人員真實辦公，而租賃合同也往往是由外商與地方政府招商部門進行簽訂。這種採用虛擬地址的經營方式，在近二年受到越來越嚴格的審查，實務中虛擬地址除了可能無法通過房產交易中心的租賃備案登記審查，還可能無法通過稅務局在核發稅務登記證前，須到辦公室現場進行實質審查的程序，因此，外商選用虛擬地址進行貿易公司註冊應謹慎確認前述事項。

【24】以個人或境外公司投資貿易公司的區別

外商在大陸境內設立貿易公司，對於投資方的選擇，不外乎是以個人或境外公司做為投資方，兩者雖然在企業性質上均為外商投資企業，但在諸如設立程序、利潤匯出等很多方面，存在不少的差別。

一、設立所需資料的不同

以個人做為投資方設立貿易公司，如為港澳台個人，設立時提交的投資方資料，較以公司和其他外籍人士做為投資方要方便不少。以港澳台個人做為投資方，只須提供個人來往大陸通行證及銀行資信證明即可；而後者，則須辦理公認證手續。

二、利潤匯出所得稅的不同

外商以個人名義設立貿易公司時，在利潤匯出上較以境外公司做為投資方匯出有一定優勢。根據大陸稅收徵收相關規定，自2008年起，大陸針對投資方為境外公司的外商投資企業的利潤匯出，將徵收10%的所得稅，而對與大陸有稅收協議的國家或地區，則按稅收協議的稅率進行，目前香港、新加坡等地與大陸均有5%的稅收協議，但實務中對於香港、新加坡公司能享受5%的稅收優惠政策的，通常要求其必須為實際經營的公司。但如果是以外商個人名義投資設立的貿易公司，利潤匯出給境外個人股東的，則可以享受暫免徵收所得稅的政策。

三、稅收抵扣的不同

外商以個人名義設立貿易公司，與以境外公司名義設立貿易公司，在稅收抵扣方面也存在差別。例如，以台灣為例，根據台灣2010年開始實施的全球課稅規定以及兩岸關係條例，台灣地區的個人或公司有來源於大陸的所得的，應併同台灣地區來源所得課徵所得稅。其在大陸已經繳納的稅額，可以在應納稅額中予以扣抵。同時，

台灣地區的公司經由其在第三地設立的公司投資大陸，其所得視為在大陸地區的來源所得，在大陸及第三地已經繳納的稅收，可以在應納稅額中抵扣。因此，外商如果是以個人名義，或台灣公司名義，或台灣公司在第三地設立的公司名義，在大陸投資設立貿易公司，均可享受稅收抵扣的優惠政策。但是，如果是台灣個人通過在第三地設立公司轉投資大陸，則其在大陸及第三地已經繳納的稅收就不能再進行抵扣，應按其海外所得進行課稅。

四、再投資的限制不同

由一個自然人股東設立的一人有限責任公司，不能再投資設立另一家一人有限公司，但對於一個法人做為股東設立的一人有限責任公司，則無此限制。因此，外商以個人名義獨資設立的貿易公司，該貿易公司若要在大陸境內進行再投資，就必須尋找其他合資方共同投資。而外商若以境外公司做為投資方設立貿易公司，之後再以該貿易公司在大陸境內進行再投資，就不存在上述投資限制。

五、股權轉讓所得稅不同

對於以個人名義設立的貿易公司，與以境外公司做為投資方設立的貿易公司，一旦將來進行股權轉讓，根據大陸現行稅法的規定，出讓方繳納的稅收和稅負也不同。對於個人出讓股權的，出讓方應繳納個人所得稅，稅率為20%；對於公司出讓股權的，出讓方應繳納企業所得稅，稅率通常為10%。

【25】外資併購內資貿易公司注意事項

在大陸放開貿易管制之前，外商可能會通過借人頭的方式在大陸設立內資貿易公司。在大陸放開貿易領域之後，由於人頭公司存在的諸多風險和隱患，外商參與併購內資貿易公司的現象開始變得非常普遍，在外商併購的過程中，以下事項須特別加以注意：

一、行業准入

外資併購內資貿易公司，受到產業政策及行業准入的限制。依照「外商投資產業指導目錄」不允許外國投資者獨資經營的產業，併購不得導致外國投資者持有企業的全部股權；須由中方控股或相對控股的產業，該產業的企業被併購後，仍應由中方在企業中占控股或相對控股地位；禁止外國投資者經營的產業，外國投資者不得併購從事該產業的企業。如果併購目標企業中，既有禁止類，又有鼓勵、允許、限制類的經營範圍，而外商併購目的僅是進入鼓勵、允許、限制類的經營範圍時，實務中，外商可以選擇以下兩種方式進行併購：1. 讓併購目標企業申請變更經營範圍，刪去禁止類的經營範圍，然後進行股權併購；2. 採用資產併購的方式，但購買的資產不能用於經營禁止類的產業。

二、併購方式與價格

外資併購內資貿易公司時，可以採用股權併購或資產併購兩種方式。股權併購是指外商購買內資貿易公司股東的股權，或認購該貿易公司的增資，使該貿易公司變更為外商投資企業；資產併購是指外商設立外商投資企業，並通過該企業購買內資貿易公司的資產且運營該資產，或者由外商購買該內資貿易公司資產，並以該資產投資設立外商投資企業，運營該資產。

無論是股權併購還是資產併購，對於併購價格的確定，當事人

均應以資產評估機構的評估結果做為確定交易價格的依據。法律明確規定，禁止以明顯低於評估結果的價格轉讓股權或出售資產，變相向境外轉移資本。

對於併購對價的支付，根據「關於外國投資者併購境內企業的規定」，外國投資者併購境內企業設立外商投資企業時，外國投資者應自外商投資企業營業執照頒發之日起 3 個月內，向轉讓股權的股東或出售資產的境內企業，支付全部對價。對特殊情況需要延長者，經審批機關批准後，應自外商投資企業營業執照頒發之日起 6 個月內，支付全部對價的60%以上， 1 年內付清全部對價，並按實際繳付的出資比例分配收益。

而對於上述對價的支付方式，既可以是外國投資者的自有外匯資金，也可以是其合法擁有的人民幣財產。外國投資者以其合法擁有的人民幣資產做為支付手段的，應經外匯管理機關核准，外管局在審核其提交的資料無誤後，開具相應的資本項目外匯業務核准件，銀行憑此辦理有關的境內劃撥業務，企業憑此辦理驗資查詢等手續。企業完成劃撥手續後，到外管局辦理轉股收匯外資外匯登記證明。

此外，股權併購與資產併購的稅負承擔不同，股權併購所繳納的稅收主要是因股權評估增值的所得稅，而資產併購所繳納的稅收有營業稅、增值稅、契稅、土地增值稅、所得稅等等，故收購前應根據貿易公司的淨資產狀況及擁有不動產情況，來評估收購方式。另外，資產收購還須考慮銷售管道如何轉移至新公司等細節問題。

三、對被併購的貿易公司經營風險的核查

外資在併購內資貿易公司前，應重點對該貿易公司之前經營過程中可能存在的風險進行核查。重點核查的主要有：

1. 稅務風險：例如經營過程存在帳務不準確，從而導致錯帳漏帳等，影響稅收的認定與繳納。

2. 關務風險：例如保稅原物料與非保稅原物料的串料；廢料處理過程中未向海關進行申報或繳納稅收；或將保稅原物料未經海關報備而轉移到非監管區域進行加工等。

3. 勞動人事風險：是否存在未足額發放薪水，或未繳納社會保險、未支付加班費等情形。

4. 是否具備想要的資格證明：外資在併購過程中，很多情況下是出於對方已具備了某項自己不具備的特別許可證明或者資格證明，例如經營危險化學品的企業取得危化許可證等，對於此類證照，外資在併購前就應重點進行審查。

【26】以工廠轉投資設立貿易公司實務

　　外商在大陸設立貿易公司時，在投資方的選擇上隨著大陸投資環境與政策導向的不同，也經歷了不同的階段。2004年12月11日大陸貿易領域對外資正式放開之前，外商可能會通過隱名投資，即俗稱的借人頭方式進行投資。在貿易領域放開初期，由於各地對外商投資企業都有一定的財政扶持政策，稅收方面的優勢也較為明顯，外商較多選擇以境外個人名義或境外公司的名義，投資設立外資貿易公司。但隨著近年來外商投資企業的優惠政策逐漸取消，內外資企業在稅負上的成本已基本一致，對已經在大陸進行投資，特別是已經設立工廠的外商，往往會選擇以工廠轉投資的方式設立貿易公司，形成原境外公司投資大陸外商投資企業，大陸外商投資企業再投資新設立的貿易公司的三層投資架構。

　　外商以工廠轉投資設立貿易公司，相比用借人頭以及境外公司或個人名義設立，優勢是比較明顯的。首先，就借人頭設立的貿易公司而言，對外商的權益無法得到保障，風險無疑是最大；另一方面，由於轉投資設立的貿易公司在公司性質上屬於內資企業，所以在企業設立的時間及審批的環節上，比起境外公司做為投資方的，無疑要便利很多。

　　其次，通過工廠轉投資設立貿易公司，並不受到工廠註冊地址及經營範圍的限制。換句話說，假定工廠原來設在蘇州，但轉投資設立的貿易公司的地址完全可以選擇設在上海，並不局限於蘇州本地。同時，該貿易公司的經營範圍，通常可將幾個全然不同行業的產品涵蓋在內，突破了母公司做為生產性企業單一或類似產品的局限，也可以滿足外商在大陸跨越不同產品的多樣化需求，例如，母公司原來是一家模具製造工廠，轉投資設立的貿易公司就可以從事家居家飾批發或零售等。

　　此外，以工廠做為投資主體再投資設立貿易公司，也可符合外商製造業常見的產銷分離管理模式，尤其對一些目的在拓展大陸內需市場的消費性品牌來說，將銷售及售後服務功能從工廠脫離出來，交由貿易公司承擔市場行銷、客戶訴求及品質問題等第一線處理，可使工廠更專注於產品設計、研發、品質提升等工作。

　　從稅務的角度考慮，工廠轉投資設立貿易公司在節稅方面也是比較有利的，可以在一定程度上避免平行地位所產生的利潤匯出所得稅問題。

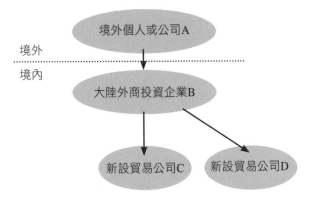

　　以上圖所示的投資架構為例，貿易公司C所產生的利潤分配給工廠B時，無須就其利潤分配繳納所得稅，如工廠B在合併報表後仍有盈餘，則工廠B的利潤分配給境外公司A時當然還須繳納10%的非居民企業所得稅。但如果B有意在其他地區加大銷售力度，或因大陸地方稅收利益要求設立獨立法人時，B即可利用從C獲取的投資所得再設立D、E等，進而避免當C由A直接投資時所產生利潤分配所得稅的繳納。這種垂直的投資架構，對於有意在大陸上市的外商投資企業來說，更是避免同業競爭或關聯交易的必要選擇。但外商須注意的是，實務操作中，對於投資方工廠B，審批部門通常會要求其註冊資本已經全部繳清。

【27】借「人頭」設立貿易公司的風險

　　借「人頭」設立公司，就是法律上所謂的「隱名投資」，是指一方投資者（隱名投資者）實際認繳、認購出資，但公司的章程、股東名冊或批准證書、工商登記資料上記載的投資人卻顯示為他人（顯名投資者）。外商因為行業准入、控股比例、地方人脈等原因，會通過借「人頭」的方式在大陸投資。雖然近年來，外商投資領域不斷開放，貿易領域對外商也已經完全放開，但實務中仍有一些外商基於各種考量，通過借「人頭」的方式在中國大陸投資，因此，存在一定的風險。

　　首先，由於大陸法律確定股東身分採取的是登記主義，所以具有實際支配權的只能是顯名股東，而非隱名股東。如果顯名股東不經隱名股東的同意即轉讓股權，隱名外商的投資可能會一去不回；其次，如果隱名股東「所托非人」，顯名股東可能利用自己的股東身分，以將該企業財產全部抵押給債權人等手段，製造虛假債務，從而達到侵占隱名股東資產的目的；再次，隱名股東和顯名股東一起參與公司經營時，如果雙方在經營策略、企業管理、人員聘用等方面出現無法協調的矛盾，由於只有顯名股東可以行使股東權利，隱名股東往往無法真正控制所投資的企業，從而導致實際出資者反而沒有最終決定權的不利局面；最後，即便雙方沒有衝突矛盾，但當顯名股東背負其他債務無法處理時，按照法律規定，其債權人可以要求以其名下投資的企業股份來清償債務，這樣一來，勢必會直接影響到隱名股東的權益。

　　隱名投資問題由來已久，但中國大陸從來沒有就此提出過系統性的法律規定，直到最高人民法院於2010年8月16日正式公布並實施「最高人民法院關於審理外商投資企業糾紛案件若干問題的規定（一）」（以下簡稱規定），方使得隱名投資在司法實務中更加明

確，並為各種隱名投資行為的處理提供了參考。

根據規定，隱名投資協議是認定隱名投資存在與否及後續處理的最重要依據，規定中明白表示，不能簡單地因為隱名投資協議因未經過審批部門的批准，而認定該協議無效或者未生效，協議只要沒有違反強制性法律規定，也不存在其他法定無效情形，均為有效。為此，隱名投資的各項約定必須清楚，以最大程度的降低隱名投資的風險，例如在隱名投資協議裡明確約定隱名投資者的名稱、實際投資數額、隱名投資者對公司及顯名投資者的權利、義務、責任、盈餘分配，及後續隱名投資顯名化、違約責任、公司經營管理權等。

對於外商關心的如何將之前的「人頭」公司變更為隱名投資者的公司，規定也予以明確說明。一般情況下，隱名投資中，隱名投資者如請求確認在外商投資企業裡的股東身分，或請求變更成為外商投資企業的股東，則人民法院不予支持，除非同時具備以下條件：1. 隱名投資者已經實際投資；2. 顯名股東以外的其他股東認可實際投資者的股東身分；3. 人民法院或當事人在訴訟期間，就將隱名投資者變更為股東，徵得了外商投資企業審批機關的同意。也就是說，如果只是單純地起訴要求確認隱名投資者就是公司的實際股東，或直接要求將公司股東從現在的顯名投資者變更為隱名投資者，原則上是不會予以支持的，但滿足特定條件的除外，其中的關鍵條件，就是訴訟期間外商投資審批機關能否同意變更。

【28】投資方設立貿易公司時的出資方式分析

外商在大陸投資，經常會面臨以什麼做為出資方式的問題。根據大陸公司法的規定，公司股東可以用貨幣出資，也可以用實物、工業產權、非專利技術、土地使用權作價出資。同時，大陸公司法也明確規定，以非貨幣財產出資的，其他財產的作價出資金額不得超過公司註冊資本的70%。現就幾種比較特殊的出資方式分析如下：

一、房產出資

目前在大陸，投資方以房地產作價出資設立貿易公司的情形比較普遍，以房產出資的，一定要注意辦理相關的手續，以便使該等房產能夠轉讓、過戶到貿易公司，讓貿易公司能夠真正成為房地產的所有權人，並切實行使做為所有權人的一切權利。鑒於大陸的房地產有集體所有土地的房地產、國有劃撥土地的房地產、國有出讓土地的房地產等，故此實務中對於三種不同土地性質的房地產，作價出資或提供合作條件並辦理轉讓、過戶手續的要求不一樣，如以劃撥方式取得國有土地使用權，房地產出資轉讓時，應當由受讓人，即貿易公司，按照法律、法規、規章的有關規定，辦理土地使用權出讓手續，並繳納土地使用權出讓金；如果不辦理出讓手續，則應該由轉讓人，即投資方，將轉讓房地產所獲收益，比如出資額中的土地收益，上交國家。關於集體土地的受讓人，只能在依法辦理了集體所有土地的徵用手續後，才能辦理出資轉讓手續。

二、知識產權出資

外商以知識產權出資，是近年來一種比較新的出資方式。上海市2011年2月16頒布的「關於積極支持企業創新驅動、轉型發展的若干意見」，明確提出了要擴大知識產權出資範圍，開展專利使用權、域名權等新類型知識產權出資試點工作。但知識產權做為一種無形財

產，其作價的價格，與其他出資方式如實物出資、土地使用權出資相比，較難確定。依照公司法的規定，知識產權的出資必須進行評估作價，核實財產，不得高估或者低估作價，並且知識產權的評估應該聘請有評估資格的資產評估機構進行。如若發生估價過高的情況，不僅出資的股東要承擔補交出資的責任，設立時的發起人還應一起承擔連帶責任。

三、股權出資

股權出資指的是股東將其在其他企業的股權，投資於被投資企業，被投資企業因此取得該股東在其他企業的股權，該股東因此獲得被投資企業的股權。例如，某甲在A公司擁有30%的股權，某甲將其所有的A公司的30%股權做為出資投入B公司，取得B公司10%的股權，股權出資後，某甲成為B公司的股東，B公司成為A公司的股東。股權出資做為近年來一種新的出資方式，可以在沒有實際貨幣、實物支出的情況下，實現對外商投資企業的投資，而且還可以通過該外商投資企業間接控制做為出資的股權所在企業。另外，對於需要通過改制上市的外商投資企業來說，通過股權投資的方式，可以較好地理順關聯企業之間的關係。實務中已經有很多外商以股權出資的成功案例，但須注意股權出資仍然受到股權和其他非貨幣財產出資額之和不得高於被投資公司註冊資本的70%的限制，但蘇州地區對增資已放寬此限制。

【29】利潤再投資設立貿易公司分析

　　近年來，越來越多的外商出於結構調整、節稅等角度考慮，將原來在大陸的工廠自產自銷、產銷合一的經營模式，分拆為生產歸生產，銷售歸銷售。最常見就是通過增設貿易公司專門從事銷售的方式，來實現產銷分離。新設貿易公司需要繳納註冊資本，此資金來源，不少外商通過境外直接匯入資金的方式實現，但如果原來在大陸的工廠處於盈利狀況，則以其利潤直接轉投資設立貿易公司，即提供了企業解決資金問題的另一個思路。此外，按照大陸外匯管理的規定，外商投資企業的人民幣利潤匯出需要結匯成美元，這在目前人民幣兌美元持續升值的背景下，顯然也等於無形中增加了企業匯兌損失，而通過工廠產生的利潤在境內直接再投資設立貿易公司，即可避免這項損失。

　　需要提醒外商注意的是，2008年新企業所得稅法執行後，原有外商投資企業以利潤再投資可以獲得企業所得稅退稅的政策已取消。大陸「國家稅務總局關於外商投資企業和外國企業原有若干稅收優惠政策取消後有關事項處理的通知」（國稅發[2008]023號）已明確規定，外國投資者從外商投資企業取得的稅後利潤直接再投資本企業增加註冊資本，只有2007年底以前完成再投資事項，並在國家工商管理部門完成變更或註冊登記的，才可以申請退稅，之後的均不再享受退稅政策。

　　以利潤轉投資設立貿易公司，在政府部門審批、備案的流程，與一般外商新設公司的流程相仿，區別之處主要在於：1. 向外資審批主管部門提起申請的並非外方股東，而是產生利潤的企業；2. 註冊資本繳納無須經過購匯付出境外，再從境外匯入新設企業資本金帳戶，而是由產生利潤的企業直接將新設企業註冊資本的等值人民幣，匯至新設企業帳戶即可。另外，外資審批主管部門和外匯管理部門送

件資料,也與常規新設企業的有所不同,具體資料如下表。

外資審批主管部門	外匯管理部門
1.申請表(投資方基本情況、產生利潤企業的基本情況、利潤分配情況、投資方對分得利潤的處置方案、擬被投資企業的股權結構等)。 2.產生利潤企業的董事會利潤分配決議、投資方董事會有關利潤處置方案的決議。 3.與再投資利潤數額有關的、產生利潤企業獲利年度的財務審計報告。 4.與再投資利潤有關的所得稅完稅憑證。 5.產生利潤企業的營業執照、批准證書(驗原件或蓋有原章的影本,影本留底)。 6.擬再投資企業的營業執照、批准證書、合資合同或章程(驗原件或蓋有原章的影本,影本留底)。 7.產生利潤企業的驗資報告(驗原件或蓋有原章的影本,驗後返還)。 8.外匯登記證正本(驗後返還)。 9.視情況要求補充的其他資料。	1.產生利潤企業關於再投資的董事會決議。 2.產生利潤企業的「外商投資企業批准證書」和「營業執照」影本。 3.註冊會計師出具的註冊資本已繳足的驗資報告。 4.產生利潤企業經過審計的資產負債表。 5.產生利潤企業繳納所得稅或減免所得稅的證明資料。 6.產生利潤企業再投資與其他股東設立新公司,除按上述要求提交資料外,還應按擬設立公司類型的新設登記規定提交相關文件資料。

　　另須提示的是,外匯管理部門在審查利潤轉投資時,會重點審查利潤來源以及分配是否真實、合規,例如是否存在可分配利潤、法定公積金是否已經按比例提取、是否完成繳稅、外匯收支情況是否合規等。如果不合規,外匯管理部門會先處理違規行為,待違規行為處理完畢後,再辦理再投資的核准手續。

【30】外商投資貿易公司如何辦理利潤匯出

大陸允許外商投資企業將分配給外國投資者的利潤或股息、紅利等直接投資收益，匯出境外。結合外商投資貿易公司利潤匯出的有關規定及相關實務操作分析如下：

一、利潤分配條件

外商投資貿易公司擬向境外匯出利潤時，須滿足以下條件：

1. 註冊資本已按合同或章程約定繳足：根據大陸國家外匯管理局「關於外匯指定銀行辦理利潤、股息、紅利匯出有關問題的通知」，外商投資貿易公司在將利潤、紅利匯至境外之前，註冊資本金應足額繳納；因特殊情況註冊資本金未足額到位的，經報原審批部門批准，可以按實際到位的註冊資本金比例，將分配所得的利潤予以匯出境外。

2. 已足額繳納稅款：外商投資貿易公司在將利潤分配給外國投資者之前，應已按照大陸外商投資貿易公司有關稅收法律、法規、政策規定，繳納企業和地方所得稅，或按規定享受所得稅減免政策，即分配給外國投資者的應該是企業的稅後利潤。

3. 已經審計：外商投資貿易公司匯出的，可以是本年度或以前年度的未分配利潤；只匯出本年度利潤的，企業需要委託會計師事務所對本年度利潤進行審計，需要匯出以前年度未分配利潤的，則該利潤發生年度的資金情況也需要委託審計。

二、利潤分配順序

除滿足前述條件之外，外商投資貿易公司經營所產生的稅後利潤，應按下列分配順序分配：

1. 被沒收財物損失，支付各項稅收的滯納金和罰款。

2. 彌補企業以前年度虧損。

3. 提取法定公積金、企業發展基金和職工獎勵及福利基金。

4. 向投資者分配利潤。

關於第3項需要進一步說明的是，在2006年大陸新公司法頒布後，對於企業提取各項基金的要求已有所調整。企業在向股東分配利潤前，依法必須提取當年稅後利潤的10%做為法定公積金，法定公積金累計金額達到註冊資本的50%時，可不再提取。而除法定公積金之外的其他各項基金是否提取、提取比例等，均可由企業依章程規定自行決定。

三、非居民企業所得稅扣繳規定

按照大陸過去的「外商投資企業和外國企業所得稅法」規定，外國投資者從外商投資貿易公司取得的利潤可以免徵所得稅，但自2008年新的企業所得稅法及實施條例施行後，境外股東取得匯出利潤是否需要繳稅及繳稅比例，須分情況而定，具體來說，投資主體為外籍個人的，其從外商投資貿易公司取得的股息、紅利所得，免徵個人所得稅；投資主體是境外企業的，則投資收益應繳納非居民企業所得稅，由支付單位向稅務機關預提代繳，但2008年之前的未分配利潤仍按照舊的規定免繳稅。預提所得稅率一般為10%，但如果該投資主體所在地區與大陸訂有雙邊稅收協定，則預提所得稅率根據稅收協定中約定的股息稅率確定。外商常見用來做為控股公司的地區及其所得稅率情況詳見下頁表格。

四、利潤匯出程序

按照大陸利潤匯出的有關規定，外商投資貿易公司向境外投資者匯出利潤時，無須事先經外匯管理局批准，可直接持有關文件至銀行辦理匯出手續，銀行在事後會將有關利潤等匯出情況，上報所在地外匯管理局。具體向銀行提交的資料清單如下：

1. 書面申請。

投資主體	預提所得稅	說明
台灣公司	10%	無稅收協定
BVI/Samoa	10%	無稅收協定
香港	10%	未在香港實質經營
	5%	在香港實質經營（有經營場地、人員、水電費帳單、納稅證明等）
個人	0%	個人免徵股息所得稅

　2.「外商投資企業外匯登記證」。

　3. 董事會或股東會利潤分配決議書。

　4. 註冊會計師事務所出具的驗資報告，以及相關年度利潤或股息、紅利情況的審計報告。

　5. 稅務憑證。

五、以人民幣形式匯出利潤

　之前外商投資貿易公司向境外分配利潤必須換購外幣匯出，隨著人民幣的開放，外商投資貿易公司已經可以人民幣向外國投資者分配利潤。

【31】如何擬定外商投資貿易公司的經營範圍

設立外商投資貿易公司，第一步是核名和擬定經營範圍，而經營範圍如何表述，是外商投資者比較頭疼的麻煩事，因為經營範圍是企業從事經營活動的法律依據，涉及企業發展規劃、進出口、轉口貿易等重要業務。實務中經常會遇到為了使經營範圍的表述符合工商局、商務主管部門的規範要求，反覆與政府部門進行溝通、確認的情況。

經營範圍是企業從事經營活動的業務範圍，應當依法經企業登記機關（各地工商行政管理局）登記。企業的經營範圍，由企業登記機關根據投資人或者企業的申請，依法登記。企業的經營範圍應當與章程或者合夥協議的規定相一致。

經營範圍分為許可經營項目和一般經營項目。許可經營項目是指企業在申請登記前，依據法律、行政法規、國務院決定，應當報經有關部門批准的項目。比如，主營食品銷售的貿易公司須取得「食品流通許可證」（有效期 3 年），方可辦理註冊登記手續；開辦第二類、第三類醫療器械經營企業須取得「醫療器械經營企業許可證」（有效期 5 年），方可辦理註冊登記手續。而一般經營項目是指不須批准，企業可以自主直接向登記機關申請的項目。

擬定經營範圍時，應注意以下問題：

1. 應考慮到公司目前和將來經營業務的具體內容，盡可能包含企業涉足的所有領域。因為外商投資企業變更經營範圍時，在變更流程上比內資企業多了一道審批程序，即需要向原審批機關提交變更經營範圍的申請報告、股東會或董事會決議、企業章程相關條款的修改文件、變更經營範圍涉及經營業務調整的可行性研究報告、驗資報告等相關文件，因此，在設立時就應當本著有備無患的原則全面考慮。

對於經營商品的表述也不宜過於具體，應具有概括性。比如，銷售電腦、筆記型電腦、數碼相機的貿易公司，在其經營範圍中可描

述為「電子產品的批發、傭金代理（拍賣除外）」，不需要明列具體的商品名稱，歸納經營範圍時以綜合性概括的方式，為企業將來可能從事的其他電子產品留有餘地，便不必費時費力費錢地進行審批、變更登記程序。

2. 新設的貿易公司，擬定的經營範圍如果可能涉及限制類目錄的貨物或技術、服務等，必須先與商務部門確認；屬於禁止類的，則外資貿易公司無法經營。實務中，外商投資貿易公司經營的商品如果可能屬於限制類目錄的貨物、技術商品，或者涉及授權管理，在經營範圍中一般會用如下表述：「涉及配額、授權管理、專項規定管理的商品，按國家有關規定辦理」。

3. 以「其他」、「相關」字眼表述經營項目。這些字詞的表述，本意是為了體現企業在經營範圍上的靈活性，但在審批機關和登記機關審批、登記時，會因為語意表達不清等原因，被要求具體化、明確化。當然，這視各地部門掌握的尺度寬緊不同而異。

4. 外商投資貿易公司的經營範圍在表述上不同於內資公司，不使用「銷售」字樣，而用「批發」、「零售」、「進出口」這些文字來代替。外資貿易公司如果從事進出口貿易，在設立公司時需要列明進出口商品目錄。

另外，須注意的是，外商投資貿易企業如經營方式涉及通過電視、電話、郵購、網購、自動販賣機等方式；分銷商品涉及鋼材、貴金屬、鐵礦石、燃料油、天然橡膠等重要工業原材料及「外商投資商業領域管理辦法」第十七條、十八條規定的商品；從事特許經營等；以上審批層級通常會高一級。從事零售業務的外商投資商業企業，在其所在地省級行政區域內或國家級經濟技術開發區內開設店鋪，視店鋪面積和店鋪數量，由地方部門在其審批許可權內審批並報商務部備案，或者由地方部門報商務部審批。因此，涉及以上經營範圍的外商投資貿易公司在擬定經營範圍時，應當與相對應的審批部門溝通。

【32】如何理解批發、零售和傭金代理

　　根據中國大陸加入世貿組織有關文件和「外商投資商業領域管理辦法」，外商投資商業企業可以從事批發、零售、傭金代理和特許經營業務。

　　「外商投資商業領域管理辦法」（商務部令[2004]8號）第三條規定：

　　1. 批發的含義：對零售商和工業、商業、機構等用戶或其他批發商的貨物銷售及相關附屬服務。

　　2. 零售的含義：在固定地點或通過電視、電話、郵購、網購、自動販賣機，銷售供個人或團體消費使用的貨物及相關附屬服務。

　　3. 傭金代理的含義：貨物的銷售代理商、經紀人或拍賣人或其他批發商，通過收取費用，在合同基礎上對他人貨物進行的銷售及相關附屬服務。

　　因此，對於批發企業來說，其交易的對象主要為零售商、貿易商、承包商、工業用戶、機構用戶和商業用戶。比如日本丸紅株式會社、百聯集團有限公司等合資成立的上海百紅商業貿易有限公司，主要從事國內商品和自營進口商品的國內批發業務，百紅公司代理的妮維雅以及曼秀雷敦、高露潔、強生等品牌，分別進入了大型連鎖超市、藥店，從其貿易方式來看，百紅公司不直接向最終消費者出售貨物，而是以批發的形式銷售給零售商，再由零售商分銷給個人或團體用戶。

　　對於零售企業來說，其交易的直接對象是最終消費者，是聯繫生產企業、批發企業與消費者的橋樑，在分銷途徑中具有重要作用。在固定場所從事零售業務，需要租賃或購買與經營規模相適應的商業用房，當然，如果註冊地址本身可以做零售店面使用，則可合二為一。比如，上海太平洋百貨有限公司，從事百貨零售、餐飲等服務，

直接面向最終消費者。

　　一般很少有企業只做傭金代理業務，往往是批發＋傭金代理模式，比如，客戶要求直接與上層貨物供應商簽訂買賣合同，貨款直接進入上層供應商帳戶，此時，在銷售過程中可與上層供應商談定按銷量或貨價計提傭金的方式。

　　另外，前述的「相關附屬服務」，包括存貨管理；整批貨物的集中、分類和分級；整批貨物的拆包和拆零；送貨服務；冷藏、存貯、倉儲和停車服務；促銷、行銷和廣告；安裝及包括維修和培訓服務在內的售後服務。

　　通常外商投資貿易公司的經營範圍，必須明確分銷具體形式是批發、零售還是傭金代理。如果在公司設立時需要加入零售這個經營範圍，除了無店鋪零售（如電話電視銷售、自動販賣機等），通常會要求新設企業租賃或購買能做為門店使用的商業用房。如果已經設立的貿易公司的經營範圍中只有批發，在開設店鋪時，必須申請增加零售的經營範圍，同時必須以該店鋪做為分公司向工商部門申請設立分支機構，領取分公司營業執照。

【33】外商投資貿易公司的股東、董事及監事介紹

一、股東

股東是簽署公司章程、持有公司股份及向公司認購出資者。外商投資貿易公司的股東，可以是自然人，也可以是法人。

境外一個自然人或一個法人設立的有限責任公司，是一人公司，在公司營業執照中會載明「外國自然人獨資」或「外國法人獨資」。一個自然人只能投資設立一個一人有限責任公司。該一人有限責任公司不能投資設立新的一人有限責任公司。大陸「公司法」對於一個法人能夠設立的一人公司的數量，並無限制。

股東的權利主要有：

1. 知情質詢權，即股東有權查閱、複製公司章程、股東會會議紀錄、董事會會議決議、監事會會議決議和財務會計報告。

2. 決策表決權，即股東有權參加（或委託代表參加）股東（大）會，並根據出資比例或其他約定，行使表決權、議事權。

3. 選舉權和被選舉權，即股東有權選舉和被選舉為董事會成員、監事會成員。

4. 收益權，即股東按照出資比例享有收益的權利（股東另有約定的除外）。

5. 優先權，股東在公司新增資本或發行新股時，在同等條件之下有認繳優先權，有限公司股東還享有對其他股東轉讓股權的優先受讓權。

6. 股東代表訴訟權，即公司的董事、監事和高級管理人員在執行職務時違反法律、行政法規或者公司章程的規定，給公司造成損失，而公司又怠於行使起訴權時，符合條件的股東可以以自己的名義向法院提起損害賠償的訴訟。

需要說明是，有限責任公司股東行使表決權時，既可以根據出資比例行使表決權，也可以由公司章程約定按股東人數行使表決權，若公司章程沒有約定時，股東按照出資比例行使表決權。

二、董事

董事是由股東選舉或以其他方式產生的擔任「董事」職務的自然人。在大陸只有自然人可以擔任董事，法人不能擔任。

股東人數較少或者規模較小的有限責任公司，可以設一名執行董事，不設董事會。執行董事可以由股東委派，可以兼任公司經理。有限責任公司若設董事會，其成員為 3 人至13人。公司在確定董事人數時，應考量兩個因素：第一，公司資本業務規模、專業技術複雜程度，一般來說，業務規模大，專業技術複雜的，應當需要多名董事，在做出決策時可以發揮互補作用；第二，董事人數以單數為宜，避免在表決過程中出現票數相等情況。

董事職權範圍「公司法」有明文規定，例如召集股東會會議，並向股東會報告工作；執行股東會的決議；決定公司的經營計畫和投資方案；制訂公司的年度財務預算方案、決算方案；制訂公司的利潤分配方案和彌補虧損方案；制訂公司增加或者減少註冊資本以及發行公司債券的方案；制訂公司合併、分立、解散或者變更公司形式的方案；決定公司內部管理機構的設置；決定聘任或者解聘公司經理及其報酬事項等。除前述法定職權外，公司章程亦可補充約定董事的其他職權。董事會議事方式和表決程序，除公司法有規定外，由公司章程規定。董事會決議的表決，實行一人一票。

三、監事

監事是指監察公司業務執行情況的自然人。與董事一樣，在大陸，只能由自然人擔任公司的監事。監事一般由公司股東會選舉產生或由股東委派。

　　有限責任公司設監事會，其成員不得少於 3 人，監事會應當包括股東代表和適當比例的公司職工代表。股東人數較少或者規模較小的有限責任公司，可以設 1 至 2 名監事，不設監事會。董事、高級管理人員不得兼任監事。

　　監事和監事會是對董事會及其成員和經營管理人員行使監督職能的公司監督機關，其職權範圍「公司法」有明文規定，比如檢查公司財務；對董事、高級管理人員執行公司職務的行為進行監督，對違反法律、行政法規、公司章程或者股東會決議的董事、高級管理人員提出罷免的建議；當董事、高級管理人員的行為損害公司的利益時，要求董事、高級管理人員予以糾正；提議召開臨時股東會會議等。除前述法定職權外，公司章程亦可補充約定監事的其他職權。

【34】外商投資貿易公司如何在大陸申請商標註冊

　　根據目前大陸執行的「商標註冊用商品和服務國際分類」規範標準，商標分為45類，其中商品項目34類，服務項目11類。就同一個商標在不同的類別上申請註冊，須分別提出申請，實行一類一申請原則。比如，在皮革和人造皮革、日用革製品、裘皮、手杖、雨傘及其配件、箱子及旅行袋上申請註冊商標，雖然品種較多，但由於這些商品均屬於第18類，故只需要在此類提出一次申請，繳納一份註冊費用。反之，如果屬於不同類別，則需要分別提出申請，繳納多筆註冊費用。

　　做為外商投資貿易公司來說，在大陸申請商標註冊時，既可以其銷售的自主品牌的商品所屬類別，在大陸申請商品商標的註冊，從前述分類標準的第 1 類至第34類中進行選擇，也可以諮詢服務所屬類別在大陸申請服務商標的註冊，一般在第35類中選擇。

一、註冊方式的選擇

　　1. 直接向國家工商行政管理總局商標局，辦理商標註冊事宜。

　　2. 委託商標代理機構或律師提供商標代理服務。這是目前外商投資貿易公司選擇的主要方式，可節省大量的時間和精力。

二、商標註冊條件

　　1. 商標註冊申請人

　　根據「中華人民共和國商標法」第四條的規定，申請商標註冊的主體，可以是自然人、法人或者其他組織。做為在大陸工商管理行政部門登記註冊的外商投資貿易公司來說，符合「商標法」規定的主體條件，可以企業法人名義，向商標局提出註冊申請。

　　2. 對申請註冊的商標之要求

　　申請註冊的商標，應當有顯著特徵，便於識別，並不得與他人

先前取得的合法權利相衝突。同時，不得與他人在相同或者類似商品或者服務上已經註冊或者初步審定的商標相同或者近似，也不得與被撤銷或者註銷未滿1年的註冊商標相同或者近似。

三、申請商標註冊需要提供的資料

1. 中文的商標代理委託書。

2. 企業法人營業執照影本一份。

3. 申請人名稱、地址、郵遞區號、地址應與營業執照一致。

4. 申請類別和具體商品／服務（參見網址http://sbj.saic.gov.cn/sbsq/spfl）。

5. 清晰的商標圖樣一份，尺寸在5×5cm至9×9cm之間，可發電子版，但如要求顏色保護，則每個商標每類提供列印好的10份彩色圖樣及一份黑白圖樣，尺寸在5×5cm至9×9cm之間。

一般而言，外商投資貿易公司申請註冊的商標大多會選擇企業名稱中的字號，實際上，大陸國家工商總局商標局2005年12月發布「商標審查及審理標準」，允許以企業名稱做為申請註冊的商標。需要注意的是，以企業名稱申請商標時，同樣要滿足商標的顯著性和不能侵犯他人的在先權利，並且必須與申請人的名稱一致，這意味著將來在商標進行轉讓時，會受限於權利主體與商標對應的規定。

目前，從商標局受理申請起，經過形式審查、實質審查、商標公告、核准使用到授予申請人商標專用權的時間，約為18個月。

【35】外商投資貿易公司如何在大陸申請 註冊網絡域名

域名的註冊遵循先申請先註冊原則，管理機構對申請人提出的域名是否違反了第三方的權利，不進行任何實質審查。在全世界，沒有重複的域名，域名具有唯一性。因此，在網絡上，域名是一種相對有限的資源。對於商業企業，最常用的域名一般為.COM和.CN兩個域名。

一、域名簡介

域名由兩個或兩個以上的詞構成，中間由點號分隔開。最右邊的那個詞稱為頂層網域名。

商業企業申請註冊的常見頂層網域名：

1. .COM：用於商業機構（國際域名）。它是最常見的頂層網域名。任何人都可以註冊.COM形式的域名。國際域名的管理機構，是國際網絡名稱和位址分配組織（英文簡稱ICANN）。.COM域名的獨家運營商是Verisign公司，通過http://verisigninc.com/zh_CN/可查詢中國大陸的註冊商（提供域名註冊的公司，負責提供DNS解析、域名變更過戶、域名續費等操作）。

2. .CN（中國國內頂層網域名），它比國際域名低一個層次。二者註冊機構不同，在使用中基本沒有區別。中國域名的管理機構是中國互聯網絡信息中心（英文簡稱CNNIC），它指定了一批具備辦理域名註冊業務資格的服務商，授權註冊商直接從ICANN批發域名。

二、域名註冊流程

首先，選擇域名註冊商。目前大陸域名註冊商為：中國萬網http://www.www.net.cn/、新網http://www.xinnet.com/、35互聯中國頻道http://www.35.com/、中國E動網http://www.edong.com/、商務中國

http://www.bizcn.com/等。

其次，通過上述的註冊商，查詢企業所想要註冊的域名是否已經被註冊。

再次，在域名註冊商的網站，按照域名註冊的程序提交真實、準確、完整的域名註冊信息，並與域名註冊服務機構簽訂使用者註冊協議。

最後，根據不同的域名支付費用、完成註冊。域名註冊完成後，域名註冊申請者即成為其註冊域名的持有者。

三、域名註冊的申請資料

企業用戶申請註冊域名，除了線上提交申請之外，必須提交3份書面申請資料，包括：

1. 加蓋公章的域名註冊申請表（原件）。

2. 符合以下要求的企業營業執照副本，或組織機構代碼證（影本）並加蓋公章：（1）在有效期內；（2）已年檢。

3. 連絡人（只能是大陸自然人）的身分證（包括正反面）影本，加親筆簽名，該連絡人做為域名管理人。

申請.COM域名，付費註冊後直接生效；申請.CN域名，需要中國互聯網絡信息中心審核，付費註冊3天後生效。

四、域名註冊期限

國際域名有效期是2年，國內域名有效期是1年。一般來說，域名註冊的費用按年度交納，每次可以選擇按1年或者數年的標準來繳納費用，最長一次性繳納10年。

假設註冊域名時繳納的是1年的費用，那麼域名的有效期就是1年，即從第一次繳費並註冊成功的當日，到第2年同日的前一天止，超過這個期間，域名將停止運行甚至被刪除。如果要繼續註冊使用這個域名，一定要記得在域名失效之前進行域名續費，完成續費

就相當於繼續註冊成功，無須提交其他信息。

　　雖然域名是網絡中的概念，但它具有類似產品商標和企業標識物的作用。因此，外商投資貿易公司申請註冊網絡域名時，可以根據公司的具體情況，將國際域名和國內域名同時註冊，避免造訪者產生誤會。

第二篇

幾種特殊的
貿易形態分析

【36】進出口經營權分析

　　進出口經營權，是指企業向管理部門備案，取得從事貨物、技術進出口業務的資格，未按照規定辦理備案登記的，海關不予辦理進出口貨物的報關驗放手續。

　　在「中華人民共和國對外貿易法」修訂之前，企業要滿足包括註冊資金在內的法定條件，經過批准方能取得進出口經營權。修訂後的「對外貿易法」（2004年7月1日施行），外商投資貿易公司經營出進口，可以憑批准證書辦理相關海關手續，也可依據「對外貿易經營者備案登記辦法」（2004年7月1日施行）規定，在本地區備案登記機關辦理備案登記。備案登記的具體程序，首先，領取並填寫「對外貿易經營者備案登記表」（以下簡稱「登記表」）。企業可以通過商務部政府網站（http：//www.mofcom.gov.cn）下載，或到所在地備案登記機關領取「登記表」。企業應按「登記表」要求，切實填寫所有事項的信息，並確保所填寫內容是完整、準確且真實，同時切實閱讀「登記表」背面的條款，並由企業法定代表人或個體工商負責人簽字、蓋章。其次，向備案登記機關提交備案登記資料。

　　向備案登記機關提交備案登記的資料包括：1. 確實填寫的「登記表」；2. 營業執照影本；3. 組織機構代碼證書影本；4. 外商投資企業批准證書影本；5. 依法辦理工商登記的個體工商戶（獨資經營者）由合法公證機構出具的財產公證證明；6. 依法辦理工商登記的外國（地區）企業經合法公證機構出具的資金信用證明文件等資料。

　　實務中，外國投資者往往分不清進口分銷權和進出口經營權的差異。前者是指外商投資企業根據「外商投資商業領域管理辦法」（2004年6月1日施行），經過商務部門審批，設立外商投資商業企業，擁有「批發、零售、進出口」等經營範圍，取得「對外貿易經營者備案登記」後，從國外進口的商品才能在國內以批發或零售的方式

進行銷售。只取得「批發、零售、進出口」的經營範圍，但沒有辦理對外貿易經營者備案，就不能辦理進口；而只有對「進出口」經營範圍和外貿易經營者備案登記，沒有「批發、零售」的經營範圍，則進口的商品不能在國內合法進行銷售。

在「外商投資商業領域管理辦法」施行前設立的保稅區貿易公司以及外商投資生產型企業，隨著外商投資商業領域的開放，紛紛增加進口分銷的經營範圍。保稅區貿易公司也能突破原來只能進口但不能直接到區外銷售的限制（在上海的外高橋保稅區，此前是通過保稅區專門的市場平台代開增值稅發票，規避當時國內銷售的法律限制。顯然，這種作法也使得保稅區貿易公司從事的「國際貿易」名不副實，因為大部分外商投資設立保稅區貿易公司的目的，是在當時大陸尚未開放商業領域情況下，想做進口分銷業務，打開國內市場）。外商投資生產型企業增加分銷權後，也能經營本公司生產同類產品的貿易（目前也有的地方審批時進一步放開，不僅僅局限於同類產品了），從國外進口後在國內銷售，但考慮到「兩免三減半」稅收優惠問題，經營期10年以內，生產型企業還是要避免貿易收入超過50%，否則將喪失生產型企業性質，已經享受的稅收優惠要返還。

【37】從事進出口代理法律分析

進出口代理是外貿常見的仲介服務形式，指被委託人接受委託人的委託，代理其進行進出口的業務活動。進出口代理中，委託人和代理人之間建立的是委託代理關係，而非買賣關係。進出口代理包括進口代理及出口代理兩個方面，以下分別具體分析：

一、代理出口

代理出口，是指擁有出口經營權的代理機構，代理無進出口權的企業或個人，從事產品的出口業務。出口代理人必須是具備相應的專業知識、技術設備及資金，從事經營活動的法人企業、合夥企業、獨資企業及個體工商戶等。被代理人由於自身不具備相應的進出口資格，並基於對代理人資金、技術、設備、專業知識等的信賴，而授權委託其代理出口貿易。出口代理屬於營利性的經營行為，屬有償代理，被代理人通過出口代理人的商業代理而實現出口貿易。

出口代理是委託代理，其代理權基於當事人的授權委託而產生。出口代理中，出口代理人可以被代理人的名義，也可以自己的名義從事代理活動。但是，無論代理人是以被代理人（本人）的名義還是以自己的名義與第三方訂立合同，也不論在訂立合同時是否公開本人的存在，只要代理人的行為是在其代理許可權內進行的，其後果最終都及於本人，本人對此承擔責任。出口代理中，由於代理人屬於獨立的民事主體，從事專門的營利性經營活動，所以在與第三人發生的民事法律關係中，承擔比一般民事代理人更大的風險和責任，即使無過錯，也可能承擔特殊的法定或約定責任。

由於出口代理具有涉外的特徵，因此發生爭議時，在法律適用上會因各國有關出口代理的規定不同，而產生法律適用上的衝突。在這種情況下，要運用各國的國際私法關於法院地衝突規則的指引，對

案件爭議的事實進行識別，確認應予遵循的準據法規則，或者根據代理合同中事先約定的準據法所指向的適用對象，確定解決案件爭議的法律。

二、代理進口

　　代理進口是指進口商委託有進口經營權的代理機構，對已運至進口地點的貨物提供代理進口服務，或者負責運至進口地點並代理辦理進口手續。按照不同的運輸方式，進口代理分為進口海運代理、進口空運代理、快遞進口代理和進口陸運代理等。在進口報關代理貨物到達目的港之後，進口代理商進行報關手續辦理。進口報關代理商做為中間人，並不擁有貨物的所有權。進口代理機構受進口商委託，辦理進口代理業務，從中為當事人提供運輸、報關、倉儲等服務，並收取代理手續費。

　　進口代理需要注意貨物的所有權問題。貨物所有人與進口代理商談妥之後，簽訂進口代理協議，規定貨物的所有權，以避免由此產生的糾紛。為避免進口代理商放貨給客戶之後沒有得到應得利益而產生糾紛，進出口代理商務必與客戶詳細協議條約，並及時督促協議的履行。

三、注意事項

　　（一）出口代理

　　出口代理中應當注意：

　　1. 代理協議須嚴謹。權利義務分配不明確將導致代理權責模糊，易產生糾紛。

　　2. 避免代理人超越委託協議授權範圍越權代理，故要設定嚴格的責任條款。

　　3. 避免代理協議和主合同條款不一致，在設計合同或協議時，謹防條款間相互衝突。

（二）進口代理

進口代理須注意以下事項：

1. 進口合同約定權利義務須明確。

2. 進口合同仲裁地點適宜選擇在大陸境內。

3. 若外方負責運輸訂艙，須注意船齡和船舶註冊等問題，並事先讓進口代理商提供租船協議，注意其中速遣和滯期條款的約定是否公平。

4. 大批量訂進口貨物選擇FOB方式時，須注意代理商只有真正裝貨才能取得提單，防止代理商製造假單據騙取貨款。

5. 注意在合同中加訂違約條款，由買方銀行為賣方開出履約保證書，保證賣方按合同規定履行交貨。

【38】從事零售法律分析

　　零售是將商品及相關服務提供給消費者做為最終消費使用的商業活動。零售的交易雙方，是銷售商與以直接消費目的而購買商品的最終消費者。零售貿易的標的物不僅有商品，還有勞務，包括有形商品和無形服務。零售可以通過多種方式，比如上門推銷、郵購、自動販賣機、網購等等，但無論商品以何種方式出售或在何地出售，都不會改變零售的本質。

一、零售的形式

　　大陸對外資開放商業零售，是基於2004年6月1日施行的「外商投資商業領域管理辦法」，可以設立外商獨資貿易公司則自2004年12月11日開始。

　　當前，網絡行銷與超級市場成為零售的主要形式，大規模的零售取代了單一品種、比較專業的店鋪銷售。

　　根據大陸商務部於2010年8月19日頒布實施的「關於外商投資互聯網、自動售貨機方式銷售項目審批管理有關問題的通知」（以下簡稱272號文）規定，經依法批准、註冊登記的外商投資生產性企業、商業企業，可以直接從事網上銷售業務，但應依法向電信管理部門辦理ICP備案手續。另一種電子商務模式，例如淘寶、阿里巴巴，則是利用自身網絡平台為其他交易方提供網絡服務。依照272號文的規定，外商投資企業利用企業自身網絡平台為其他交易方提供網絡服務的，屬於增值電信業務，應向工業和信息化管理部門申請辦理增值電信業務經營許可證，並對於外方投資者有一定的要求，不僅應當具有經營增值電信業務的良好業績和運營經驗，其出資比例也最終不得超過50%。

二、從事零售的注意事項

外商投資企業在大陸從事零售業，可以通過新設貿易公司或者併購已具規模的貿易企業的方式進行。當前，許多外商投資企業更傾向於通過收購國內零售企業股權拓展中國銷售市場。運用收購的方式從事零售業有利於企業的加速擴張，並且這種由小及大的收購策略也較為穩妥。外資以併購的方式從事零售，需要通過商務、外匯管理等政府部門的股權收購審批，辦理工商、稅務等變更。

以新設公司的方式從事零售業的企業，需要經過工商的登記，外商投資企業還須商務主管部門的批准。企業進入商場銷售商品，有些須設立分公司，主要是租賃商場區域進行經營，銷售資金由企業結算，且銷售商品的發票由企業名義開具。企業商品雖進入商場，但銷售結算由商場負責，且銷售商品的發票以商品名義開具的，企業不須設立分公司。也即，若進駐提供商場商品並由商場名義開具發票一類的商場，不需要設立分公司，而進駐租賃商場區域經營且以公司自己名義開具發票的商場，則需要設立分公司進行經營。

銷售特種商品，例如食品或危險化學品等，需要經過衛生或安檢部門的批准。零售商品進行外銷的，還須海關、質檢部門的檢驗。採用非直接交易形式的零售，若通過物流快遞、郵寄等形式送達，須注意對商品種類的限制，例如液體商品種類及數量上的限制、藥品種類的限制等。專門從事運輸危險品或特種產品的物流公司，可以代理對已獲得監管部門批准的商品的運輸。

零售商品的品質須符合行業或國家的相關標準要求，並不得超越企業的經營範圍。外商在大陸市場從事零售業，涉及藥物、工業化學品、菸草、酒類等特殊種類的，都需要獲得商品安全管理部門及商務部門的審批，對從事零售的企業的投資規模、倉儲及物流水平、人員及技術資格等，都有特別要求。

【39】外商投資貿易公司可兼營哪些業務

外商在大陸投資貿易公司，除了可以從事主營的一般商品貿易業務，即從事產品的零售、批發、進出口業務以外，還能夠兼營以下的業務：

一、傭金代理

傭金代理又稱一般代理，是指貨物的銷售代理商、經紀人或拍賣人或其他批發商，通過收取費用，在合同基礎上對他人貨物進行銷售及相關附屬服務。傭金代理根據銷售商品的實際金額和協議規定的方式、比例，向委託人計收傭金。經營傭金代理業務時如果涉及拍賣，需要滿足特殊條件的要求；若不經營拍賣業務，在經營範圍中標示排除即可。

二、進出口貿易

進出口貿易是指將境外生產的產品進口至境內，或出口境內生產的產品至境外的貿易行為。貿易公司可以經營產品的進出口貿易，手續上需要在政府外匯管理、質監及海關等部門辦理登記備案。

三、提供貿易的相關配套服務

貿易公司對其零售、批發的產品，可提供產品的售後維修、保養等相關配套服務，並在經營範圍中予以明確表示。

四、諮詢

諮詢是指根據委託者的意向和要求，運用專門的知識和經驗，用腦力勞動提供具體服務。貿易公司可以兼營諮詢性質的業務，包括技術諮詢、信息諮詢、行銷諮詢、貿易諮詢或管理諮詢等，具體根據公司的貿易產品或公司技術優勢而定。

五、物流、倉儲、分撥

具備實力的貿易企業可以從事物流、倉儲、分撥業務，但經營物流或倉儲業務對企業相關條件的審查比較嚴格，需要企業實際具備相關資格並滿足設備條件要求。

六、技術服務

貿易公司可以兼營貿易產品相關技術的諮詢，也可從事其他技術服務，但須提供具備相關技術及服務條件的資料，並通過審查。

七、商業性簡單加工

簡單性商業加工是指為貿易目的而進行的簡單加工，而非產品的生產性加工，比如產品的包裝、組合等業務即屬此類。

八、產品的開發和設計

貿易公司可以兼營產品的開發和設計，對產品的相關技術進行開發或產品的包裝、外觀、性能等的設計。

九、展覽、展示服務

貿易公司可以依據「設立外商投資會議展覽公司暫行規定」的規定，兼營產品的展示、展覽服務，但從事舉辦展覽會等文化性質的業務，外資是受到限制的。

對於以上貿易公司主營及兼營的業務範圍，外商投資貿易公司在設立時，可根據自身業務特點確定企業經營範圍，並須向工商部門登記，明確顯示於企業的營業執照中。

【40】外商在大陸從事連鎖經營法律分析

中國大陸的連鎖店，是指經營同類商品、使用統一商號的若干門店，在同一總部的管理下，採取統一採購或授予特許權等方式，實現規模效益的經營組織形式。

一、連鎖店的構成與形式

連鎖店由總部、門店和配送中心構成。總部是連鎖店經營管理的核心，必須具備以下職能：採購配送、財務管理、品質管制、經營指導、市場調研、商品開發、促銷策劃、教育培訓等。門店是連鎖店的基礎，主要職責是按照總部的指示和服務規範要求，承擔日常銷售業務。配送中心是連鎖店的物流機構，承擔各門店所需商品的進貨、庫存、分貨、加工、集配、運輸、送貨等任務。配送中心主要為本連鎖企業服務，也可針對外界。

連鎖店包括下列三種形式：1. 直營連鎖。連鎖店的門店均由總部全資或控股開設，在總部的直接領導下統一經營；2. 自願連鎖。連鎖店的門店均為獨立法人，各自的資產所有權關係不變，在總部的指導下共同經營；3. 特許連鎖（或稱加盟連鎖、特許經營）。直營連鎖、自願連鎖和特許連鎖這三種形式，可以在一個連鎖企業中交叉存在。

特許連鎖即特許經營，是指擁有註冊商標、企業標誌、專利、專有技術等經營資源的企業，以合同形式將其擁有的經營資源許可其他經營者使用，被特許人按照合同約定在統一的經營模式下開展經營，並向特許人支付特許經營費用。特許經營的連鎖店同總部簽訂合同，取得使用總部商標、商號、經營技術及銷售總部開發的商品的特許權，經營權集中於總部。

特許人從事特許經營活動，應當擁有成熟的經營模式，並具備

為被特許人持續提供經營指導、技術支援和業務培訓等服務的能力。特許人從事特許經營活動應當擁有至少 2 個直營店，並且經營時間超過 1 年。特許人應當自首次訂立特許經營合同之日起15日內，向商務主管部門備案。在省、自治區、直轄市範圍內從事特許經營活動的，應當向所在地省、自治區、直轄市人民政府商務主管部門備案；跨省、自治區、直轄市範圍從事特許經營活動的，應當向國務院商務主管部門備案。特許人向商務主管部門備案時，應當提交營業執照影本或者企業登記（註冊）證書影本、特許經營合同樣本、特許經營操作手冊、市場計畫書、表明其符合特許經營條件的書面承諾及相關證明資料，以及國務院商務主管部門規定的其他文件、資料。

二、外商從事連鎖經營的注意事項

外商從事連鎖經營業務，在經營範圍上並非沒有限制。同一外國投資者在境內累計開設店鋪超過30家以上的，如經營商品包括圖書、報紙、雜誌、藥品、農藥、農膜、化肥、成品油、糧食、植物油、食糖、棉花等商品，且上述商品屬於不同品牌，來自不同供應商，外國投資者的出資比例不得超過49%，即經營上述範圍的業務須採用中外合資、中外合作的形式且外方不得控股。從事飲食業、服務業和生產材料銷售業的連鎖店，還須符合各自行業主管部門特別要求的規定。

連鎖企業涉及多地區經營，其繳稅機構的選擇，法律上有具體規定。依照「中華人民共和國外商投資和外國企業所得稅法」和「中華人民共和國外商投資和外國企業所得稅法實施細則」的有關規定，對從事跨區域連鎖經營的外商投資企業，由總部向其所在地稅務主管機關統一繳納企業所得稅。

【41】商場專櫃銷售法律分析

　　商場專櫃銷售，指銷售商進入商場經營，設立銷售專櫃，出售指定品牌的商品，銷售結算由商場管理方負責，利潤由商場與銷售商約定比例分享。在商場專櫃銷售的商品須在進入商場前確定其品牌的範圍，由銷售商與商場管理者協議約定。銷售商新增品牌時，需要商場審批認可。商品銷售的價格可以由銷售商或商場管理者依法決定。商場管理者或銷售商可以招聘、培訓營業人員，並對其考核、監管，專櫃的營業員還須接受商場管理者的管理。

一、商場專櫃經營模式

　　從合同關係上看，一般有兩種經營模式，一種是專櫃銷售商自己獨立開具發票，直接對消費者銷售，銷售商與商場是實質上的租賃關係；另一種是商場買進專櫃銷售商的商品，商場對外銷售並開具發票，銷售商與商場是實質上的買賣關係。以上二者對銷售商的最主要區別，在於前一種經營模式需要銷售商自己獨立辦理專櫃的分公司的營業執照，而後一種則不需要。現在運行比較成功的是後一種模式。

二、進駐商場的程序

　　從事商場專櫃銷售的企業，具體包括以下幾個步驟。首先，要與商場管理經理協商進駐商場的商品的品牌知名度、利潤分配等事項；其次，要商定裝修事宜，需要平衡品牌方要求與商場管理的限制，如地板樣式、面積大小、形狀等；再次，商場與銷售商協商決定商場年度或月度的最低銷售額；最後，簽訂商場銷售合同。

三、商場專櫃的費用

　　一般商場的費用主要表現為回扣等形式，費用依照營業額的比例收取，具體是：回扣比例為25%至30%，宣傳費比例為1%至2%，增值稅稅率是17%，上述三項的總額即達到40%以上，節假日的促銷

活動中回扣比例會略有增加。比如，銷售商進貨按三、四折計算，利潤大概是60%至70%，其中有40%以上會繳納商場，所以公司的利潤一般在25%左右。然而，如果銷售商一定時期的營業額達不到商場規定的銷售保底，可能需要自銷完成銷售額或退出商場專櫃。另外，銷售商的支出還包括營業員的雇傭費用及專櫃維護費用等。

四、注意事項

1. 回扣率。對專櫃銷售商的銷售回扣及宣傳等收費，是商場的主要收入。商場根據自身的檔次、市場定位以及所處地段等因素，一般將回扣率定位於15%至30%不等，具體依據銷售商與商場管理方的談判而定。

2. 進場費。專櫃銷售商進入專櫃前，商場還會收取進場費，一般是按專櫃的占地面積計算，一般在200元／平方米至500元／平方米不等。進場費並非所有商場都會收取，也需要根據談判協議的結果而定。

3. 保證金。保證金的收取是為了確保銷售商在退場時履行清場、結算等義務。有些商場並不收取保證金，而是在清場撤櫃以後扣下部分貨款，過一段時間後，若無消費者投訴、退賠等問題，再將保證金返還。

4. 廣告費。廣告費的收取有兩種方式，一是按專櫃所占的面積計算；另一種是按營業額的百分比收取，一般在1%至3%左右。

5. 營業保底及返利。商場對每個品牌的商品一般會要求最低營業額，以年度或月度進行計量。一定時間階段內，不能完成最低營業額任務的，商場會依照管理規定實施罰款或其他形式的處罰。若超出最低營業額，商場則會按照一定比例返利。

【42】網絡銷售法律實務

　　網絡銷售是利用電腦技術、網絡技術和遠端通訊技術，實現整個買賣過程的電子化、數字化和網絡化。網絡銷售的風行，使消費者足不出戶就可輕鬆採購到自己所需的商品或服務。而商家則從宣傳、銷售、結算、人員等各方面降低經營成本，也實現銷售渠道的多元化和營業收入的大幅提高。

　　經營者常將網絡銷售與電子商務混為一談。實際上，電子商務包含網絡商品經營者和網絡服務經營者兩個概念。根據大陸工商總局於2010年5月31日頒布的「網絡商品交易及有關服務行為管理暫行辦法」規定，通過網絡銷售商品的法人、其他經濟組織或者自然人，稱為「網絡商品經營者」；而通過網絡提供有關經營性服務的法人、其他經濟組織或者自然人，以及提供網絡交易平台服務的網站經營者，稱為「網絡服務經營者」。而網絡銷售從一定程度上來說，更接近網絡商品經營者的概念。

　　就目前政策來講，外商投資做為網絡商品經營者開展電子商務，相對比較簡單。根據大陸商務部於2010年8月19日頒布實施的「關於外商投資互聯網、自動售貨機方式銷售項目審批管理有關問題的通知」（以下簡稱272號文）規定，經依法批准、註冊登記的外商投資生產性企業、商業企業，可以直接從事網上銷售業務，但應依法向電信管理部門辦理ICP備案手續。也就是說，外商投資貿易公司如欲通過網絡銷售產品，除依法向商務審批部門提交申請增加「網上零售」的經營範圍外，還要向電信管理部門申請辦理ICP備案手續。但企業本質上還是普通的貿易公司，只是增加了網絡銷售這一特殊銷售方式而已，經營範圍通常描述為「某產品的批發、網上零售、傭金代理（拍賣除外）、進出口業務，並提供相關配套服務（不涉及國營貿易管理商品，涉及配額、授權管理商品的，按照中國大陸有關規定辦

理申請）」。

　　另一種電子商務模式，例如淘寶、阿里巴巴，則是利用自身網絡平台為其他交易方提供網絡服務，即網絡服務經營者。這種電子商務模式，目前對外商還存在一定的限制。依照272號文規定，外商投資企業利用企業自身網絡平台為其他交易方提供網絡服務，屬於增值電信業務，應向工業和信息化管理部門申請辦理增值電信業務經營許可證。而根據「外商投資電信業管理規定」，經營全國性或者跨省、自治區、直轄市範圍的增值電信業務的企業，註冊資本不得低於人民幣1000萬元；經營省、自治區、直轄市範圍內的增值電信業務的企業，註冊資本不得低於人民幣100萬元。並且對於外方投資者有一定的要求，不僅應當具有經營增值電信業務的良好業績和運營經驗，出資比例最終不得超過50%。

　　網絡服務經營涉及的第三方支付業務，目前根本不對外資開放。根據2010年人民銀行發布的「非金融機構支付服務管理辦法」，對於外商投資金融機構的相關辦法，由中國人民銀行另行規定，報國務院批准。這意味著申請第三方支付牌照必須是百分之百內資公司，如有外資成分，則須等待央行另行提出管理辦法。

【43】電視銷售法律分析

　　電視銷售是以電視為平台，在電視購物頻道或者專門的電視購物時段，通過「產品展示＋導購人員解說＋模特兒現場示範」的方式，刺激消費者的購物欲望，從而達到產品銷售目的的銷售方式。電視銷售自上世紀九〇年代中期進入中國，至今已成為中國消費者居家購物的主要方式之一。

　　目前電視購物有兩種形態，一種為購物短片廣告，一種為居家購物節目。購物短片廣告之前並未納入廣告管理，而是根據「廣電總局關於禁止播出虛假違法廣告和電視『掛角廣告』、遊動字幕廣告的通知」規定，每小時播出此類內容「總長度不得超過15分鐘」，但因其存在誇大宣傳等問題，大陸國家廣電總局於2009年9月提出了「廣播電視廣告播出管理辦法」，明確將電視購物短片納入廣告管理，同時提出「廣電總局關於加強購物短片廣告和居家購物節目管理的通知」，規定於2010年1月1日起，所有電視購物短片廣告做為廣告管理，計入廣告播出總量。同時規定新聞、國際等專業頻道和電視購物頻道，不得播出電視購物短片廣告；教育、少兒等專業頻道不得播出不宜未成年人收看的電視購物短片廣告；衛星頻道每天18點至24點的時段內，不得播出電視購物短片廣告。居家購物節目則只能通過電視購物頻道或者電視頻道的電視購物時段播出，這與購物短片廣告有本質上的不同。

　　自2010年1月10日開始，電視購物節目只能在經批准開辦的電視購物頻道和經備案的專門購物時段播出，其他模擬、數字和付費頻道，一律不得播出電視購物節目。根據「廣電總局關於電視購物頻道建設和管理的意見」規定，符合條件的電視播出機構，可從現有的自辦頻道（衛星、綜合、新聞、科教、教育、農業、少兒、動畫、公共、民族語、國際類頻道除外）中，調整開辦1套購物頻道。但開

辦電視購物頻道的門檻比較高，不僅要符合「廣播電視管理條例」和「廣播電視台審批管理辦法」規定，而且要求當地人口較多，消費市場較大，開辦機構實力較強，頻道定位要清晰，具有包括網絡購物在內的完善的發展規劃和實施計畫，具有完備的節目審查、產品品質保證制度，具有必要的經營和管理專業人員，並有完善的商品開發、節目編播、信息管理、物流配送、呼叫中心、售後服務等系統的搭配方案。對於全國播出的購物頻道來說，其自有啟動資金不少於人民幣 1 億元，在省級行政區域內播出的不少於人民幣5,000萬元，在市地級行政區域內播出的不少於人民幣3,000萬元，而且要求啟動資金必須以現金出資，不得以無形資產、實物或場地等作價出資。而對於未開辦購物頻道的電視播出機構，則可選擇在一套現有自辦頻道（綜合、新聞、科教、教育、少兒、動畫、農業、國際類頻道除外）中，開設一個時長不超過 5 小時的專門購物時段（19:00至21:00除外），連續播出一套經批准的電視購物頻道的節目。經批准開辦有線數字購物頻道的電視播出機構，在當地有線網絡數字化轉換期間，也可依照上述要求開設專門購物時段做為過渡。

目前因國家禁止設立外資經營、中外合資經營和中外合作經營的廣播電台和電視台，所以外國投資者還無法以自身名義申請設立電視台並開辦電視購物頻道，但在符合一定條件的前提下，可以通過協議的方式與電視台進行合作，通過電視開展產品銷售業務，這種企業被稱為電視購物企業。電視購物企業一般通過協議的方式與電視台進行合作，為電視購物頻道或專門的購物時段提供購物短片，同時與商品的供應商合作，通過自身的物流系統為終端消費者提供商品和結算業務。但電視購物企業的門檻並不低，不僅要求合作前 3 年內無商業欺詐和虛假宣傳等不良紀錄，還要有固定的經營場所，註冊資本金不少於人民幣1,000萬元，具有不少於100個座席的呼叫系統、物流配送和結算系統，並具有合乎規範的產品保修、退貨、投訴處理等售後

服務制度和相應機構及人員。對於大部分外商來說，最大的需求可能並非是獨立開辦電視購物頻道或者設立電視購物企業，而是通過電視購物頻道或專門的購物時段這個特殊的平台進行產品銷售，如此則可以考慮的操作方式為與具有資格的電視購物企業訂立協議，由其全權策劃並通過其與電視台進行合作。當然，通過電視銷售產品畢竟是零售的形式之一，外商投資企業本身還是需要先通過商務部門審批取得「零售」的經營範圍。

【44】如何經營自動販賣機

自動販賣機是指通過販賣機進行產品銷售的零售業態，目前在各大城市中已經屢見不鮮。自動販賣機因其便利性和低成本，被廣泛運用到各類商品的銷售上，比如飲料、食品、紙巾等，從現今的普及程度來看，自動販賣機是一種不容忽視的無店鋪銷售方式，廣大外商也可考慮通過增加自動販賣機的方式進一步開展零售業務。

經營自動販賣機，首先需要取得商務主管部門的批准，增加以自動販賣機方式進行銷售的經營範圍。雖然自動販賣機的方式比較特殊，但因其本質上屬於已大幅對外資開放的商貿領域，所以目前中國的法律法規並未針對這種方式對外商設置過高的門檻。根據中華人民共和國商務部頒發的「關於外商投資互聯網、自動售貨機方式銷售項目審批管理有關問題的通知」（商資字[2010]272號）規定，為進一步發揮自動販賣機銷售等方式在降低企業成本、促進商品流通、推動消費等方面的積極作用，經過省級商務主管部門的審批同意，外國投資者可以新設成立以自動販賣機方式銷售商品的外商投資企業，已經設立的企業也可以申請增加以自動販賣機的方式開展銷售業務。

企業經過省級商務主管部門審批，取得相應經營範圍後，即可開展自動販賣機銷售的前期準備工作。首先要進行比較全面的市場調研，選取合適的位置放置自動販賣機。放置自動販賣機的地點，通常要考慮周圍的商業配套、人流量，也應考慮到安全因素，因自動販賣機屬於無人看管的銷售終端，可能遭到犯罪分子的暴力破壞。就目前來看，比較適合以自動販賣機方式進行銷售的地方，大多為高級辦公大樓、地鐵站內、學校、醫院等。同相關單位簽訂租賃協議後，即可跟提供自動販賣機的廠商購買或租賃機器，最後將自動販賣機安裝在選定的位置，放入相應貨品，進行調試正常後即可開始營業。

自動販賣機看起來是一種比較省事的銷售方式，但對於企業來

說，採用這種方式進行銷售，也必須注意以下幾點：

1. 以自動販賣機方式進行銷售，應在自動販賣機的醒目位置上明白標示經營者名稱、地址、電話、投訴方法。

2. 以自動販賣機方式銷售的企業應建立模式清晰的自動販賣機營運、商品品質管制和糾紛解決機制。

3. 自動販賣機營運企業需要建立銷售產品資料保存機制，自動販賣機自動保存前售貨紀錄。

4. 以自動販賣機方式銷售的企業應當遵守「消費者權益保護法」和「產品質量法」等法律及相關法規規章的規定。

另外，以自動販賣機方式進行銷售的企業仍然要遵守中華人民共和國關於禁止和限制銷售的產品方面的規定，不得有違法銷售。

【45】直銷法律分析

提到直銷，許多外商的腦海裡可能都會浮現雅芳的直銷廣告——「美麗精彩人生，從你加入雅芳開始」。做為大陸第一家拿到直銷牌照的日化企業，雅芳的廣告雖未涉及任何具體產品，但其宣傳的「通過雅芳開展你的個人事業」的理念，卻讓直銷這種方式越來越廣為人知，也讓大眾從直觀上瞭解直銷這種銷售方式的合法性，從而與法律明令禁止的傳銷方式區分開來。顧名思義，所謂直銷，是依法設立的直銷企業，通過招募直銷員，由直銷員在固定營業場所之外，直接向最終消費者推銷產品的經銷方式。

就目前來說，外商要投資設立直銷企業的門檻仍然較高，須由省級商務主管部門轉報資料至國家商務主管部門最終審批。對投資者的要求，不僅應具有良好的商業信譽，在提出申請前連續 5 年沒有重大違法經營紀錄，還應具有 3 年以上在中國大陸境外從事直銷活動的經驗。關於直銷企業的註冊資本，要求必須實際繳納到位的註冊資本不低於人民幣8,000萬元，且依法建立信息報備和披露制度。除此以外，直銷企業還應在國務院商務主管部門和國務院工商行政管理部門共同指定的銀行開設專門帳戶，存入一定金額的保證金。

從事直銷的企業應特別注意，就目前來說，可在大陸申請以直銷方式進行經營的產品僅為五個類別：化妝品（包括個人護理品、美容美髮產品）、保健食品（獲得有關部門頒發的「保健食品批准證書」）、保潔用品（個人衛生用品及生活用清潔用品）、保健器材和小型廚具。另外，直銷企業不僅應依法取得「直銷經營許可」，還應按規定完成服務據點核查備案手續，方能進行經營活動。

直銷與傳銷雖很容易被混為一談，但兩者之間有本質區別。傳銷是組織、領導以推銷商品、提供服務等經營活動為名，要求參加者以繳納費用或者購買商品、服務等方式獲得加入資格，並按照一定順

序組成層級，直接或者間接以發展人員的數量做為計酬或者返利依據，引誘、脅迫參加者不斷開發他人參加，騙取財物，擾亂經濟社會秩序的活動，是法律明文規定的禁止行為。而直銷則是根據「直銷管理條例」規定的程序和條件，經審批機關同意可依法進行的合法活動。直銷與傳銷主要可以從以下幾個方面加以區分：

1. 推銷的商品品質不同。傳銷的商品大多在品質方面沒有保證，直銷的商品大多為在國內外有一定知名度，品質較好的產品。

2. 人員招募方式不同。傳銷要求人員加入時，上線要收取下線的商品押金，一般以購物或資金形式收取「入門費」；而直銷企業招募直銷員，必須和直銷員簽訂推銷合同，並應依法對其進行培訓，頒發根據商務部要求統一印製的直銷員證書，而直銷員的報酬也只與其銷售業績有關。

3. 行銷管理不同。傳銷中傳銷員的勞動報酬並非僅來自商品利潤本身，而是按開發傳銷人員的「人頭費」和銷售業績雙重計算提成，發展下線人員時一般通過欺詐的手段。直銷的管理比較嚴格，其業績由公司進行考核和分配，只能按照直銷員本人直接向消費者銷售產品的收入計算，報酬總額（包括傭金、獎金、各種形式的獎勵以及其他經濟利益等）不得超過直銷員本人直接向消費者銷售產品收入的30％。

4. 根本的目的不同。傳銷的根本目的是無限制地發展下線，千方百計通過擴大下線來賺錢，也就是俗稱的「老鼠會」。而直銷最終面對的終端使用者是客戶，目的是與終端消費者進行商品交易。

也正因為直銷企業審批的嚴格性，根據商務部直銷行業管理信息系統的公示，目前僅有28家企業獲得直銷經營許可證並完成服務據點核查備案手續，均為「安利」、「雅芳」、「如新」、「玫琳凱」等具有一定知名度的品牌。

【46】出口採購中心法律分析

在2004年「外商投資商業領域管理辦法」（以下簡稱「8號令」）頒布實施以前，中國大陸的貿易領域對外開放程度非常有限，外國投資者想在大陸投資從事貿易經營十分困難，在註冊資本、股權形式、註冊區域等方面都存在較多限制。在當時的情況下，大陸商務部於2003年9月29日頒布的「關於設立外商投資出口採購中心管理辦法」（以下簡稱「管理辦法」），無疑給外國投資者注入了一針強心劑，使外國投資者看到貿易領域開放的曙光，也進一步促進中國的對外貿易發展，擴大對外開放程度，吸引更多的外商來華投資。就拿家樂福集團來說，其根據「管理辦法」的規定，先後在深圳、上海和廣州設立了出口採購中心，做為其在大陸的出口物流和倉儲基地。

根據「管理辦法」的規定，出口採購中心是指外國投資者在中國以獨資或與中國投資者合資的形式，設立從事出口採購業務的外商投資企業，形式應為有限責任公司。目前中國的貿易領域已經完全對外國投資者開放，所謂的出口採購中心，實際上仍屬於貿易公司的一種，所以在設立方面也與一般貿易公司大同小異。但設立出口採購中心的外國投資者，要求必須擁有跨國行銷網絡，具備出口採購能力。採用合資形式成立的外商投資出口採購中心，其中國投資者也應具備良好的資信，擁有開辦採購中心所必需的經濟實力。就註冊資本來說，不能低於人民幣3,000萬元。符合法律規定條件的投資者，可以將申請報告、章程、投資方註冊證明、銀行資信證明、可行性研究報告等資料，遞交至當地商務主管機關進行審批，經批准後可依法至工商部門辦理設立登記手續。值得一提的是，雖然「管理辦法」中規定出口採購中心須當地商務審批部門報國家商務部進行最終審批，但隨著商務部審批許可權的逐步下放，目前通常在企業所在地商務主管機關審批即可。

　　出口採購中心，顧名思義，所從事的業務必須與出口和採購相關聯，根據「管理辦法」規定，出口採購中心可以從事的業務主要包含以下三項：

　　1. 採購國內貨物出口業務、與出口有關的倉儲、信息諮詢和技術服務。

　　2. 進口原輔材料，委託其他企業加工並複出口。

　　3. 進口採購出口所需的樣品。樣品進口的數量和價值，應符合海關關於進口樣品的有關規定。

　　出口採購中心採購出口時也應遵循大陸國家法律的限制性規定，對國家實行配額、授權管理的出口商品，採購出口時，須按照國家有關規定申請並獲得配額、許可證；中國大陸國家實行配額招標管理的商品，採購出口前須按照有關出口商品招標的規定，參加出口商品招標。

　　外商投資的出口採購中心從事進口委託加工複出口業務，產品必須全部出口，一般不得內銷。如有特殊情況不能出口、需要內銷時，應按加工貿易有關規定辦理轉內銷手續，報所在地省級商務部門批准，並簽發內銷的批准文件，同時還應報商務部備案。涉及進口許可證件的，應按規定申領進口許可證件。涉及出口轉內銷的產品，海關當然也會憑產品相應的批文和有效進口許可證件，辦理內銷補稅和驗放手續。另外，外商投資的出口採購中心從事產品出口時，可與一般貿易公司產品出口享受相同的出口退稅待遇。

【47】保稅區倉儲、分撥企業法律分析

顧名思義，保稅區倉儲分撥企業是指註冊於保稅區內，以產品倉儲分撥業務為主的企業。這種企業與其他企業最大的不同，是其必須註冊於保稅區內，且其租賃的倉庫也有特殊要求，其經營範圍一般為「保稅區內以XX產品為主的倉儲分撥業務及相關產品的售後服務；國際貿易、轉口貿易，保稅區企業間的貿易及保稅區內貿易代理；通過國內有進出口經營權的企業代理與非保稅區企業從事貿易業務；保稅區內商業性簡單加工；保稅區內商務諮詢服務（涉及行政許可經營的憑許可證經營）」。當然，已經在保稅區內註冊的普通貿易公司，也可申請增加倉儲分撥業務的經營範圍，但必須根據審批機關的要求，在特定的倉儲區域內租賃倉庫。

保稅區的倉儲分撥企業，可以為自身產品提供倉儲分撥業務，也可為其他企業服務。通常來說，保稅區內的倉儲分撥企業會向海關申請設立保稅倉庫，保稅倉庫主要具有以下倉儲功能：

1. 儲存保稅區內貿易企業和本企業從國外進口的保稅貨物，辦理視同出口手續後的國內貨物。

2. 儲存所有權屬境外公司的進口保稅貨物。

3. 存放區內加工企業向海關辦理過出口手續的加工產品。

保稅倉庫儲存的保稅貨物，可以在倉庫內進行貨物分級、挑選、刷貼標誌、改換包裝形式等簡單加工，但不能改變其原來商品物理屬性，也不允許產生損耗。要設立保稅倉庫，必須符合一定的條件，首先必須是在保稅區內設立的企業，且已經辦理過海關登記證書。除此外，應具備倉儲業務的經營範圍，具有符合要求的倉儲場地及專門儲存、堆放貨物的安全設施；具有健全的倉儲管理制度和倉庫帳冊、配備經海關培訓合格的專職倉儲業務管理和操作人員，並應具備向海關繳納稅款及履行其他法定義務的能力。符合前述要求的企

業，可以向保稅區海關提出設立保稅倉庫的申請，並提交申請報告、海關登記證書、工商營業執照、自建倉庫產權證或租賃倉庫合同、庫位平面圖、倉庫管理人員名單及聯繫方式等資料。保稅區海關針對符合規定的企業，予以辦理登記手續並發放「保稅區倉庫登記證書」，並經實地勘察後，對符合規定的企業核發「進庫登記簿」。

保稅區倉庫所有保稅貨物應有序堆放，未經海關批准不得擅自發貨，有關進出庫的有效單證應保存完好。海關對保稅區內保稅倉庫實行聯網管理，經營企業必須配置海關指定的倉庫電腦管理軟體、使用統一的台帳以及提貨單。海關依職權可以對保稅倉庫所儲存的保稅貨物進行檢查。

與公共型保稅倉庫不同的是，企業也可向海關申請設立完全自用的保稅分撥中心。以上海市外高橋保稅區為例，設立保稅分撥中心對企業的要求並不比設立保稅倉庫的企業低，保稅區內的企業須具備倉儲的經營範圍且具有獨立的庫房（自有或租賃皆可），方能向海關提出申請。而且海關對保稅分撥中心實施風險管理，分撥中心在開發業務前須辦妥風險擔保手續，或銀行擔保證明。保稅分撥中心應具備完善的分撥倉儲管理制度、崗位責任制及管理人員名單，並設立完備的倉儲消防、保安設施，且須配備分撥專用電腦核銷軟體，購置統一管理台帳、進庫登記本及專用出門證，並印刷專用提貨單。

保稅區倉庫與保稅區分撥中心，為保稅區內倉儲分撥業務的主要形式，海關對其進貨出貨以及倉儲、分撥的產品均進行嚴格監管。

第三篇

貿易公司
相關財稅

【48】企業應關注的發票管理規定

發票，是指在購銷商品、提供或者接受服務以及從事其他經營活動中，開具、收取的收付款憑證，包括專用發票、普通發票、行業票據等。與此相關的主要法規，是大陸國務院2010年12月20日修訂的「中華人民共和國發票管理辦法」、「增值稅專用發票使用規定」及地方發布的各項發票管理有關規定。

一、領購及開具發票

1. 領購發票

需要領購發票的單位和個人，應當持稅務登記證件、經辦人身分證明、按照國務院稅務主管部門規定式樣製作的發票專用章的印模（取消了企業可選擇提供財務印章或是發票專用章的印模的原規定），向主管稅務機關辦理發票領購手續。主管稅務機關在 5 個工作日內發給發票領購簿。

另外，根據「關於發票專用章式樣有關問題的公告」（國稅總局公告[2011]7號）的規定，公司發票專用章形狀為橢圓形，邊寬 1 mm，中間為稅號，印色為紅色。

「江蘇省地方稅務局關於發票管理有關問題的通知」（蘇地稅函[2011]196號）規定，對符合購票條件的新辦登記戶申請領購機打平式發票，首次供應數量一般不超過30份；申請領購機打卷式發票，首次供應數量一般不超過一卷；申請領購定額發票，首次供應數量為每種面額不超過一本。

2. 開具發票

銷售商品、提供服務以及從事其他經營活動的單位和個人，對外發生經營業務收取款項，收款方應當向付款方開具發票。開具發票應當按照規定的時限、順序、欄目，全部聯一次性如實開具，並加蓋

發票專用章。不得變更品名和金額。不符合規定的發票，不得做為財務報銷憑證，任何單位和個人有權拒收。

3. 虛開發票行為

除了開具和接受與實際經營業務情況不符的發票屬於虛開發票外，介紹他人開具與實際經營業務情況不符的發票，也屬於虛開發票的行為。

二、取得發票應注意事項

（一）取得發票時應查詢發票真偽

稅務機關應當提供查詢發票真偽的便捷管道，企業在取得發票時，可通過登錄當地的財稅網站等途徑，查詢發票真偽。

（二）付款方全稱要完整、正確

國稅發[2008]80號規定，在日常檢查中發現納稅人使用不合規定的發票，特別是沒有填開付款方全稱的發票，不得允許納稅人用於稅前扣除、抵扣稅款、出口退稅和財務報銷。

（三）避免取得停用發票

1. 「關於停止使用有獎『上海市定額專用發票』的通知」規定：發票代碼從23100**787**至23100**793**的七種有獎「上海市定額專用發票」，使用至2009年12月31日止。

2. 「上海市國家稅務局上海市地方稅務局關於啟用新版普通發票的公告」（上海市地方稅務局公告[2012]3號）規定，新版發票於2012年4月1日正式啟用，發票換版過渡期為2012年4月1日至2012年6月30日，此期間新舊版發票同時使用（包括冠名發票），從2012年7月1日起一律使用新版發票，舊版發票停止使用。

上海新版發票種類新增了上海市國家稅務局通用機打發票、上海市國家稅務局通用定額發票、上海市地方稅務局通用機打發票、上海市地方稅務局通用定額發票四種，除國家稅務總局保留的發票種類

外，還保留了上海市商業零售統一發票、上海市服務業、娛樂業、文化體育業統一發票、上海市收費停車場（庫）定額發票等本地發票種類。

3.「江蘇省地方稅務局關於普通發票簡併票種統一式樣的公告」規定：江蘇省地方稅務局將發票簡併為三大類，發票名稱為「江蘇省地方稅務局通用機打發票」、「江蘇省地方稅務局通用手工發票」、「江蘇省地方稅務局通用定額發票」。舊版發票自2011年1月1日起停止使用。

另外，考慮到部分行業發票管理的特點，江蘇省暫時保留了「公路內河貨物運輸業統一發票」、「建築業統一發票」、「不動產銷售統一發票」等六種專用發票。

4. 其他發票

「關於工會經費企業所得稅稅前扣除憑據問題的公告」規定：全國總工會決定從2010年7月1日起，啟用財政部統一印製並套印財政部票據監製章的「工會經費收入專用收據」，同時廢止「工會經費撥繳款專用收據」。

「關於啟用貨物運輸業增值稅專用發票的公告」（國家稅務總局公告[2011]74號）規定，2012年1月1日起，將在部分地區和行業開展深化增值稅制度改革試點，逐步將營業稅改徵增值稅，並啟用「貨物運輸業增值稅專用發票」。

（四）發票專用章

一般來說，取得的發票應該加蓋開票方的發票專用章，但依據大陸國家稅務總局「關於上海市稅控收銀機推廣應用有關問題的批復」（國稅函[2008]690號）中另有規定，稅控收銀機卷式發票開具時可不加蓋發票專用章，以方便納稅人開具。其他發票仍須按規定加蓋發票專用章。

（五）發票保管

　　開具發票的單位和個人應當按照稅務機關的規定存放和保管發票，不得擅自損毀。已經開具的發票存根聯和發票登記簿，應當保存 5 年。保存期滿，報經稅務機關查驗後銷毀。

　　（六）發票繳銷

　　開具發票的單位和個人應當在辦理變更或者註銷稅務登記的同時，辦理發票和發票領購簿的變更、繳銷手續。

【49】外商投資貿易公司可能涉及的各類稅費

外商投資設立貿易公司後，在經營過程中涉及流轉稅、所得稅以及其他稅收，應予以關注，避免稅務風險。

一、流轉稅

1. 增值稅

貿易公司在設立時，需要按照「增值稅一般納稅人資格認定管理辦法」申請成為一般納稅人。按照「增值稅暫行條例實施細則」（財政部、國家稅務總局令[2008]50號）規定，外商貿易公司除了銷售或進口糧食、食用植物油、自來水、圖書、報紙、雜誌、飼料、化肥、農藥等，增值稅稅率為13%外，其餘均適用17%，其應納稅額＝當期銷項稅額－當期進項稅額。

年應徵增值稅銷售額80萬元以下的貿易型企業，可申請為小規模納稅人，但小規模納稅人銷售上述貨物的，增值稅徵收率為3％。小規模納稅人銷售貨物實行按照銷售額和徵收率計算應納稅額的簡易辦法，並不得抵扣進項稅額，其應納稅額＝銷售額×徵收率。

另外，貿易公司取得進出口經營權後出口商品時，執行「免、退」稅政策，即外貿企業出口收購貨物，本環節免徵增值稅，「退」則是指退還收購貨物所含的增值稅，一般根據增值稅專用發票上註明的收購價格（不含稅）與退稅率之積，來做為申報退稅的依據，其計算的徵、退稅之間差額計入銷售成本。若屬於小規模納稅人，則執行財稅字[1995]92號、財稅[2002] 7 號規定：「小規模納稅人自營和委託出口的貨物，一律免徵增值稅、消費稅，其進項稅額不予抵扣或退稅。」也就是說，小規模納稅人實行的是出口免稅不退稅的政策。

對於貿易公司委託加工貨物收回後再出口的情況，「關於出口貨物勞務增值稅和消費稅政策的通知」（財稅[2012]39號）規定，貿

易公司須將原材料賣斷給受託加工企業，受託加工企業再將原材料和加工費合併開在同一張增值稅專用發票上，貿易公司憑該發票按成品的出口退稅率申請出口退稅。這和以前貿易公司委託加工出口的產品，需要區分原材料和加工費，分別按原料和出口成品的出口退稅率申請出口退稅的規定存在差異。

2. 消費稅

現行「消費稅暫行條例」於2009年1月1日實施，外商貿易公司銷售或進口規定消費品，應按照消費稅的稅目、稅率繳納消費稅。

外貿企業出口和代理出口貨物，應退消費稅稅款，凡屬從價定率計徵消費稅的，應依外貿企業從工廠購進貨物時徵收消費稅的價格計算；凡屬從量定額計徵消費稅的，應依貨物購進和報關出口的數量計算。

二、所得稅

1. 企業所得稅

按照「企業所得稅法」規定，貿易公司所得稅率為25%，若屬於小型微利企業，減按20%稅率徵收企業所得稅，對其中年應納稅所得額低於 3 萬元（含）的小型微利企業，其所得還可減按50%計入應納稅所得額。（「關於小型微利企業所得稅優惠政策有關問題的通知」財稅[2011]117號規定，自2012年1月1日至2015年12月31日，對年應納稅所得額低於 6 萬元〔含 6 萬元〕的小型微利企業，其所得減按50%計入應納稅所得額，按20%的稅率繳納企業所得稅）

另外，貿易公司在分配給境外股東利潤時，應按10%的稅率徵收企業所得稅，該稅款由境外股東承擔，但其股東為境外個人時，仍執行財稅字[1994]020號的規定，即外籍個人從外商投資企業取得的股息、紅利所得給予免稅的優惠政策。

2. 個人所得稅

　　按照「個人所得稅法」規定，貿易公司做為扣繳義務人，應按照現行的個人所得稅規定，向稅務機關申報納稅，其中工資、薪金所得減除費用調增至3,500元，另外外籍個人附加扣除費用為1,300元，合計個人所得稅減除費用為4,800元。

三、其他

　　1. 按照財稅[2010]103號規定，自2010年12月1日起，外商投資企業按照應徵增值稅、消費稅、營業稅的比例，徵收城市維護建設稅和教育費附加。其中，城市維護建設稅依據貿易公司註冊地的不同，比例分別為7%、5%、1%；而教育費附加則依據財綜[2010]98號規定，按照實際繳納增值稅、營業稅和消費稅稅額的一定比例徵收（目前上海、江蘇等地規定為3%）。

　　2. 貿易公司在經營過程中，還應該按照財稅[2009] 3 號規定繳納房產稅，按照國務院令[1988]11號規定繳納印花稅。

　　3. 除了上述稅費外，各地稅務機關還可依據實際情況徵收不同費用，例如上海按照增值稅、消費稅、營業稅的1%徵收河道管理費，江蘇地區根據流轉稅基數繳納2%地方教育費附加。

　　最後，需要提醒的是，外商在設立貿易公司時，應兼顧不同區域的財政扶持政策，以爭取最大稅收利益。

【50】貿易公司如何使用稅控機

　　凡在大陸註冊的貿易公司，無論是增值稅一般納稅人還是小規模納稅人，皆應使用稅控機開具增值稅發票，即使貿易公司向其他公司提供相關服務，也應使用稅控機開具普通發票。增值稅納稅人、營業稅納稅人由於二者納稅種類不同，故稅控機也不同。須注意，不同企業不能共用一台稅控機，倘若企業同時經營增值稅業務和營業稅業務，則須分別購買各自的稅控機進行開票作業。以下以貿易公司的一般納稅人為例，簡述如何申請取得以及後續使用、註銷稅控機的相關流程。

一、購買和取得

　　新設貿易公司在取得增值稅一般納稅人認定資格時，當地主管稅務機關會下發「增值稅防偽稅控系統使用通知書」，財務人員按此通知書規定的時間範圍（一般為15天）內，向當地主管稅務機關提出防偽稅控企業認定登記申請，須提供的資料及填寫表格為：

　　1. 加蓋公章的營業執照副本、稅務登記證副本影本。

　　2. 填寫「稅務行政許可申請表」、「防偽稅控企業認定登記表」、「防偽稅控企業最高開票限額情況說明表」。

　　當地稅務機關經審查相關資料及實地上門查核後，確定最高開票限額，一般新設貿易公司最初其最高限額為 1 萬元。財務人員須進行開票相關的培訓，同時須購置符合要求的電腦、印表機、稅控卡、用戶卡等整套稅控機設備，並經過相應安裝和調試。購買上述設備後，財務人員應攜帶稅務登記證副本、填寫完整的「稅控收銀機用戶註冊登記表」、經批准的「稅控收銀機用戶最高開票限額審批表」、稅控機用戶卡和稅控卡，到當地稅務機關進行初始化，只有經過初始化並寫入購票資訊後，稅控收銀機才能正常使用。

二、平時使用和保管

財務人員須憑稅控機IC卡、發票購買簿等相關資料，向當地主管稅務機關購買增值稅發票，並在稅控機上將上述購買的發票資訊讀入後，才能開始開具並列印出增值稅發票。

次月月初時，辦稅人員須將稅控機中上月開票資訊輸出，讀入IC卡，並到當地主管稅務機關進行抄稅；於稅法規定的納稅申報期限內，將抄有上月納稅資訊的IC卡、增值稅發票統計表及明細表等相關資料，向主管稅務機關進行報稅。若貿易公司因業務量擴大，最初核定的最高開票限額已無法正常滿足其開票需求，辦稅人員可以攜帶以下資料向當地主管稅務機關申請，經審批同意後，可修改稅控機IC卡開票限額：

1. 填寫完整的「稅務行政許可申請表」、「防偽稅控企業最高開票限額情況說明表」。

2. 加蓋公章的營業執照副本、稅務登記證副本影本。

3. 上年度及申請日上月的財務會計報表。

4. 增值稅專用發票購領紀錄卡影本。

5. 單筆銷售業務、單台設備銷售合同及其履行合同的證明資料，用於說明合同訂立情況，及申請十萬元或百萬元開票限額、不能拆分開票的合理理由。

貿易公司對於稅控機IC卡等開票設備應派專人使用保管，並應有安全保障措施，倘若發生丟失、被盜，應立即報公安機關偵破追繳，並報主管稅務機關進行系統處理，同時稅務機關可根據貿易公司具體情況處以2,000元以下，或2,000元以上10,000元以下的罰款。

三、註銷稅控機

貿易公司在稅務註銷之前，應當先進行稅控機的註銷工作，即應向主管稅務機關申請辦理註銷認定手續，領取、填寫「防偽稅控企

業註銷認定登記及收繳二卡記錄單」，並提交以下資料：

　　1. 防偽稅控金稅卡。

　　2. 防偽稅控IC卡。

　　3. 已開具尚未報稅的增值稅專用發票記帳聯及空白增值稅專用發票原件，註銷當月已開具的增值稅專用發票清單。

　　4. 經稅務專管員簽字確認的「空白發票登出清單」或「遷移登出空白發票登出清單」。

　　5. 「增值稅專用發票防偽稅控系統專用設備收繳單清單」。

　　6. 稅務機關規定應當報送的其他有關證件、資料。

　　另外，根據「關於增值稅稅控系統專用設備和技術維護費用抵減增值稅稅額有關政策的通知」（財稅[2012]15號）的規定，自2011年12月1日起，增值稅納稅人2011年12月1日（含）以後初次購買增值稅稅控系統專用設備（包括分開票機）支付的費用，可憑購買增值稅稅控系統專用設備取得的增值稅專用發票，在增值稅應納稅額中全額抵減（抵減額為價稅合計額），不足抵減的可結轉下期繼續抵減。

【51】外商投資貿易公司企業所得稅匯算清繳實務

　　根據「中華人民共和國企業所得稅法」規定，在大陸境內的獨立法人企業，及依照外國（地區）法律成立且實際管理機構不在大陸境內，但在大陸境內設立機構、場所的非居民企業，均應進行企業所得稅年度匯繳。

一、匯算清繳概念

　　納稅人根據企業所得稅法及其他相關規定，計算本納稅年度應納稅所得額和應納所得稅額，根據月度或季度預繳企業所得稅的數額，確定該納稅年度應補或者應退稅額，並填寫企業所得稅年度納稅申報表，向主管稅務機關辦理企業所得稅年度納稅申報，提供稅務機關要求的有關資料，結清全年企業所得稅稅款。

二、申報時間

　　納稅人在納稅年度內無論盈利或者虧損，都應當自年度終了之日起5個月內，向稅務機關報送年度企業所得稅納稅申報表，進行匯算清繳。一般每年匯算清繳時，主管稅務機關都會提前發放通知，告知納稅人申報的具體時間。如果納稅人因特殊原因，不能在規定期限內辦理年度所得稅申報，在年度終了後 5 個月內，可向主管稅務機關提出延期申報申請，辦理相關的延期申報手續。另外，如果納稅人在年度中間終止經營活動，應當自實際經營終止之日起60日內，向主管稅務機關辦理當期企業所得稅匯算清繳。

三、匯算清繳流程

　　目前大部分地區已經實行網上申報，企業填寫完匯算清繳電子報表後，可以在網上直接發送申報。除了完成網上匯算清繳申報，企業還應在規定時限內，向主管稅務機關報送相關紙本納稅申報資料。

　　須關注的是，根據企業所得稅法規規定需要報經稅務機關審批

或事先備案的事項（如優惠備案、財產損失報批），應按有關程序、時限及報送資料等規定，在申報企業所得稅年度納稅前及時辦理。

四、匯算清繳所需資料

年度匯算清繳需要遞交給主管稅務機關的資料大致如下：

1. 企業所得稅年度納稅申報表（查帳徵收企業適用A類申報表，核定徵收企業適用B類申報表）。

2. 企業關聯業務往來報告表。

3. 由會計師事務所出具的年度審計報告。

4. 稅務機關要求報送的如優惠備案、財產損失報批等相關資料。

5. 企業當年度、季度所得稅申報表及稅單。

6. 稅務機關規定應當報送的其他有關資料。

五、跨地區經營匯總納稅匯算清繳要求

根據財政部、國家稅務總局、中國人民銀行「關於印發『跨省市總分機構企業所得稅分配及預算管理暫行辦法』的通知」（財預[2008]10號）規定，實行跨地區經營匯總繳納企業所得稅的企業，由統一計算應納稅所得額和應納所得稅額的總機構，按上述要求在匯算清繳期內，向所在地主管稅務機關辦理企業所得稅年度納稅申報。分支機構不需要進行匯算清繳，但應將分支機構的收入等情況在報總機構統一匯算清繳前，報送分支機構所在地主管稅務機關。

但上述政策在2013年1月1日後將被廢止。根據「跨省市總分機構所得稅分配及預算管理辦法」（財預[2012]40號）規定，自2013年1月1日起，實行跨地區經營匯總繳納企業所得稅的企業匯總清算時，由企業總機構匯總計算企業年度應納所得稅額，扣除總機構和各境內分支機構已預繳的稅款，計算出應補應退稅款，分別由總機構和分支機構（不包括當年已辦理註銷稅務登記的分支機構）就地辦理稅款繳庫或退庫。

六、未按法規進行納稅調整申報罰則

企業如發生應調整而未調整，造成未繳或者少繳稅款的情況，稅務機關將追繳其不繳或者少繳的稅款、滯納金，並處不繳或者少繳的稅款50％以上五倍以下罰款；構成犯罪的，依法追究刑事責任。稅務機關在 3 年內可以追徵稅款、滯納金；有特殊情況的，追徵期可以延長到 5 年。對偷稅、抗稅、騙稅的，稅務機關追徵其未繳或者少繳的稅款、滯納金或者所騙取的稅款，不受上述規定期限的限制。

但是，企業在匯算清繳期內發現當年企業所得稅申報有誤，可重新辦理企業所得稅年度納稅申報。

【52】增值稅「一般納稅人」最新規定

　　大陸稅務總局於2010年3月20日起執行22號文件「增值稅一般納稅人資格認定管理辦法」，對「一般納稅人」從申請資格到實際申請的程序進行明確規範。

一、應當認定為一般納稅人資格的增值稅納稅人

　　「增值稅暫行條例實施細則」（大陸財政部、國家稅務總局令[2008]50號）規定，生產型企業小規模納稅人的標準，為年應徵增值稅銷售額50萬元人民幣（下同）以下；而貿易型企業小規模納稅人的標準，為年應徵增值稅銷售額80萬元以下。要特別注意的是，這裡所指的年應徵增值稅銷售額包括免稅銷售額在內。

　　另外，「關於交通運輸業和部分現代服務業營業稅改徵增值稅試點實施辦法」（財稅[2011]111號）、「北京等 8 省市營業稅改徵增值稅試點增值稅一般納稅人資格認定有關事項的公告」（國家稅務總局公告2012年第38號），要求實行「營改增」的企業，在應稅服務年銷售額超過500萬元的，須申請一般納稅人資格。

　　除了不經常發生應稅行為的企業可以選擇小規模納稅人之外，納稅人在連續不超過12個月經營期內所累計的應徵增值稅銷售額，超過上述小規模納稅人標準時，皆應在申報期結束後40日內，向機構所在地主管稅務機關申請一般納稅人資格認定，而且是一種強制性的認定。如果納稅人未在規定期限內申請一般納稅人資格認定，主管稅務機關會在規定期限結束後20日內，告知納稅人應辦理一般納稅人資格認定，沒有辦理的，應按銷售額依增值稅稅率計算應納稅額，且不得抵扣進項稅額，也不得使用增值稅專用發票。

二、可以認定一般納稅人資格的增值稅納稅人

　　納稅人在連續12個月內的經營期所累計應徵增值稅銷售額，雖

未超過上述小規模納稅人標準，但符合下列條件的，也可以向主管稅務機關申請一般納稅人資格認定：

1. 有固定生產經營場所。

2. 能夠按照國家統一會計制度規定設置帳簿，且根據合法有效憑證核算，也能夠提供準確的稅務資料。

對於未超過小規模納稅人標準的企業而言，可自行選擇是否向主管稅務機關申請一般納稅人資格認定，並不屬於強制性認定。實務中，若納稅人按照一般納稅人納稅規定計算的稅負率（實際繳納稅額÷營業收入）大於小規模納稅人稅負率3%時，則選擇小規模納稅人資格對企業有利。

三、申請一般納稅人資格應提供的資料

1. 申請報告。

2. 營業執照、稅務登記證副本、開戶許可證、法定代表人身分證、章程（影本）。

3. 驗資報告影本。

4. 貼印花稅的採購合同及銷售合同，其中生產型企業銷售合同金額應達50萬元以上，貿易型企業銷售合同金額應達80萬元以上。

5. 財務人員工作證影本。

6. 貼印花稅的租賃合同及產證影本。

7. 貼印花稅的實收資本帳簿。

8. 人員要求：稅務部門受理申請後，會派稅務人員到企業實地查驗，同時須有法定代表人、銷售人員、財務人員等三人同時在場。

9. 場地要求：企業有獨立的辦公用地，並與稅務登記證上的地址相符，同時企業須有辦公桌椅、電腦、電話等基本辦公設施。

除上述基本要求外，上海部分地區的稅務機關對企業申請一般納稅人資格還有一些特殊要求，例如長寧區要求企業註冊資本須全部

到位，同時提供倉庫租賃合同；徐匯區要求企業提供財務制度、發票
管理制度等。

【53】如何開立和抵扣增值稅專用發票

對於一般納稅人而言,如何在系統中開立和抵扣增值稅專用發票,是非常重要的事項,主要流程如下。

一、開票流程:

1. 購買增值稅專用發票(向稅務局申請購買)

需要資料:發票購用印製簿、IC卡、辦稅員證、發票領購申請單、當月匯總表、前次所購發票開具清單及最後一張發票。

注意:在輔導期內的公司,還需要事先預繳3%的增值稅及相應城建稅等附加稅,並填寫好增值稅申報表、城建稅申報表,以及列印前次25份的發票清單與當次的匯總表。

2. 開票

第一,進入防偽稅控開票子系統(如下圖所示):進入系統→確認。

圖 1

圖 2

第二，進入系統設置——參數設置、客戶編碼、商品編碼設置。

圖 3

（1）參數設置：系統設置→參數設置→公司資訊編寫

注意：參數設置是系統的初次設置，一般在進入系統時，操作員選為系統管理員。在資訊設置完成以後退出系統，重新再進入進行其他設置。

（2）客戶編碼步驟：系統設置→客戶編碼→錄入客戶資訊（點「＋」增加欄目，點「－」刪除欄目，點「√」保存欄目）。

圖 4

（3）商品編碼步驟：系統設置→商品編碼→錄入商品資訊（點「＋」增加欄目，點「－」刪除欄目，點「√」保存）。

圖 5

第三，IC卡發票讀入：發票管理→發票讀入（每次購買發票後讀入）→確認。

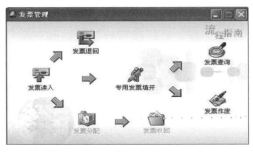

圖 6

　　第四，調整開票的邊距，使增值稅專用發票的密碼區內所有數位、符號不能超出密碼區或者是壓線（用和發票的樣式相同的紙張試打一張，直到成功為止）。

圖 7

　　第五，開票（當月開錯的發票當月作廢，如未及時當月作廢的，下月開紅票）。

　　（1）開正數發票：發票管理→專用發票填開→發票號碼確認→填寫資訊（購方、商品、數量、銷方）→列印發票。

圖 8

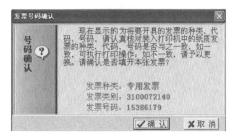

圖 9

圖10

填寫後點擊「列印」。

（2）開負數發票：發票管理→專用發票填開→發票號碼確認→
點擊發票填開介面工具列上的「負數」按鈕→輸入發票的代碼、號碼
（發票代碼為發票左上角的號碼，發票號碼為發票右上角的號碼）→
下一步→確定→發票列印。

圖11

注意：開負數發票時，須得到稅務局審批後的「紅字發票通知
書」開具紅字發票。

（3）發票查詢：發票管理→發票查詢→選擇查詢月份→選擇要
查找的發票號碼。

圖12

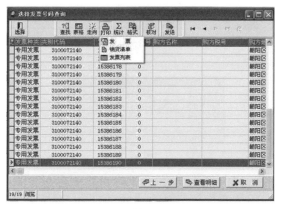

圖13

註：在發票查詢中可以選擇列印發票與銷貨清單

（4）發票作廢：發票管理→發票作廢→選擇作廢發票號碼→
作廢→確認。

圖14

圖15

圖16

第六：列印清單與匯總表：報稅處理→發票資料→查詢選項
（月份為當月）。

圖17

圖18

圖19

二、增值稅專用發票抵扣

（一）海關增值稅發票抵扣

1. 首先，將海關進項增值稅發票錄入到「通用稅務資料獲取軟體」中。

注意：只有海關進口增值稅才可以進行抵扣，海關進項關稅不允許抵扣。

2. 海關進口增值稅發票錄入完成之後，點擊資料申報並將資料匯出，生成報稅文件。

3. 通過eTax@SH網上報稅系統填寫增值稅申報表，填寫海關進口增值稅資訊，並將海關進口增值稅報稅文件導入申報表。

（二）增值稅專用發票抵扣

1. 將增值稅專用發票抵扣聯在當地稅務局進行現場認證，或者通過eTax@SH網上認證系統進行掃描認證。

2. 在申報時通過eTax@SH網上報稅系統填寫增值稅申報表，填寫增值稅專用發票認證資訊進行抵扣。

（三）運輸業發票抵扣

1. 將運輸業發票抵扣聯在當地稅務局進行現場認證。

2. 在申報時通過eTax@SH網上報稅系統填寫增值稅申報表，填寫運輸業發票認證資訊進行抵扣。

【54】一般納稅人的進項發票抵扣分析

　　企業在取得一般納稅人資格認定後，應按當期銷項稅額抵扣當期進項稅額後的餘額，計算其增值稅應納稅額。一般納稅人在取得進項發票抵扣時，應關注抵扣範圍、抵扣時效以及特別規定。

一、一般納稅人進項抵扣範圍

　　根據「增值稅暫行條例」（國務院令538號）規定，納稅人購進貨物，或者接受應稅勞務支付，或者負擔的增值稅額，為進項稅額。

　　1. 符合規定的進項稅額准予從銷項稅額中抵扣，具體包括：

　　（1）從銷售方取得的增值稅專用發票上註明的增值稅額。

　　（2）從海關取得的海關進口增值稅專用繳款書上所註明的增值稅額。

　　（3）購進農產品，除取得增值稅專用發票或者海關進口增值稅專用繳款書外，按照農產品收購發票或者銷售發票上註明的農產品買價和13%的扣除率計算的進項稅額。

　　（4）購進或銷售貨物，以及在生產經營過程支付運輸費用的，按照運輸費用結算單據上註明的運輸費金額和7%的扣除率計算的進項稅額，或取得納入「營改增」試點地區的試點納稅人開具貨物運輸業增值稅專用發票註明的增值稅額。

　　2. 不得從銷項稅額中抵扣的範圍（交通運輸業、租賃服務為納入「營改增」試點地區的政策）

　　（1）用於非增值稅應稅項目、免徵增值稅項目、集體福利或者個人消費的購進貨物，及接受加工修理修配勞務或者應稅勞務。

　　（2）非正常損失的購進貨物及相關的加工修理修配勞務和交通運輸業服務。

（3）非正常損失的，在產品、產成品所耗用的購進貨物，不包括固定資產或者加工修理修配勞務或者交通運輸業服務。

（4）大陸國務院財政、稅務主管部門規定的納稅人自用消費品，但做為提供交通運輸業服務的運輸工具和租賃服務標的物的除外。

（5）本條第（1）至（4）項規定的貨物的運輸費用和銷售免稅貨物的運輸費用。

其中，非正常損失是指因管理不善造成被盜、丟失、霉爛變質的損失。另外，進料加工企業不作價設備雖然取得海關專用繳款書，根據「增值稅暫行條例」及「增值稅暫行條例實施細則」，進料加工企業進口不作價設備，海關代徵增值稅後是否可申報進項抵扣問題，大陸國家稅務總局尚無明文規定可否。因此，在具體操作上作法不一，有的地方稅務機關不允許抵扣，有的地方稅務機關暫時給予抵扣，但暫時給予抵扣的稅務機關都明白表示稅務機關保留要求企業做進項稅額轉出處理的權力。

二、抵扣時間規定

根據大陸「國家稅務總局關於調整增值稅扣稅憑證抵扣期限有關問題的通知」（國稅函[2009]617號）規定，增值稅一般納稅人取得2010年1月1日以後開具的增值稅專用發票、公路內河貨物運輸統一發票和機動車銷售統一發票，應在開具起180日內到稅務機關辦理認證，並在認證通過的當月（所屬期）按照增值稅有關規定核算當期進項稅額，並在規定的申報期內申報抵扣，否則不予抵扣進項稅額；增值稅一般納稅人取得2010年1月1日以後開具的海關繳款書，應在開具之日起180日內輸入通用稅務資料獲取軟體，並在輸入的當月（所屬期）按照增值稅有關規定核算當期進項稅額，並在規定的申報期內申報抵扣，否則不予抵扣進項稅額。

三、逾期增值稅扣稅憑證抵扣規定

根據「關於逾期增值稅扣稅憑證抵扣問題的公告」（國家稅務總局公告[2011]50號）規定，對增值稅一般納稅人發生真實交易，但由於客觀原因造成增值稅扣稅憑證逾期，經主管稅務機關審核、逐級上報，由國家稅務總局認證、稽核比對後，對比對相符的增值稅扣稅憑證，允許納稅人繼續抵扣其進項稅額。除公告規定以外的其他原因造成增值稅扣稅憑證逾期的，仍應按照增值稅扣稅憑證抵扣期限有關規定執行。

四、輔導期一般納稅人進項抵扣辦法

稅務機關可以對新認定為一般納稅人的小型商貿批發企業，以及國家稅務總局規定的其他一般納稅人，實行納稅輔導期管理，期限一般為 3 至 6 個月，期滿後符合條件的經企業申請轉為正式一般納稅人。但對於達到一定標準的企業，例如新辦商貿零售企業註冊資金在80萬元以上、人員在10人以上，提出一般納稅人資格認定申請的，可直接認定為一般納稅人，不實行輔導期一般納稅人管理。

大陸對於輔導期一般納稅人的進項發票抵扣有特別的規定，根據「增值稅一般納稅人納稅輔導期管理辦法」（國稅發[2010]40號）規定，輔導期納稅人取得的增值稅專用發票抵扣聯、海關進口增值稅專用繳款書以及運輸費用結算單據，應當在交叉稽核比對無誤後，方可抵扣進項稅額。

根據「交通運輸業和部分現代服務業營業稅改徵增值稅試點實施辦法」（財稅[2011]110號）、「關於在北京等 8 省市開展交通運輸業和部分現代服務業營業稅改徵增值稅試點的通知」（財稅[2012]71號）規定，自2012年1月1日起，在上海、江蘇、浙江、北京等地從事交通運輸、部分現代服務業等生產性服務業，陸續實行營業稅改徵增值稅的政策，從這些企業取得的增值稅專用發票，其進項稅額可以合理抵扣。

【55】混合銷售與兼營銷售的差異分析

隨著企業經營方式的多元化，經營不同性質的業務該如何納稅，成為企業須關注的重點。例如銷售貨物同時提供運輸服務，提供餐飲服務同時銷售香菸、飲料等，因此須對混合銷售行為、兼營行為加以區分。

一、混合銷售行為與兼營行為的區別

1. 混合銷售行為

根據「增值稅暫行條例」規定，是指一項銷售行為既涉及增值稅應稅貨物，又涉及非增值稅應稅勞務的行為。非增值稅應稅勞務，是指屬於應繳營業稅的交通運輸業（上海、江蘇、浙江、北京等「營改增」的試點地區，提供交通運輸服務由營業稅改增值稅）、建築業、金融保險業、郵電通信業、文化體育業、娛樂業、服務業稅目徵收範圍的勞務。

混合銷售行為的特徵，是涉及的貨物銷售和非增值稅應稅勞務僅針對一起銷售行為，或者說，非增值稅應稅勞務是為了銷售相應的貨物而發生，是從屬於貨物銷售的行為，貨物銷售和非應稅勞務的發生兩者之間有著緊密的從屬關係。

2. 兼營行為

根據「增值稅暫行條例」規定，是指增值稅納稅人在從事應稅貨物銷售或提供加工、修理修配勞務的同時，還從事非增值稅應稅勞務，且兩者並無直接的聯繫或從屬關係。

由此可見，業務中有無從屬關係，是判斷混合銷售行為和兼營行為的重要標準。

二、混合銷售行為與兼營行為的納稅規定

1. 混合銷售行為的納稅規定

　　依據「增值稅暫行條例」的相關規定，從事貨物的生產、批發或者零售的企業、企業性單位和個體工商戶的混合銷售行為，視為銷售貨物，應當繳納增值稅。須注意，銷售額中應包括貨物的銷售額和非增值稅應稅勞務營業額，且涉及的非應稅勞務所耗用購進貨物的進項稅額，凡符合增值稅暫行條例規定的，在計算該混合銷售行為的增值稅時，准予從銷項稅額中抵扣。而其他單位和個人的混合銷售行為，視為銷售非增值稅應稅勞務繳納營業稅。

　　也就是說，混合銷售行為一般只會涉及繳納一種稅，不是繳納增值稅就是繳納營業稅。但有個例外，根據「增值稅暫行條例實施細則」第六條規定，納稅人的下列混合銷售行為，應當分別核算貨物的銷售額和非增值稅應稅勞務的營業額，並根據其銷售貨物的銷售額計算繳納增值稅，非增值稅應稅勞務的營業額不繳納增值稅；未分別核算的，由主管稅務機關核定其貨物的銷售額：（1）銷售自產貨物並同時提供建築業勞務的行為；（2）財政部、國家稅務總局規定的其他情形。

　　2. 兼營行為的納稅規定

　　根據「增值稅暫行條例」第七條規定，納稅人兼營非應稅勞務的，應分別核算貨物或應稅勞務和非應稅勞務的銷售額；未分別核算的，由主管稅務機關核定貨物或者應稅勞務的銷售額。

（1）兼營非增值稅應稅勞務的，應分別核算貨物或提供加工修理修配勞務與非增值稅應稅勞務的銷售額。

（2）對銷售貨物和提供加工、修理修配勞務的銷售額，按各自適用稅率徵收增值稅，對非增值稅應稅勞務的營業額，按適用稅率徵收營業稅。

（3）若兼營免稅、減稅以及不同稅率的項目，應當單獨核算免稅、減稅項目或不同稅率項目的銷售額；未單獨核算銷售額的，不得免稅、減稅，並從高適用稅率徵收。

綜上所述，企業若發生多種應稅行為時，應正確區分混合銷售行為和兼營非應稅勞務，以避免多繳稅損失或少繳稅所產生的風險。

3. 營業稅改徵增值稅試點規定

最後要提醒的是，根據最新營業稅改徵增值稅試點方案（財稅[2011]110號）財稅[2012]71號規定，自2012年1月1日起，在上海、江蘇、浙江、北京等地從事交通運輸業、部分現代服務業等生產性服務業，陸續實行營業稅改徵增值稅的政策，上述試點地區的企業提供混合銷售行為的，銷售貨物同時提供的非增值稅應稅勞務，依然要從主業徵收增值稅。但對兼營非增值稅應稅勞務，如果非增值稅應稅勞務屬於本次試點範圍的營業稅改增值稅範圍的，試點納稅人兼有不同稅率或者徵收率的銷售貨物、提供加工修理修配勞務或者應稅服務的，應當分別核算適用不同稅率或徵收率的銷售額，未分別核算銷售額的，按照以下方法適用稅率或徵收率：

（1）兼有不同稅率的銷售貨物、提供加工修理修配勞務或者應稅服務的，從高適用稅率。

（2）兼有不同徵收率的銷售貨物、提供加工修理修配勞務或者應稅服務的，從高適用徵收率。

（3）兼有不同稅率和徵收率的銷售貨物、提供加工修理修配勞務或者應稅服務的，從高適用稅率。

【56】折扣銷售和銷售折讓的增值稅處理

在商業銷售中，銷售返利、銷售折扣、銷售折讓都是經常出現的，它們之間到底有什麼區別？

一、銷售返利

是指供貨方為了鼓勵購貨方對本企業產品進行銷售，根據銷售情況而給予購貨方一定的利潤返還。銷售返利方式較多，例如由供貨方直接返還商家資金、贈送實物等。返利是「稅收」概念而非會計概念，會計準則對其無明確規定，按性質應當列為營業費用。

稅務處理上，銷售返利雖然從表面形式上稱之為「返利」，但本質上仍屬於價格的減讓，只是該減讓須根據供貨方年度（或一段時間）銷售情況到年終（或結算期），才能決定存在與否和存在多少。實務中，讓利的處理主要有兩種情形：

1. 銷售方根據購貨方購貨量的大小，從自己的銷售利潤中讓出一定份額給購貨方，銷售方往往憑購貨方的合法票據做銷售費用處理，這種情形不可以抵減銷售收入和銷項稅。所以，這種處理方法對銷售方很不利。

2. 比照銷售折扣進行處理。銷售方請購貨方到購貨方所在地稅務機關開具「進貨退出或索取折讓證明單」後，由供貨方向購貨方開具紅字專用發票，這樣銷貨方可以憑開具的紅字專用發票沖減當期銷售收入，少繳納流轉稅。

二、銷售折扣

銷售折扣又分為商業折扣和現金折扣。

1. 商業折扣是指企業為促進商品銷售，而在商品標價上給予的價格扣除。根據「企業會計準則第14號—收入」的規定，銷售商品涉及商業折扣的，應當按照扣除商業折扣後的金額，確定銷售商品收入

金額。

　　稅務處理上，納稅人採取折扣方式銷售貨物時，如果銷售額和折扣額在同一張發票上分別註明，可以按折扣後的銷售額徵收增值稅；如果將折扣額另開發票，不論在財務上如何處理，均不得從銷售額中減除折扣額。

　　在實際操作中，「買一贈一」也屬於商業折扣的一種，根據國稅函[2008]875號規定，「買一贈一」的銷售模式不屬於捐贈，所取得的收入是「銷售商品」與「贈與商品」總和，應將總銷售金額按各項商品的公允價值的比例來分攤確認各項銷售收入，只不過這種確認不會造成收入總額的增加，相當於一種折扣銷售。

　　2. 現金折扣，是指債權人為了鼓勵債務人在規定的期限內付款，而向債務人提供的債務扣除。通常發生在以賒銷方式銷售商品及提供勞務的交易中，債務人在不同的期限內付款可享受不同比例的折扣，付款時間越短，折扣越大。所以，現金折扣實際上是企業為了儘快向債務人收回債權而發生的財務費用，折扣額即相當於收回債權而支付的利息。

　　「企業會計準則第14號—收入」中規定，銷售商品涉及現金折扣的，應當按照扣除現金折扣前的金額，確定銷售商品收入金額。現金折扣在實際發生時計入當期損益。

　　稅法規定與會計處理規定一致，但在實務中，發生現金折扣而少收的貨款計入財務費用時，應如何處理？根據國稅函[2008]875號文件規定，債權人為鼓勵債務人在規定期限內付款而向債務人提供的債務扣除，屬於現金折扣，銷售商品涉及現金折扣的，應當按扣除現金折扣前的金額確定銷售商品收入金額，現金折扣在實際發生時做為財務費用扣除。因此，供貨方可以請購貨方開具收據，購貨方以此做為沖減財務費用的依據，而銷售方則做為計入財務費用的依據，但雙方的會計處理憑證後還須附上相關的銷售合同（影本）。

三、銷售折讓

銷售折讓是指企業因售出商品的品質不合格等原因，而在售價上給予的減讓。

「企業會計準則第14號—收入」中規定，銷售折讓可扣減銷售收入。稅法中規定發生銷售折讓時，銷售方應憑購貨方退回的發票，或按購貨方主管稅務機關開具的「進貨退出及索取折讓證明單」開具紅字發票後，沖減當期銷售收入，但用實物減讓則須視同銷售處理。

【57】貿易公司銷售收入確認的 會計和稅務處理差異分析

2008年，大陸國稅總局發布了「關於確認企業所得稅收入若干問題的通知」（國稅函[2008]875號），文中規定了企業銷售收入的確認必須遵守權責發生制原則，和實質重於形式原則。其中，實質重於形式的稅務處理原則，第一次在稅務文件中提出，這也是與會計準則協調的明確信號，例如，認可售後回購方式下「不符合銷售收入確認條件的，如以銷售商品方式進行融資，收到的款項應確認為負債，回購價格大於原售價的，差額應在回購期間確認為利息費用。」

雖然稅法與會計準則對收入的確認原則基本趨同，但還是存在少許差異，貿易公司銷售收入確認的會計和稅務處理差異主要如下：

一、確認原則差異

「企業會計準則第14號—收入」中，對銷售商品收入同時具備五個條件的，才能予以確認，其中需要滿足「相關經濟利益很可能流入企業」；但依據國稅函[2008]875號，稅法上對於企業銷售收入的確認條件中，並沒有這點。

「很可能」是指銷售商品價款收回的可能性大於不能收回的可能性，即銷售商品價款收回的可能性大於50％，由於這點需要企業根據客戶情況等自行判斷銷售商品價款收回的可能性，具有較強的職業判斷水準，會使國家稅收失去保障，故稅法上如遇款項有可能無法收回時，仍確認為應稅收入，而會計上，企業根據謹慎性原則可不確認收入。

二、視同銷售差異

會計準則中，對一些視同銷售的行為並沒有明確規定其會計處理方法，且不完全符合會計準則中收入確認條件，從而與稅務上產生

差異，應注意以下兩點。

1. 企業將自產、委託加工的貨物應用於正常銷售以外的其他方面，例如用於在建工程、員工餐廳等。

對於這類並不改變會計主體的項目，即企業將一類資產移送轉換為另一類資產的行為，稅法上規定視同銷售處理，並根據貨物的公允價值計算應納稅額；而會計上對此不做銷售處理，直接按成本轉帳，即借記「在建工程」科目，貸記「應交稅費——應交增值稅（銷項稅額）」科目、「庫存商品」科目等。

2. 企業將自產貨物用於贈送、樣品、員工福利、分配股東等。

大陸「國家稅務總局關於企業處置資產所得稅處理問題的通知」（國稅函[2008]828）規定了企業將資產移送他人的情形，因資產所有權屬已發生改變而不屬於內部處置資產，應按規定視同銷售確定收入。此外，會計上收入確認的原則中「相關的經濟利益很可能流入企業」，如企業將物品用於員工福利、分配給股東等，雖然沒有直接流入現金，但減少相應應付員工薪酬或應付股利等；再如用於市場推廣等，也促進商品銷售，增加潛在盈利能力，符合「相關的經濟利益很可能流入企業」。

可見，對視同銷售中「資產所有權屬已發生改變」的項目，會計上與稅法一樣，確認銷售收入。

三、價外費用差異

價外費用包括向購買方收取的違約金、滯納金、延期付款利息等，會計上對價外費用不確認主營業務收入；在稅務上，根據「增值稅暫行條例」第六條：「銷售額為納稅人銷售貨物或者應稅勞務向購買方收取的全部價款和價外費用，但是不包括收取的銷項稅額。」可見，增值稅銷項稅額應包含銷售過程中產生的違約金、滯納金等價外費用。

四、分期收款差異

　　「企業會計準則第14號─收入」規定了實質上具有融資性質的分期收款銷售，可在發出商品時一次性以公允價值確認收入金額；而「企業所得稅法實施條例」第二十三條規定，「以分期收款方式銷售貨物的，按照合同約定的收款日期確認收入的實現」，故分期收款收入在會計和稅務上存在確認時間上的差異。

五、賒銷差異

　　賒銷即以信用為基礎的銷售，指買賣雙方簽訂購貨協議後，賣方讓買方先取走貨物，而買方按照協議在規定日期付款的過程。

　　根據「增值稅暫行條例實施細則」第三十八條第三款規定：「採取賒銷和分期收款方式銷售貨物，為書面合同約定的收款日期的當天」；但會計上認為滿足了銷售商品收入具備的五個條件即可以確認收入，也就是說，發出商品時即應確認收入的實現。

　　然而，對於賒銷，實務中一般都是貨物發出後就開具發票，早於收款日期，故增值稅納稅義務時間為開具發票當日，而非合同約定的收款日，此時，賒銷在會計和稅務上確認時間並無差異。

【58】上海綜合保稅區財政補貼分析

　　上海綜合保稅區，將洋山保稅港區、外高橋保稅區（含外高橋保稅物流園區）及浦東機場綜合保稅區融於一體，「三區聯動」，其綜合保稅區貿易類財政扶持政策分析如下：

一、上海綜合保稅區中各區域功能

　　1. 洋山保稅港區

　　建於2005年12月，位於上海蘆朝港的陸域部分，東海大橋和位於浙江嵊泗的小洋山港口區域組成，主要以航運、物流、倉儲為重點發展項目。

　　2. 外高橋保稅區

　　建於1990年6月，瀕臨長江入海口，地處黃金水道和黃金岸線交會點，主要以建設國際貿易示範區，包括進出口、轉口貿易、保稅展示、倉儲分撥等功能。

　　3. 浦東機場綜合保稅區

　　建於2010年9月，位於浦東機場第三跑道西側，主要以航空口岸物流、貿易和金融服務等功能發展為主。

二、財政扶持政策

　　根據「上海綜合保稅區管理委員會『十二五』期間財政扶持經濟發展若干意見」的規定，財政補貼的優惠時間為2011年1月1日起執行至2015年12月31日，貿易類公司扶持的項目，是增加值和利潤總額。根據在「十二五」期間新引進的企業或原設立企業，扶持的力度有所不同，其具體補貼比例如下頁表格。

比較項目	貿易公司		
	新設公司（2011年1月1日後成立）		原設公司 （2011年1月1日前成立）
增值稅	前二年	補貼增加值的2.55% 實徵14.45%	「十二五」期間 補貼增加值的1.275% 實徵15.725%
	以後年度	補貼增加值的1.275% 實徵15.725%	
企業所得稅	前二年	利潤總額的5% 實徵20%	「十二五」期間 補貼增加值的2.5% 實徵22.5%
	以後年度	利潤總額2.5% 實徵22.5%	

上述增加值，即按當期實際繳納增值稅稅額反推的產品進銷差額部分。

三、申請流程

財政扶持須企業主動申請，不申請則視同放棄。

（一）資格申請

通常在公司開出第一張銷售發票之日起可以辦理申請，提供資料如下：

1. 財政扶持資格認定申請表。

2. 工商營業執照正本或副本。

3. 稅務登記證正本。

4. 納稅專用帳戶帳號證明資料。

5. 如享受稅務優惠政策的，報「減免稅核准通知書」。

6. 新辦企業須提交首張有效的營業或銷售發票。

7. 稅務電腦編碼的證明資料（比如：稅務發票購買本第一頁的影本）。

8. 企業房屋產權證或房屋租賃協議。

（二）返還申請

1. 增值稅補貼每季一次，或每年二月底之前匯總申請，申請資料如下：

（1）補貼所屬期相關稅單。

（2）補貼所屬期連續的相關納稅申報表主表（包括零申報）。

（3）申請補貼期最後一個月度的利潤表。

2. 企業所得稅於年度匯算清繳後申請，6月30日之前申請。

（1）全年利潤總額

A.全年所得稅稅單。

B.所得稅年度納稅申報表（必須有稅務局簽章）。

C.申請補貼期最後一個月度的利潤表。

完成網上申報後，須將由會計師事務所出具的年度財務審計報告影本加蓋公章後，交至「財政扶持受理窗口」。

（2）總分支機構利潤總額申報

A.全年所得稅稅單。

B.各季度所得稅申報表以及年度納稅申報表（必須蓋有稅務局簽章）。

C.申請補貼期最後一個月度的利潤表。

完成網上申報後，將由會計師事務所出具的年度財務審計報告影本加蓋公章後，交至「財政扶持受理窗口」。

（三）受理部門

上海綜合保稅區財政局。

四、注意事項

1. 上述補貼額一律計算到千元。千元以下的尾數,和補貼金額不足千元的項目,不予補貼。

2. 浦東新區「十五」計畫及外高橋保稅區「十一五」計畫中規定,對無特殊原因經營期不滿10年,或無正常原因歇業關閉、註銷稅務登記,或抽調資金空殼掛號,以及嚴重不符合綜合考核指標規定的對象,可取消其享受的財政扶持資格,並收回財政已補貼資金。但對遷址、註銷時是否要退還,目前「十二五」計畫中尚未做出明確規定,實務中和「十一五」的規定一致,需要退還。

3. 會計處理

公司收到財政扶持資金時,計入「營業外收入」科目,與公司經營利潤合併計算企業所得稅。

【59】貿易公司出口退稅政策介紹

　　貿易公司出口貨物的稅收政策，包括免稅並退稅、免稅不退稅、視同內銷徵稅三種。其中「視同內銷徵稅」政策主要適用於出口國家禁止類的貨物，「免稅不退稅」主要適用於外貿企業從小規模納稅人購進並持普通發票的貨物出口，和直接購進國家規定的免稅貨物出口。以下對適用免稅並退稅政策的貨物出口，進行簡要分析。

一、貿易公司出口退稅應符合條件

　　1. 取得進出口經營權。

　　2. 取得增值稅一般納稅人資格。

　　3. 辦理出口退稅登記。

　　4. 申報出口退稅的貨物應符合以下條件：

　　（1）必須是增值稅、消費稅徵收範圍內且已報關出口的貨物。

　　（2）在財務上必須已做銷售處理。

　　（3）已收取貨款。

　　5. 按規定及時進行出口退稅申報。根據「關於發布『出口貨物勞務增值稅和消費稅管理辦法』的公告」（國家稅務總局公告2012年第24號）規定，出口退稅期限放寬至貨物報關出口之日的次月起至次年4月30日前的各增值稅納稅申報期。

二、出口退稅的計稅依據及計算方法

　　1. 增值稅

　　貿易公司出口貨物實行「免稅並退稅」，計算時主要採用「單票對應法」，即在出口與進貨的關聯號內，進貨資料與出口資料配齊申報，對進貨資料進行加權平均，合理分配各出口占用的數量，計算出每筆出口的實際退稅額。在一次申報的同關聯號的同一商品代碼下，應保持進貨數量與出口數量完全一致，進貨、出口均不結餘。對

一筆進貨分批出口的，應到主管稅務機關開具外貿企業出口退稅進貨分批申報單。

對於委託加工企業加工再出口的貨物，以往的政策規定貿易公司委託加工出口的產品，需要區分原材料和加工費，分別按原料和出口成品的退稅率申請出口退稅。「財政部國家稅務總局關於出口貨物勞務增值稅和消費稅政策的通知」（財稅〔2012〕39號）提出了新的規定，要求貿易公司須將原材料賣斷給受委託加工企業，受委託加工企業再將原材料和加工費合併在同一張增值稅專用發票上，貿易公司憑該發票按成品的出口退稅率申請出口退稅。實際上這個變化，加大了貿易公司的資金管理等成本。

以前貿易公司不能憑海關進口增值稅專用繳款書申請出口退稅，39號文中增加了這一項，這也就意味著外資企業進口的貨物若需要出口，可申報出口退稅。

2. 消費稅

凡屬於從價定率計徵的貨物，應依外貿企業從工廠購進時徵收消費稅的價格為依據；凡屬於從量定額計徵的貨物，應依據購進和報關出口的數量為依據。

消費稅應退稅額 = 從價定率計徵消費稅的退稅計稅依據×比例稅率＋從量定額計徵消費稅的退稅計稅依據×定額稅率

上述退稅計稅依據按購進出口貨物的消費稅專用繳款書和海關進口消費稅專用繳款書確定。

三、辦理出口退稅應當提交的資料

1. 「外貿企業出口退稅匯總申報表」。

2. 「外貿企業出口退稅出口明細申報表」，另須配套以下資料：

（1）加蓋有海關驗訖章的出口貨物報關單（出口退稅專用）原件。

（2）外貿企業須在貨物報關出口之日（以出口貨物報關單「出口退稅專用」上註明的出口日期為準）起210天內，向退稅機關提供經外匯局簽章的出口收匯核銷單（出口退稅專用）原件（「關於貨物貿易外匯管理制度改革的公告」〔國家外匯管理局公告2012年第1號〕規定，自2012年8月1日起取消出口收匯核銷單，企業辦理出口報關時不再提供核銷單，無須再辦理出口收匯核銷），或有關部門出具的中遠期收匯證明原件。

（3）外貿企業簽章的出口發票（影本加蓋外貿企業公章）。

（4）有代理出口業務的，提供代理出口貨物證明原件，和對應配套的受託外貿企業的出口貨物報關單（出口退稅專用）原件、出口收匯核銷單（出口退稅專用）原件或中遠期收匯證明原件。

　3.「外貿企業出口退稅進貨明細申報表」，另須配套提供以下憑證：

（1）增值稅專用發票抵扣聯原件，或經退稅機關審定的進貨分批申報單原件。

（2）消費稅稅收（出口貨物專用）繳款書原件。

（3）海關進口增值稅專用繳款書原件和進口貨物報關單原件。

　4. 稅務機關規定應當報送的其他有關證件、資料。

四、申報出口退稅的期限

　　關於發布「出口貨物勞務增值稅和消費稅管理辦法」的公告（國家稅務總局公告2012年第24號）規定，貿易公司應在貨物報關出口之日（以出口貨物報關單「出口退稅專用」上註明的出口日期為準）起至次年4月30日前，向所在地主管稅務機關退稅部門，申報辦理出口貨物退（免）稅手續。出口退稅期限由原定90天調整為最長

470天（以出口貨物報關單上的日期為準），不過同時也取消了申報延期的規定。

出口企業未在規定期限內申報退稅，或雖已申報但未在規定期限內向稅務機關補齊有關憑證，其出口貨物應視同內銷貨物計提銷項稅額或徵收增值稅。銷項稅額的計算公式如下：

銷項稅額＝出口貨物離岸價格×外匯人民幣牌價÷（1＋法定增值稅稅率）×法定增值稅稅率

外貿企業如已按規定計算徵稅率與退稅率之差並已轉入成本科目的，可將徵稅率與退稅率之差及轉入應收出口退稅的金額，轉入進項稅額科目。

需要注意的是，原出口退稅政策規定，對小型出口企業和新發生出口業務的企業（指自發生首筆出口業務之日起未滿12個月）發生的應退稅額，退稅審核期為12個月。對新發生出口業務的企業，12個月以後退稅納入正常分類管理。39號文和24號公告中取消了相關規定，無須等待12個月。

【60】通過海關特殊監管區域出口退稅分析

　　特別監管區域一般主要指保稅區、保稅物流園區、出口加工區、保稅港區、綜合保稅區等。從海關角度來說，進入上述區域的貨物都視同出口，但出口退稅方面存在差異，分析如下。

一、保稅區

　　有關保稅區出口退稅，視貨物最終銷售情形分以下兩種情況。

　　1. 銷售給區內企業

　　根據「出口貨物退（免）稅若干問題規定」（財稅字[1995]92號）第六條規定，對非保稅區運往保稅區的貨物不予退（免）稅，保稅區內企業從區外購進貨物時，必須向稅務機關申報備案增值稅專用發票的有關內容，將這部分貨物出口或加工後再出口的，可按本規定辦理出口退（免）稅。

　　因此，保稅區外企業將貨物銷售給保稅區內企業，貨物所有權轉移給區內企業，不能退（免）稅，需要繳納增值稅，但保稅區內企業將購買的貨物再出口的，則可享受出口退稅政策。

　　2. 銷售給外商（即境外客戶）

　　根據大陸「國家稅務總局關於出口退稅若干問題的通知」（國稅發[2000]165號）的規定，保稅區外的出口企業銷售給外商的出口貨物，如外商將貨物存放在保稅區內的倉儲企業，離境時由倉儲企業辦理報關手續的，保稅區外的出口企業可憑貨物進入保稅區的出口貨物報關單（出口退稅專用聯）、倉儲企業的出口備案清單及其他規定的憑證，向稅務機關申請辦理退稅。保稅區海關須在上述貨物全部離境後，方可簽發貨物進入保稅區的出口貨物報關單（出口退稅專用聯）。也就是通常所說的，必須完成二次報關，憑出境備案清單和貨物進入保稅區的出口報關單，辦理出口退稅。該165號文被國家稅務

總局公告2012年第24號廢止，但仍保留了上述規定。

二、保稅物流園區

根據大陸「國家稅務總局關於保稅區與港區聯動發展有關稅收問題的通知」（國稅發[2004]117號）規定，對保稅物流園區外企業（以下簡稱區外企業）運入物流園區的貨物視同出口，區外企業憑海關簽發的出口貨物報關單（出口退稅專用）及其他規定憑證，向主管稅務機關申請辦理退（免）稅。該117號文被國家稅務總局公告2012年第24號廢止，但在「關於出口貨物勞務增值稅和消費稅政策的通知」（財稅[2012]39號）仍保留上述規定。

因此，保稅物流園區外企業將貨物銷售給保稅區內企業或境外企業，可享受免抵退稅政策。須注意的是，江蘇省昆山市國稅局2007年12月發布了「昆山市國稅局關於規範出口至保稅物流園區及保稅物流中心貨物辦理退（免）稅申報的提醒」，指出：出口至保稅物流園區的貨物，其票流、物流、資金流必須一致，能享受出口退稅政策的須同時符合以下條件：

1. 區外企業必須是將貨物銷售給物流中心內企業，或銷售給境外企業且境外企業將貨物委託物流中心內企業倉儲的。

2. 區外企業應將發票開給相應的區內企業或境外企業。

3. 以上貨款的支付方，必須為相應的物流中心內企業，或境外企業。

三、出口加工區、保稅港區、綜合保稅區

1. 根據「出口加工區稅收管理暫行辦法」（國稅發[2000]155號，根據國家稅務總局公告2012年第24號，該文部分失效）規定，區外企業銷售給出口加工區內企業，並運入出口加工區供區內企業使用的貨物，區外企業可憑海關簽發的出口貨物報關單（出口退稅專用）和其他現行規定的出口退稅憑證，向稅務機關申報辦理退（免）

稅，該條規定繼續有效。

2. 根據「中華人民共和國海關保稅港區管理暫行辦法」（海關總署令191號，根據國家稅務總局公告2012年第24號，該文部分失效）規定，保稅港區在稅收上享受「兩退一保」的稅收優惠政策如下：

(1) 一般情況下，國外貨物入港區保稅、從保稅港區運往境外的貨物，免徵出口關稅。

(2) 國內貨物入港區視同出口，實行退稅。港區內企業耗用的水、電費，港區企業可享受退稅。

(3) 港區內企業之間的貨物交易不徵增值稅和消費稅。

3. 根據「關於保稅物流中心及出口加工區功能拓展有關稅收問題的通知」（國稅函[2009]145號）規定，境內貨物進入保稅物流中心（即綜合保稅區），視同出口，實行出口退（免）稅政策。該145號文被國家稅務總局公告2012年第24號廢止，但在「關於出口貨物勞務增值稅和消費稅政策的通知」（財稅[2012]39號）中仍保留了上述規定。

【61】工廠與貿易公司出口退稅政策分析

根據大陸國稅總局「關於出口貨物勞務增值稅和消費稅政策的通知」（財稅[2012]39號）、「口貨物勞務增值稅和消費稅管理辦法」的公告（國家稅務總局公告2012年第24號）的相關規定，生產企業和貿易公司申報出口退稅的時間一致，均應在貨物報關出口之日次月起至次年4月30日前的各增值稅納稅申報期內，收齊有關憑證，向主管稅務機關辦理出口貨物增值稅退稅申報。經主管稅務機關批准的，企業在增值稅納稅申報期以外的其他時間也可辦理免退稅申報。逾期的，企業不得申報免退稅。外貿企業和生產企業出口退稅的區別，在於出口退稅政策和出口退稅資料要求。

一、出口退稅申報資料略有差異

生產企業申報出口退稅時應提交的原始資料包括：

1. 出口貨物報關單。

2. 出口發票。

3. 委託出口的貨物應提供受託方主管稅務機關的代理出口貨物證明，以及代理出口協議影本。

貿易公司除上述資料外，還要提供增值稅專用發票（抵扣聯）、出口退稅進貨分批申報單、海關進口增值稅專用繳款書（提供海關進口增值稅專用繳款書的，還須同時提供進口貨物報關單）。

二、出口退稅政策不同

根據規定，生產企業出口退稅執行「免、抵、退」稅政策，而外貿企業出口退稅執行「免、退」稅政策。生產企業出口產品實行「免、抵、退」稅政策，「免」是指對生產企業出口的自產貨物，免徵本企業生產環節的增值稅；「抵」是指生產企業出口自產貨物所耗用的原材料、零部件、燃料、動力等所含應予退還的進項稅額，抵頂

內銷貨物的應納稅額；「退」是指生產企業出口的自產貨物，在當月內因應抵頂的進項稅額大於應納稅額時，對未抵頂完的進項稅額予以退稅。

外貿企業「免、退」辦法的「免」是指外貿企業出口收購貨物，本環節免徵增值稅；「退」是指退還收購貨物所含的增值稅，一般根據增值稅專用發票上註明的收購價格（不含稅）與退稅率之積，做為申報退稅的依據，其計算的徵、退稅之間產生的差額，計入銷售成本。

一般來說，企業集團可以綜合利用外貿企業和生產企業不同的出口退稅政策，獲得最大的出口退稅利益。舉例來說，生產企業A某筆業務，國內採購原材料 1 萬元，取得增值稅1,700元；假設該產品的退稅率為13%，預計出口售價為1.5萬元，不考慮人工成本及製造費用等。企業A有兩種銷售方式選擇，一是直接將產品1.5萬元出售給國外客戶，二是企業將產品1.2萬元（不含稅價）出售給國內外貿公司B，外貿公司B將產品1.5萬元出售給國外客戶。

第一種銷售方式下：

企業A的增值稅期末留抵稅額＝銷項稅額－（進項稅額－進項稅額轉出）＝0－（1,700元－1.5萬元×4%）＝－1,100元

企業A的免抵退稅額＝出口銷售收入×退稅率＝1.5萬元×13%＝1,950元

由於｜期末留抵稅額｜＜｜免抵退稅額｜，即企業A可獲得出口退稅1,100元。

企業A的毛利＝1.5萬元－ 1 萬元－1.5萬元×4%＝4,400元

第二種銷售方式下：

企業A的增值稅期末留抵稅額＝銷項稅額－進項稅額＝1.2萬元×0.17－1,700元＝340元

企業A的毛利＝1.2萬元－ 1 萬元＝2,000元

外貿公司B的出口退稅額＝1.2萬元×0.13＝1,560元

外貿公司B的毛利＝1.5萬元－1.2萬元－1.2萬元×4%＝2,520元

實際退稅＝1,560元－340元＝1,220元

實際毛利＝2,000元＋2,520元＝4,520元

綜上所述，第二種銷售方式比第一種銷售方式多獲得出口退稅120元（1,220元－1,100元），多獲得毛利也是120元（4,520元－4,400元）。

第四篇

對外貿易
有關規定

【62】對外貿易法介紹

　　大陸政府為履行入世承諾，於2004年對「中華人民共和國外貿法」（以下簡稱「外貿法」）進行修訂，本次修訂對外商投資企業而言，最具影響的是開放進出口權。根據大陸的入世承諾，在貿易權方面應給予所有境外個人和企業不低於給予大陸企業的待遇。因此，外貿法將外貿經營者的範圍擴大至所有境外個人和企業。

　　但是當所有人都在關注外貿法及開放進出口權時，外商還必須從實務角度及稅務層面等檢視所謂的「貿易」行為，才不會落入誤解大陸官方規定的景況中。

　　首先，必須先釐清「貿易」與「進出口權」間的關係，貿易指的是買進貨物，未經加工轉手即賣出，與生產性行業剛好形成對比；生產指的是買進原物料或零配件，進行加工或組裝後再行銷售。前者是通路及信息的價值，後者是加工的價值，兩種營業模式賺取的雖然都是創造的附加價值，繳交也都是增值稅，但在「進出口權」的引用上，卻大不相同。

　　外界最常誤解沒有進出口權就代表不能從事進出口業務，事實上，沒有進出口權只是必須藉由有進出口權的公司代行海關環節的進出口業務；生產廠商如果是因為自產自銷的理由而進出口貨物，享有完全的進出口權。

　　直到現在，實務中還不斷發現在大陸設廠的外商仍認為因為進出口權還沒開放，自己進口原料或出口產品必須依賴當地的進出口公司，完全誤解了大陸官方對進出口權的定義。所以，貿易行為下的進出口權開放，才是外界真正關心的焦點。

　　大陸有關貿易進出口權的法律規定與實務操作中，存有許多容易誤導外商的落差。

　　1. 進出口權和從事貿易不可混為一談。外商即使沒有進出口

權，在大陸仍可從事貿易行為，只要透過有進出口權的代理公司來配合操作，還是可以達到合法進出口的目的。有影響的只是要多付出0.5%到1%的進出口代理費用，或是要避免代理商洩漏商業秘密等。依上述分析，有無進出口權並不會實際影響貿易業務的操作執行。

2. 進出口權和設立貿易公司是兩件不同的事。能不能做貿易，能不能像前面所說的買進貨物、不經加工即賣出貨物，賺取通路或是信息的價值，關鍵不在進出口權，而在營業行為。也就是能不能從事貿易的行為，是以獲得大陸工商部門的認可為前提，進而寫進公司的營業範圍中。

3. 合法貿易的三關鍵：物、錢、發票。貿易的模式成千上萬種，每種模式都有其特殊性及法律上的考慮，不管是進出口貿易或是大陸境內貿易，都應該從貨物流動、貨款收付及發票開立收取三個環節上，逐項檢核。

因為貨物的流動屬海關管轄；貨款的支付或外匯的買賣屬外匯管理局職責；發票的開立收受要涉及進項銷項稅的抵扣，屬稅務局的業務範圍；貿易交易模式有沒有超越經營範圍，則屬工商行政管理局負責。這幾個官方系統都有各自的專業堅持，只要把每個貿易模式拆解分析，都滿足物、錢、發票三個環節的法律要求，便可操作執行，而不是將整個貿易視為單一貿易的法規。

【63】禁止進口、限制進口和自由進口

大陸政府根據貨物和技術進口管理風險的不同，將貨物和技術進口分別納入禁止進口、限制進口和自由進口的範疇。

一、禁止進口

到目前為止，大陸政府先後共頒布了六批「禁止進口貨物目錄」，凡納入該目錄的商品，均不得進口，比如廢輪胎、礦渣等。禁止進口技術方面，則主要依據「中國禁止進口限制進口技術目錄」，比如印刷行業的鉛印工藝，又或是器材製造業中使用的含鉛絕緣漆技術等。外商應隨時關注大陸政府對於禁止進口貨物和技術的政策動向，因為一旦發現自己的經營對象被列入禁止目錄，無疑將極度影響公司的經營方向。

二、限制進口

實行限制進口的貨物有很多，譬如排氣量超過2,500毫升的柴油小轎車，又或是電視用衛星地面站設備等。對於這些限制進口的商品，根據監管層級和側重的不同，大陸政府分別實行進口配額管理、進口授權管理、進口配額授權管理和關稅配額管理。

1. 所謂「進口配額管理」是對某種商品規定具體的進口數量，一旦超過規定數量則不允許進口。這種管理方式主要適用於政府有數量控制要求的限制進口商品。

2. 「進口授權管理」則是對限制進口商品採取非數量控制的辦法。經營者必須事先經主管部門批准，並取得相應許可證件，才可以進口某種商品。進口許可證是貨物通關的必要憑證，凡屬於進口授權管理的貨物，外商應在進口前向指定的發證機構申領進口許可證，海關憑進口許可證接受申報和驗放。

3.「進口配額授權管理」，是進口配額管理和進口授權管理的結合體，即在實行授權管理的基礎上實行配額管理，這部分商品在申領了配額證明後，須憑藉配額證明申請辦理進出口許可證。

4.「關稅配額管理」是一種特殊的進口配額管理，實施進口關稅配額的商品一般訂有兩種稅率：配額內稅率和配額外稅率。配額內稅率是針對配額內進口數量徵收的稅率，配額外稅率是該種商品的優惠或普通稅率。屬於關稅配額內進口的貨物，按照配額內稅率繳納關稅；屬於關稅配額外進口的貨物，按照配額外稅率繳納關稅。通過不同的差別稅率，達到限制某種商品進口數量的目的。

在限制進口技術方面，大陸政府實行目錄管理。凡屬於目錄範圍內的限制進口技術，實行授權管理，未經政府許可，不得進口，譬如農業轉基因生物應用技術、濕式電除塵器技術等。經營限制進口技術的外商在向海關申報進口時，必須主動遞交由大陸國務院主管部門頒發的「中華人民共和國技術進口許可證」，憑以向海關辦理進口通關手續。

三、自由進口

所謂「自由進口」，是指凡具備合法對外貿易經營資格的主體，都可以根據自身的實際需要，對外簽訂有關貨物的進口合同，辦理該貨物的進口，而無須獲得有關主管部門的許可。除國家禁止、限制進口貨物、技術外的其他貨物和技術，均屬於自由進口範圍。

但是，大陸政府根據其監管的需要，對部分屬於自由進口的貨物實行自動進口許可管理，要求經營者在進口前向有關主管部門提交自動進口許可申請，而主管部門必須予以許可，經營者憑「自動進口許可證」向海關辦理報關手續。

對屬於自由進口的技術，大陸政府實行技術進口合同登記管

理。凡屬於自由進出口的技術，應當向商務部門辦理合同備案登記，商務部門應當自收到規定的文件之日起 3 個工作日內，對技術進口合同進行登記，頒發「技術進口合同登記證」，申請人憑該證辦理外匯、銀行、稅務、海關等相關的手續。

【64】進口許可證介紹

　　所謂進口許可證一般分為兩種：一是自動進口許可證，商務部、海關總署、國家品質監督檢驗檢疫總局會定期發布自動進口許可產品目錄，凡被納入該目錄項下的產品，外商在進口時，只須申請備案即可，不涉及任何審批環節，政府對自動進口許可證在數量上也沒有任何限制；二是非自動許可證，進口授權管理貨物目錄也是由商務部、海關總署、國家品質監督檢驗檢疫總局定期發布，凡是被納入該目錄項下的產品，外商在進口前，須首先向有關當局提出申請，經逐筆審核批准並發給許可證後，才可以進口。

　　大陸政府對部分進口產品採用自動進口授權管理，更多是出於日常監管的目的，並沒有嚴格限制的意圖；而採用進口授權管理的產品，通常是政府不希望大量進口，明令限制進口的產品，這種限制往往採用配額管理的方式從數量上進行控制，所以目前大陸實行非自動進口授權管理的產品，均實行進口配額管理，即主管部門將根據產品來源地的國別和地區，或按進口商申請的先後順序，在總進口限額中批准給予一定的額度，外商只有在取得進口配額後才能取得進口許可證，從而進口相關產品。

　　大陸對進出口許可證實行分級管理，部分商品由商務部發證，部分商品則授權各省商務廳發證，外商應按照商務部制定的進出口商品分級發證管理規定，到相應的發證機關申領進口許可證。非自動進口許可證只在申領當年有效，如有特殊情況確須跨年度使用，其有效期限最長不得超過次年的3月31日。自動進口許可證有效期限為 6 個月，同樣也只在西曆年度內有效，如果在有效期限內需要延期或變更的，外商應向原發證機關提出申請，原發證機關在收回原證並註銷後，再重新換發新證。

　　外商申請進口產品無非有以下幾種用途：一是做為投資或自用

進口；二是為內銷或生產內銷產品；三是為生產出口產品。對於前兩種用途，如果進口的產品屬於配額及授權管理的範圍，那麼外商須事先按規定申領進口配額、進口許可證或自動進口許可。其中，進口配額產品須納入企業年度進口配額總量計畫，外商憑配額證明申領進口許可證，海關則憑進口許可證驗放。這裡提到的配額，一般在每年7月31日以前公布下一年度進口配額總量，外商應當在每年8月1日至8月31日提出下一年度進口配額的申請，進口配額管理部門則應於每年10月31日前將下一年度的配額分配給配額申請人。對於第三種為生產出口產品而須進口的機械設備、生產用車輛、原材料、燃料等，規定免於申領進口許可證。但如上述物資轉為內銷，則應補辦進口許可證手續。

外商在辦理非自動進口許可證時，通常須提供進口配額管理部門簽發的有效進口批准文件、有效進口合同、收貨人與進口商的委託代理進口協議等；辦理自動進口許可證則必須提供自動進口許可證申請表、對外成交合同，進口廢舊物資則應提供中國國家環保局批准證書等資料。

申請非自動進口許可證時，符合要求的，發證機構自收到申請之日起 3 個工作日內發放證書。特殊情況下，最多不超過10個工作日。申請自動進口許可證的，申請內容正確且形式完備的，發證機構應於收到後最多10個工作日內簽發自動進口許可證。

【65】進口設備機電證的辦理實務

　　大陸政府對貨物進口實行分類管理，即分為禁止進口、限制進口和自由進口，機電產品也不例外。其中，對於部分自由進口的機電產品實行進口自動許可；對於限制進口的機電產品，尤其是舊機電產品，實行授權管理。

一、機電產品進口自動許可

　　大陸政府對機電產品實行進口自動許可的目的，是監控機電產品的進口情況。為此，商務部會同海關制定「進口自動許可機電產品目錄」，並不定期對目錄進行調整。凡納入該目錄的機電產品，均應在辦理海關手續前，申領「中華人民共和國進口自動許可證」（以下簡稱「進口自動許可證」）。

　　進口列入「進口自動許可機電產品目錄」的產品，外商應當向商務部或地方、部門機電辦，申請辦理進口自動許可手續，可通過書面形式或網上申請方式提交。

　　（一）申請方式

　　1. 書面申請：到發證機構領取，或從商務部授權網站http://www.chinabidding.com下載「機電產品進口申請表」，連同營業執照影本、進口訂貨合同等其他相關的書面資料，一併提交到相應的主管機構。

　　2. 網上申請：登錄前述商務部授權網站，進入機電產品進口許可證聯網申領系統，按要求線上填寫「機電產品進口申請表」，並提交相應的主管機構。

　　（二）申辦機構

　　列入「進口自動許可機電產品目錄」的機電產品，分為商務部辦理的機電產品，和地方、部門機電辦辦理的機電產品。

1. 進口屬於地方、部門機電辦辦理的機電產品，地方或者部門機電辦自收到內容正確、形式完備的「機電產品進口申請表」和相關資料後，應當立即簽發「進口自動許可證」；在特殊情況下，最長不超過10個工作日。

2. 進口屬於商務部辦理的機電產品，地方、部門機電辦收到齊備的申請資料後 3 個工作日內，將核實後的電子資料轉報商務部。商務部在收到相應資料後，應當立即簽發「進口自動許可證」；在特殊情況下，最長不超過10個工作日。

「進口自動許可證」實行「一批一證」或「非一批一證」管理。所謂「一批一證」是指同一份「進口自動許可證」不得分批次累計報關使用。所謂「非一批一證」是指同一份「進口自動許可證」在有效期內可以分批次累計報關使用，但累計使用不得超過 6 次。海關在「進口自動許可證」原件「海關驗放簽註欄」內以正楷字體批註後，海關留存影本，最後一次使用後，海關留存正本。「進口自動許可證」在西曆年內有效，有效期為 6 個月。

二、限制進口機電產品進口許可證

商務部會同海關總署、質檢總局制定、調整並公布「限制進口機電產品目錄」和「重點舊機電產品進口目錄」，對限制進口機電產品及重點舊機電產品的進口，實行進口授權管理。

實行進口授權管理的機電產品，地方、部門機電辦核實進口單位的申請資料後，向商務部提交。商務部審核申請資料，並在20日內決定是否簽發「中華人民共和國進口許可證」（以下簡稱「進口許可證」）。進口單位持「進口許可證」按海關規定辦理通關手續。

進口重點舊機電產品時，進口單位持「進口許可證」和國家檢驗檢疫機構簽發的「入境貨物通關單」（在備註欄標註「舊機電產品進口備案」字樣），按海關規定辦理通關手續。

　　申請「進口許可證」同樣可以通過書面形式或網上申請方式提交，同樣實行「一批一證」或「非一批一證」管理，辦理流程與辦理「進口自動許可證」類似。但應當注意的是，「進口許可證」有效期為 1 年，且當年有效，特殊情況下需要跨年度使用時，有效期最長不得超過次年3月31日。

【66】進口舊機電特別規定分析

外商對於「舊機電產品」的概念在理解上常有誤解，比如將長期展出但未使用過的機電產品當做新機電產品進口。實際上，根據「機電產品進口管理辦法」的規定，「舊機電產品」包括：

1. 已經使用過，但仍具備基本功能和一定使用價值的機電產品。

2. 未經使用，但超過品質保證期或存放時間過長，部件產生明顯有形損耗的機電產品。

3. 新舊部件混裝的機電產品。

4. 經過翻新的機電產品。

大陸政府對於這些舊機電產品實行分類管理，即分為禁止進口、限制進口和自動許可進口三類，並分別公布和定期修訂相應的產品目錄。列入「禁止進口機電產品目錄」的舊機電產品，一般是超過規定製造年限的舊機電產品。限制進口的舊機電產品又稱為重點舊機電產品，大陸對被納入「重點舊機電產品進口目錄」的舊機電產品實行進口授權管理，外商須先行申領「進口許可證」，並在取得國家檢驗檢疫機構簽發的「入境貨物通關單」後辦理通關手續。同樣的，外商在進口被列入「進口自動許可機電產品目錄」的舊機電產品時，須持「進口自動許可證」和國家檢驗檢疫機構簽發的「入境貨物通關單」，按海關規定辦理通關手續。

上述限制進口和自動許可進口的舊機電產品，均屬於允許進口的舊機電產品，對這些產品，大陸實施進口備案管理，即收貨人或其代理人在合同簽署之前，應向國家質檢總局，或者進口舊機電產品的收貨人所在地直屬出入境檢驗檢疫局，申請貨物登記備案。根據進口舊機電產品是否需要實施裝運前預檢驗的不同，備案機構將分別出具「進口舊機電產品裝運前預檢驗備案書」或「進口舊機電產品免裝運前預檢驗證明書」，即通常所說的「免預檢驗證明書」。

　　對涉及安全、衛生、環境保護的進口舊機電產品，檢驗檢疫機構實施裝運前預檢驗和到貨檢驗，並以到貨檢驗為準，除此以外的其他進口舊機電產品則僅實施到貨檢驗。

　　這裡提到的「裝運前預檢驗」，是指進口舊機電產品在啟運港裝運之前，由檢驗檢疫機構或者經國家質檢總局認可的裝運前預檢驗機構，依據大陸國家技術規範的強制性要求，對舊機電產品的安全、衛生、環境保護項目所進行的初步評價。裝運前預檢驗的內容包括：檢驗進口舊機電產品是否與政府審批項目相符；按照現行的入境驗證規定，驗證有關產品是否符合強制性產品認證制度、進口品質許可管理以及其他規定的要求；核查進口舊機電產品的品名、規格、型號、數量、產地、製造日期、新舊狀況、價格等貨物的實體狀況，是否與合同或者協議相符；安全、衛生、環境保護等項目檢驗。裝運前預檢驗結束後 7 個工作日內，裝運前預檢驗實施機構應當出具「裝運前預檢驗報告」，明示對進口舊機電產品的安全、衛生、環境保護等項目的初步評價意見。

　　而「到貨檢驗」，是指進口舊機電產品入境後，由檢驗檢疫機構按照國家技術規範的強制性要求進行的合格評定。到貨檢驗的內容包括：開箱檢驗；按照有關機電產品電氣安全和機械安全的強制性標準進行安全項目檢驗；按照有關衛生、環境保護的強制性標準進行衛生、環境保護項目檢驗；對裝運前預檢驗發現的不符合項目，採取技術和整改措施的有效性驗證。外商應當注意的是，未經到貨檢驗，或者經到貨檢驗不符合大陸政府有關技術規範的強制性要求的進口舊機電產品，不得銷售、安裝和使用。

【67】進口化妝品注意事項

　　化妝品可以分為特殊用途化妝品和普通用途化妝品兩大類。其中，特殊用途化妝品又分為育髮、染髮、燙髮、脫毛、美乳、健美、除臭、祛斑、防曬共九類產品，除此以外的其他化妝品均為普通用途化妝品。所有進口化妝品，包括普通用途化妝品和特殊用途化妝品，必須由國家藥監局備案審批。

　　進口化妝品的備案審批可以大致分為四個步驟。

一、在大陸申報責任單位授權書備案

　　進口化妝品首次申報前，行政許可在大陸申報責任單位授權書的原件，應當在SFDA（國家食品藥品監督管理局）行政受理機構進行備案。

　　授權書應由化妝品生產企業和行政許可在大陸申報責任單位雙方共同簽署，並經公證機關公證。授權書為外文的，還應譯成中文，並對中文譯文公證。授權書應包括以下內容：授權單位名稱、行政許可在大陸申報責任單位名稱、授權有效期（至少4年）、所授權的產品範圍、授權許可權、生產企業和在大陸申報責任單位地址信息等。應當注意的是，生產企業地址應與進口化妝品或進口化妝品新原料行政許可申請表中相應內容一致，在大陸申報責任單位地址應與營業執照一致，生產企業對地址信息的真實性和一致性負責。

二、產品檢測

　　在大陸申報責任單位應向國家藥監局認定的許可檢驗機構申請進行技術檢驗，並出具檢驗報告及相關資料。

　　外商可以在大陸國家藥監局認定的多家檢驗機構中自行選取。比較常見的，有中國疾病預防控制中心環境與健康相關產品安全所、上海市疾病預防控制中心、廣東省疾病預防控制中心等。

　　原則上，進口化妝品必須在大陸政府指定的檢驗機構進行衛生學和毒理學檢驗，但防曬化妝品如果在境外已經做了SPF和PA檢測，可以直接提交境外的檢驗報告。

三、申報

　　產品檢驗完成後，在大陸申報責任單位就可以向大陸國家藥監局受理機構提出化妝品行政許可申請，申請進口非特殊用途化妝品須提交的資料包括：進口非特殊用途化妝品行政許可申請表、產品中文名稱命名依據、產品配方、產品品質安全控制要求、產品原包裝（含產品標籤、產品說明書）、經國家食品藥品監督管理局認定的許可檢驗機構出具的檢驗報告及相關資料、產品中可能存在安全性風險物質的有關安全性評估資料、化妝品使用原料及原料來源符合狂牛症疫區高風險物質禁限用要求的承諾書、產品在生產國（地區）或原產國（地區）生產和銷售的證明文件，以及許可檢驗機構封樣並未啟封的市售樣品一件。如果申請特殊用途化妝品，除提交上述資料外（但進口非特殊用途化妝品行政許可申請表除外），還須提交進口特殊用途化妝品行政許可申請表，生產工藝簡述和簡圖，申請育髮、健美、美乳類產品的還應提交功效成分及其使用依據的科學文獻資料。

四、受理和評審

　　國家藥監局受理機構在接收化妝品行政許可申報資料時，應向申請人出具「申報資料簽收單」，對申報資料進行形式審查，並在 5 個工作日內做出是否受理或補正的決定。

　　國家藥監局應當自受理之日起60日內，組織評審委員會，對申報產品中可能存在安全性風險物質的有關安全性評估資料進行審查。

　　對於特殊用途化妝品，國家藥監局行政審批部門對通過技術評審的產品還要進行進一步審核，如符合各類相關法規的規定，則予以上報或批准，經批准的產品發給「進口特殊用途化妝品行政許可批

件」化妝品批准文號。

　　進口普通用途化妝品的評審，隨時遞交資料，隨時評審，所以通常在 4 至 5 個月左右取得批文。進口特殊用途化妝品評審大會每月第三週開始，每次評審會歷時約10～15天，所以通常在 6 個月左右取得批文，具育髮、健美、美乳功能的，則要延長到 9 至10個月左右。

【68】進口食品、保健品、酒注意事項

　　由於食品、保健品、酒涉及人身健康和安全，大陸政府對於這些產品的進口均規定了特殊的檢驗、監管、審查機制，以下分別予以介紹。

一、進口食品

　　根據「進口食品國外生產企業註冊管理規定」，大陸國家認證認可監督管理局負責對向中國輸出食品的國外生產、加工、存放企業進行註冊管理，未獲得註冊的國外生產企業的食品，不得進口。

　　進口預包裝食品時，應提前印製中文標籤。國家出入境檢驗檢疫局主管大陸進出口食品標籤管理工作，並負責食品標籤的審核、批准、發證工作。國家檢驗檢疫局指定的檢驗檢疫機構負責食品標籤的初審及檢驗工作。進出口食品標籤必須事先經過審核，取得「進出口食品標籤審核證書」。

　　進口食品進港後，要由進口商或代理人向口岸檢驗檢疫機構申報，並提供相關貨運單據、商業單據、衛生資料等。上述資料經審查合格後，為儘快疏港，監督人員將開具「衛生檢驗放行通知單」，貨主憑此單報關、提貨。貨物通關後，應存放到口岸檢驗檢疫機構認可的庫房，監督人員將對貨物進行現場衛生檢查和衛生監督，同時隨機抽取部分樣品，根據食品衛生標準和衛生要求，參照輸出國（地區）食品衛生狀況，貨物在運輸、貯存中的狀況及現場監督情況，確定檢驗項目，將樣品送實驗室檢驗，在此期間，貨物應封存，不得使用或銷售。如經檢驗合格，檢驗檢疫機構將出具衛生證書，該批食品可以使用或銷售；如經檢驗不合格，根據國家有關規定，該批貨物將視不同情況，給予銷毀、退貨、改做他用或重加工後食用的處理。

二、進口保健品

所謂「保健品」是指聲稱具有特定保健功能，或以補充維生素、礦物質等營養素為目的的食品。凡進口宣稱具有上述保健功能的產品，或者使用諸如人參、蜂膠、淫羊藿、三七、益母草、當歸、薑黃、大黃、蘆薈、紅景天、西洋參、黃芪等特定原料的產品，必須申請「進口保健食品註冊批件」。

申請「進口保健食品註冊批件」的主體必須是境外廠商或產品所有人，且要求在生產國生產和銷售 1 年以上，並在中國大陸地區有分支機構或境內代理機構。進口保健食品批准文號的格式為：國食健字J＋4位年代號＋4位順序號，有效期為 5 年，期滿後進行再註冊。

負責進口保健食品審批的是國家食品藥品監督管理局（簡稱SFDA），其下屬的保健食品審評中心於2004年6月16日正式掛牌，其主要職責包括：1. 組織保健食品的技術審查和審評工作；2. 配合國家食品藥品監督管理局制定或修訂保健食品技術審評標準、要求及工作程序；3. 協助國家食品藥品監督管理局制定保健食品檢驗機構工作規範並進行檢查。

進口保健食品註冊審批程序大致可以分為檢驗、申請、審批和進口報關四個步驟。應注意的是，申請者在獲取保健食品批文後方可報關進口，進口保健食品關稅為20%，增值稅為17%，消費稅為30%，其進口標籤備案程序參照進口普通食品的備案程序。

三、進口酒

進口商應提供進口酒類輸出國（地區）產地證和衛生證明。進口酒類應根據大陸「食品標籤通用標準」和有關規定加貼中文標籤。口岸進口食品衛生、品質監督檢驗機構對監督檢驗合格的，加貼「進口食品衛生監督檢驗標誌」，簽發衛生證書，監督檢驗不合格的則不

准進口。海關憑對外貿易經濟主管部門簽發的進口貨物許可證，和口岸進口食品衛生監督檢驗機構簽發的放行通知單徵稅後驗放。進口的桶裝原裝酒、半成品酒驗收入境，再經小瓶分裝、勾兌、過濾、貯存等加工工序後，使用國外品牌並在境內銷售的，按進口酒類管理。

國家出入境檢驗檢疫局通知，根據「中華人民共和國食品衛生法」和「中華人民共和國進出境動植物檢疫法」的有關規定，自2000年1月1日起對經檢驗檢疫合格的進口食品統一加貼CIQ（即檢驗檢疫）標誌。

【69】進口標籤的管理規定分析

　　中國大陸進口標籤管理制度，是為了讓進口商品與境內生產商品在相同的市場管理規範下貿易，其主要特點是：1. 從事先審批轉向事後備案，趨向與國內所產該產品標籤制度相同；2. 中文標識，外文標籤必須進行翻譯；3. 須註明生產商、進口商和地址、聯繫方式；4. 進口商應對標籤內容真實性負責。中國大陸進口標籤管理尚無統一法規，目前主要散見於各單個商品進出口管理規範和標籤管理規範中，以下介紹幾種常見商品進口標籤管理規定：

一、藥品進口標籤管理

　　藥品進口標籤管理，主要依據國家食品藥品監督管理局2006年頒發的「藥品說明書和標籤管理規定」和2007年發布的相應解釋。

　　進口標籤管理規定中，藥品標籤管理規範最為全面、嚴格，其主要要求：標籤以藥品說明書為依據；必須使用中文；嚴格區分接觸藥品與非接觸藥品標籤；對如何標註藥品名稱、性狀、功能、生產時間和有效期等均嚴格要求。

　　具體辦理進口藥品標籤備案手續時，應按以下分類進行。

　　1. 化學藥品、生物製品標籤備案和修改的補充申請，按照「藥品註冊管理辦法」執行，由國家局受理和備案，備案日期為核准日期。進口分包裝藥品的說明書和標籤則應在國家局同意備案後，報省級藥品監督管理部門審批，其內容除分包裝信息外，應與進口藥品說明書、標籤一致。

　　2. 中藥、天然藥物標籤備案和修改的補充申請，按照「關於印發中藥、天然藥物處方藥說明書格式內容書寫要求及撰寫指導原則的通知」執行。

　　3. 非處方藥說明書和標籤備案和修改的補充申請，按照「藥品

註冊管理辦法」執行，由國家局受理、備案。

二、食品、化妝品進口標籤管理

1. 食品、化妝品是施行進口標籤管理的主要商品，管理規範也較為完善，其管理規範變化主要分為三個階段：2002年至2006年4月，進口食品和化妝品主要施行標籤審核證書制度，屬於事先審核制度；2006年4月1日起改為備案制，與進口商品檢驗檢疫審批結合進行，同時取消審核費；自2011年6月1日起，國家質檢總局決定啟用進口預包裝食品標籤管理系統，進行聯網管理。

2. 食品管理規範，首先適用「食品標籤通用標準」（GB7718-1094）。進口食品可分為進口普通食品、特殊膳食食品和保健食品。普通食品進口主要表現為預包裝食品，適用「預包裝食品標籤通則」（GB7718－2004），該通則中不涉及食品營養標籤，標示營養標籤的，應適用「食品營養標籤管理規範」；特殊膳食食品適用「預包裝特殊膳食食品標籤通則」（GB13432－2004）；保健食品目前還是適用1996年衛生部頒布的「保健食品標識規定」。

3. 食品進口標籤的主要流程：自2011年6月1日起，國家質檢總局決定啟用進口預包裝食品標籤管理系統，施行系統管理，要求首次進口預包裝食品，應提交資料，經檢驗檢疫部門檢驗合格後，標籤信息將錄入系統，自動生成標籤備案號；獲得標籤備案號的預包裝食品再次進口時，凡提供標籤備案號的，經核准可免於中文標籤版面格式檢驗；已獲得「進口食品標籤審核證書」的，可憑證書向檢驗檢疫部門申請標籤備案號；2006年4月至系統運行前，已備案的可向原備案的檢驗檢疫機構申請標籤備案號；按標籤上產品名稱逐一申報，同名稱不同規格分別申報。在備案時，必須提供中文標籤樣張和外文標籤及翻譯件。

三、其他常見產品進口標籤管理

目前，對於種子、消毒產品和獸藥等已經有明確的進口標籤管理，例如「林木種子包裝和標籤管理辦法」、「農作物種子標籤管理辦法」、「消毒產品標籤說明書管理規範」「獸藥進口管理辦法」和「醫療器械說明書、標籤和包裝標識管理規定」等法規。

四、進口標籤管理的趨勢

進口標籤的管理更趨向於事後備案制度和行業自治。例如國家食品藥品監督管理局2011年4、5月先後再次發函，徵求對「保健食品說明書標籤管理規定（徵求意見稿）」、「化妝品標籤管理規定（徵求意見稿）」的社會意見。而上海口岸則對進口服裝標籤開始實施境內標籤整改，不再一概退貨。這些法規和措施，都體現了將來會對進口標籤實施更多的行業自治管理和事後管理，而逐步取消過去的嚴格審批制度，從而促進進口貿易。

【70】一般原產地制度介紹

一、制度及作用

　　原產地指貨物的來源地，也稱貨物的「經濟國籍」，指貨物生產、加工、製造、出生或出土地。原產地制度指任一國家、地區為確定貨物原產地而實施的法律法規制度。根據國際貿易中作用範疇不同，原產地制度可分為一般原產地、普惠制原產地和區域性優惠原產地制度等。

　　一般原產地制度主要指實施最惠國待遇、反傾銷和反補貼、保障措施、原產地標記管理、國別數量限制、關稅配額等非優惠性貿易措施，以及進行政府採購、貿易統計等活動對進出口貨物原產地確定的相關制度，在中國大陸，主要依據「中華人民共和國進出口貨物原產地條例」（下稱原產地條例）和「中華人民共和國非優惠原產地證書簽證管理辦法」（下稱管理辦法）。符合原產地條例的產品，均可按管理辦法申請「中華人民共和國非優惠原產地證書」（下稱一般原產地證書），即CO（CERTIFICATE OF ORIGIN）。

　　進口國為實行進口貿易管制，達到差別關稅、數量限制等目的，要求出口國出具貨物原產地證明，已成國際貿易慣例，因此一般原產地證書是國際貿易的重要證明文件。

　　實行一般原產地制度、原產地證書管理，主要作用有：

　　1. 確定貨物關稅待遇，提高市場競爭力。世界上大多數進口國對來自不同出口國貨物均使用不同稅率，而關稅差別待遇又主要根據貨物的原產地，一般原產地證書就成為相應的有效憑證。例如在進、出口兩國政府之間條約規定最惠國條款，買方須要求賣方提供有效產地證明書證明進口貨物原產地確係締約國，而可獲得相應稅率待遇。

2．證明產品內在品質或做為結匯依據。例如在國際市場上持有中國原產地證的陶瓷，比持有其他國家產地證的陶瓷更受歡迎。產地證有時還是貿易雙方進行交接、結匯的必備單據，例如買方在申請開信用證（L/C）時，會要求提供原產地證書以保護自己，銀行也常以其做為信用證解付重要憑證。

3．進行貿易統計。各國海關都承擔對進出口貨物進行統計的職責，原產地證則是對進口貨物進行統計的重要依據。

4．貨物進口國實行有差別數量控制。進口國為保護本國工業生產和國際貿易競爭需要，會對某些貨物實行進口限制，制定進口配額、反傾銷、反補貼等制度，產地證成為確定進口貨物來自哪個國家，以判斷貨物是否應受進口數量限制的重要工具。

二、一般原產地證明書申請

1．國家品質監督檢驗檢疫總局，是原產地證書的行政管理機關。國家質檢總局設在各地的出入境檢驗檢疫機構，和中國國際貿易促進委員會（及其地方分會）是簽證機構，負責頒發證書。一般來說，如果進口國有特別要求，需要提供檢驗檢疫局頒發的原產地證書，如果沒有特別要求，檢驗檢驗局或各地貿促會簽發的均可。

2．進行進出口業務的申請人應於貨物出運前，向其所在地、貨物生產地或者出境口岸的簽證機構申請，並至少遞交以下資料：對外貿易資格證書、批准證書、營業執照、組織機構代碼證的原件和影本，遞交申請書、授權書和發票原件，並按規定填製「中華人民共和國非優惠原產地證書」等。

3．證書填製有嚴格要求，可在各地檢驗檢疫局網站查詢。

4．原產地證書自簽發之日起有效期為 1 年，更改、重發證書的有效期同原發證書。註冊企業要按規定時間進行年度審核，否則不得繼續申辦原產地證及相關業務。

5. 使用虛假資料騙取、偽造、變造、買賣或者盜竊原產地證書，或者使用虛假、變造的原產地證書，屬於違法行為，依法將被處以罰款、沒收違法所得甚至處以刑事責任。

【71】普惠制原產地制度介紹

一、制度介紹

一般原產地針對最惠國待遇，普惠制（GSP）則指在最惠國待遇基礎上可享受進一步優惠，指開發國家給予開發中國家在國際貿易中非互利特別優惠待遇。原則有三：1. 非歧視性原則，把落後、未開發國家和新興國家統稱開發中國家，即受惠國；把先進或工業化國家統稱開發國家，即給惠國；2. 惠遍原則，對開發國家由開發中國家所進口的初級、半成品及成品，實行普遍優惠制，給予普遍、無例外、一視同仁優惠；3. 非互惠原則，開發國家給予開發中國家或地區的普遍優惠時，不得要求反向優惠。

根據給惠方案內容不同，普惠制方案主要包括給惠產品範圍、關稅削減幅度、保護措施、原產地規則、受惠國家（或地區）名單和有效期等。原產地規則是普惠制方案的核心，主要包括原產地標準（如加工標準、百分比標準、原產地積累和給惠國成分等）、直接運輸規則和原產地書面證明。要注意的是，普惠制要求的原產標準，須符合給惠國的原產地標準，而非受惠國標準。直運規則要求貨物須從受惠國直接運輸出口至給惠國，如經第三地，則貨物須一直處於過境國海關監管之下，未投入當地市場銷售或使用。書面證明指普惠制原產地證明書有格式A（FORM A）和符合直運規則的其他證明文件（例如直運提單、聯運提單和過境國海關當局簽發的證明）等。

給惠國的給惠制度標準是發展中和有變化的。例如歐盟，最近一個10年期中（至2015年），增加了達到畢業條款（即部分給惠產品達到一定市場占有量或競爭力，即不再給予優惠）的產品和畢業透明度，傾向於給惠最不發達國家和簡化普惠制度。

另外，各給惠國為保護本國生產者利益，通常還會約定畢業條

款，即當某受惠國的產品在國際市場上顯示出較強競爭力時，將取消該受惠國某項產品乃至全部產品享受優惠的資格。隨著中國大陸的出口的快速發展，中國大陸出口歐盟工業製成品16大類50章產品將全部畢業，只剩工藝品、收藏品繼續享受普惠制待遇，其他國家也在逐步取消對中國大陸的普惠制待遇。對此，可採取以下措施：1. 調整出口產品結構，減少畢業產品，增加非畢業產品；2. 開拓新出口市場，努力提高產品對歐盟等給惠國以外的給惠國市場占有率，如根據「中國－東盟（台灣稱東協）自由貿易區」等區域性普惠安排，也可以享受部分優惠待遇；3. 利用「給惠國成分」條款，一些給惠國規定，受惠國從給惠國進口的原材料和零、部件經加工和裝配後，再出口到給惠國，這些從給惠國進口的原材料和零、部件稱為給惠國成分，在計算進口成分時，可計為受惠國的本國成分；4. 到其他更不發達受惠國設廠。

至今，世界上40個給惠國中有39個給予中國大陸普惠制關稅減免優惠待遇，它們是歐盟27個成員國和挪威、瑞士、日本、澳大利亞、紐西蘭、加拿大、俄羅斯等國家。但是，美國一直沒有給予中國大陸普惠制待遇。

二、證書申請

1. 由申請簽發普惠制產地證書的企業（公司）事先向當地商檢機構辦理註冊登記手續，提交經營出口業務的批准文件、營業執照和委託書、相片等資料。

2. 上述資料經各地商檢機構審核後，發給「申請簽發普惠制原產地證書註冊登記表」和「普惠制FORM A原產地證書申報人註冊登記卡」各一式二份，由申請單位如實填寫。商檢機構確認後將准予註冊，需要繳納註冊費。

3. 對普惠制申請手簽人員須進行業務培訓，考核合格後，方可

簽發申報證件。申報人可在當年度內，憑證向各地商檢機構辦理普惠制申請簽證業務。商檢機構一般每 2 年對已註冊單位及申請手簽人員進行複查。

4. 申報手簽人在本批貨物出運前到商檢機構辦理簽證事宜，申請時一般應提交：「普惠制產地證書申請書」、出口商業發票（副本）、裝箱單、普惠制產地證書和其他有關單證（如信用證、合同、報關單等），對含有進口成分的出口商品申請簽證，要填寫「含進口成分商品成本明細單」。

5. 對首次申請簽證的單位，商檢機構將派員到生產現場做例行調查。然後商檢機構簽發「普惠制原產地證書」，交申請單位。

6. 填寫時注意，證明書使用的文種為英文或法文，但證明書背面注釋可以使用受惠國本國文字印刷，其他細節也要嚴格按照商檢機構說明進行。

7. 由於簽證機構必須是受惠國政府指定的，所以，普惠制證書通常要求由檢驗檢疫局核發，貿促會頒發一般不被認可。證書上的名稱、地址、印模都要在給惠國註冊登記，並且應在聯合國貿發會秘書處備案。

【72】如何設計交易結構降低關聯交易風險

關聯交易，是指在企業關聯方之間轉移資源、勞務或義務的行為，而不論是否收取價款。跨國關聯交易，則指境內經濟體與境外關聯方所發生的各種關聯交易行為。關聯交易目的是追求利益最大化，但這種訴求並不完全與國家管理政策、稅收利益相一致，因此關聯交易既為法律認可又受嚴格限制和控管，所以外商投資企業需要合理合法採取方式降低關聯交易風險。

既然無法避免關聯交易，降低其風險的最根本辦法還是降低關聯交易金額、比例，具體落實為重新規劃交易結構、對利潤（毛利）不同的產品區別對待，例和採取貿易對象、貿易方式多元化相結合等手段。當然也不要忘記及時、完整地預備同期資料備查。

一、降低關聯交易額度比例

1. 改變過去交易結構，對於毛利較低而業務占比較大的，應與設立在避稅國家、地區以外（如：美國）的客戶真實來往，不再通過境外關聯公司交易；對於毛利高而業績占比不高的業務，仍然可通過關聯公司適當交易。

2. 鑒於與離岸公司（避稅天堂）發生交易易被調查的高風險性，應儘量避免直接與這些地區公司發生交易。對於確實無法避免與境外離岸公司進行交易的業務，或交易占比較大，可由非關聯方另外投資設立境外公司與之交易。

3. 重新規劃交易的細節，例如可改變過去直接將發票開給境外關聯公司的模式，而將發票開給真實客戶，境外關聯公司僅承擔代收代付等功能，從而降低相應風險。

但是，上述2、3兩種模式對於準備上市的外商投資企業來說並不適合，也不能從根本上解決關聯交易問題。

4. 增加內銷也能有效地降低風險。面對大陸不斷增長的消費市場，內銷是大多數外商投資企業將來必經之路，內銷盈利則可以改變外銷業務長期虧損或微利的局面，增加企業毛利，內銷虧損也能幫助解釋為何總體淨利潤較低。

二、將關聯交易變更為非關聯交易

將關聯交易變更為非關聯交易，是比較好的方式之一，例如可以順應境內資金「走出去」的趨勢，以境內企業為投資主體設立境外子公司，例如香港子公司，透過境外子公司進行交易，母、子公司合併財務報表匯報境內稅務局，就能避免因關聯交易而被查稅。

三、其他降低關聯交易風險的方式

1. 改變貿易內容，變貨物貿易為服務貿易，採取支付勞務費、傭金和特許權使用費等權利金方式。

2. 採取符合國稅函[2009]363號文規定的方式，可使企業免於預備同期資料。例如，符合條件的企業可以按照要求向地方稅局提出申請，獲得預約定價安排審核和批復；降低外資股份低於50%且不發生境外關聯交易；而降低年度發生關聯購銷金額（來料加工業務按年度進出口報關價格計算）在 2 億元以下，且其他關聯交易金額（關聯融通資金按利息收付金額計算）在 4 千萬元以下，也能符合要求。

3. 對單一功能模式的外商投資企業來說，由於國稅總局明確稱：「按照關聯方訂單從事加工製造，不承擔經營決策、產品研發、銷售等功能的企業，不應承擔由於決策失誤、開工不足、產品滯銷等原因帶來的風險和損失，通常應保持一定的利潤率水準。」因此單一功能的外商投資企業應進行功能調整，例如在生產企業上增加研發、分銷等功能。對於長期虧損、微利或跳躍性盈利、低於同行業利潤水

準，以及利潤水準與其所承擔的功能風險明顯不相匹配的企業，均應保持一定盈利。

　　4. 由於關聯交易調查可以倒退，故嚴重關聯交易的公司可以採取被吸收合併或清算解散等措施。

【73】選擇 FOB 還是 CIF 之貿易術語注意要點

　　FOB與CIF是國際貿易中最常用的貿易術語。FOB指裝運港船上交貨，具體為先由買方負責派船接運貨物，賣方則在合同規定的裝運港和規定的期限內，將貨物裝上買方指定的船隻，並及時通知買方，貨物風險在貨物越過裝運港船舷時由賣方轉移至買方。至於CIF則可以概括為指稱成本加保險費和運費，一般由買方指定目的港，賣方則還額外承擔貨物抵達目的港之前的運輸、保險費。在國際貿易中，CIF經常被稱為「到岸價」，這並不符合實情，因為它並不指到岸後才交付貨物，實際上CIF在貨物交付和風險轉移時間上，與FOB完全相同。

　　選擇兩種術語要注意之處，概括而言，從賣方角度看，選擇FOB術語時能夠少承擔運費、保險費，但在市場價格不穩定的情形下，賣方受買方的租船訂艙時間影響，而且貨物交付後賣方如果預備轉運他港或轉賣，需要處理比較複雜的手續。而選擇CIF的話，從賣方角度來看雖承擔費用較高，但在交付時間和運費選擇上有自主權，在貨物價格波動的情況下，可自行決定在貨運途中做出轉運他港和轉賣，當然賣方此時應注意在合同中約定賣方對於貨至目的港和中途轉港時間等不承擔責任。以下從兩種術語的程序要點進行比較，列出各自的注意事項：

　　1. 由於價格術語後港口性質不一樣，使用FOB時應在其後註明賣方所在國（地區）港口，而CIF後註指買方港。由於港口名稱可能衝突，應同時註明港口所在國家、地區。

　　2. 費用構成、報價方面，選擇FOB，總價款主要包括出廠價、港口前運輸費和裝貨費等，而CIF則在FOB價格基礎上須再加海運、保險費。按照誰支付海運費誰支付THC（裝船作業費）原則，FOB中THC應由買方承擔，CIF中THC應由賣方承擔，這均應在貿易合同中

明確註明。另，船貨銜接還會產生空艙、滯期及倉儲保險等雜費，同樣應在貿易合同中明確約定。

而在保險費支付、辦理上，選擇FOB時，保險由買方委託和辦理，由賣方負責裝船、確認裝船時間，賣方應於裝船前及時通知買方，而CIF中保險由賣方代辦、支付。所以選擇CIF對買方來說，除應及時要求賣方按照合同約定辦理保險並及時交付和過戶外，還應注意保險費率及戰爭、罷工等額外險種是否覆蓋全面。

3. 兩者所使用價格術語國際慣例不同，FOB價格在美國慣例和國際商會1990及2000年通則慣例均有表述，CIF則大多適用國際商會1990/2000年慣例，簽訂合同和開信用證時應註明和區別。

4. 租船訂船方面，FOB中由買方為主指定船公司、船代公司和貨代公司，買方的效率會影響賣方，而CIF中則由賣方為主選擇船公司或貨代公司。誰選擇船公司、貨代公司，誰就有主動權，所以應爭取由己方安排以減輕貿易風險。而在相應的裝運後追蹤服務方面，選擇FOB則航運中轉一般也由買方負責，而CIF則由賣方聯繫貨代船代，賣方應將中轉及何時到港等告知買方。

5. 在裝船通知告知買方時間上有差別，選擇FOB則賣方應在裝船前告知買方裝船內容、細節，以便買方購買保險，CIF中賣方負責保險，賣方可在裝船後再告知買方。

6. 選擇不同，會導致在不可抗力風險、索賠難度上有不同，這主要表現在貨至目的港或運輸途中遭受不可抗力自然災害或意外事故，導致賣方所提交單據與信用證規定有不符點，而遭到開證行拒付情況下所承擔風險不同。選擇CIF時，由賣方辦理保險，在啟運港投保，在客戶拒付退單的情況下，賣方將保單轉交買方之前，可憑保單向當地保險公司索賠；而選擇FOB時，買方負責保險和持有保單，賣方無法直接向保險公司索賠，也難以通過買方所指定租船訂艙的船公司、代理及時準確取證。

需要說明的是，兩種貿易術語對於空運來說與船運相比，在貨物轉移和費用承擔上基本一致，但兩種術語下空運貨物均自裝運飛機後所有權即轉移至買方。

【74】國際貿易通常採用的結算方式介紹

一、信用證

信用證（L/C）是利用銀行信用進行結算的產物，為國際貿易中主要結算方式，它能一定程度解決買賣雙方間互不信任的矛盾，雙方在使用信用證結算貨款的過程中，還可獲得銀行資金融通便利，從而促進國際貿易的發展。信用證被廣泛應用，屬於銀行信用，採用的是逆匯法，是銀行做出的有條件的付款承諾，即銀行根據開證申請人的請求和指示，向受益人開具有一定金額、並在一定期限內憑規定的單據承諾付款的書面文件，或銀行在規定金額、日期和單據的條件下，承諾代開證申請人承購受益人匯票的保證書。

信用證的缺陷表現在：1. 風險並未完全排除；2. 只認單據、不認商品的特點讓不法商人有可乘之機；3. 結算手續複雜，費用較高。

二、托收和匯付

1. 托收，屬於商業信用，採用逆匯法，指出口人在貨物裝運後，開具以進口方為付款人的匯票（有時須附隨出貨單據），委託出口地銀行通過它在進口地的分行或代理行代進口人收取貨款。

托收方式的當事人有委託人、托收行、代收行和付款人。委託人也稱出票人，指開出匯票委託銀行向國外付款人代收貨款的人，通常為出口人；托收行指接受出口人的委託代為收款的出口地銀行；代收行指接受托收行的委託，向付款人收取貨款的進口地銀行；付款人通常為進口人，匯票上的付款人即托收的付款人。

當事人中，委託人與托收行之間、托收行與代收行之間，都是委託代理關係，付款人與代收行之間則不存在任何法律關係，付款人根據買賣合同付款。所以委託人能否收到貨款，主要視進口人的信譽，代收行與托收行均不承擔責任。辦理托收時，委託人要向托收行

遞交一份托收委託書，托收行以至代收行均應按照委託的指示，向付款人代收貨款。

2. 匯付

匯付，又稱匯款、電匯，屬於商業信用，採用順匯法，指付款人通過銀行，使用各種結算工具將貨款匯交收款人，可分為前、後T/T。前T/T即預付貨款，指賣方在發貨前即已收到貨款，然後在合同規定時間將貨物發給買方；後T/T即延遲付款，是在簽署合同後由賣方先發貨，買方收貨後付款。前T/T明顯對出口商較有利，而後T/T對進口商有利。

辦理匯付時，須匯款人向匯出行填交匯款申請書，匯出行根據指示向匯入行發出付款書；匯入行收到委託書後，向收款人（通常指出口人）解付貨款，但匯出行、匯入行對不屬於自身過失而造成的損失（例如付款委託書在郵遞途中遺失或延誤等，致使收款人無法或遲期收到貨款）不承擔責任，而且匯出行對匯入行工作上的過失也無須承擔責任。

三、銀行保證函

銀行保證函（L/C），又稱銀行保證書、銀行保函，或簡稱保函，指銀行應委託人的申請向受益人開立的書面憑證，保證申請人按規定履行合同，否則由銀行負責償付債款。

四、結算方式的採用

1. 選擇使用。結算方式直接關係出口人是否能夠安全、快捷地收到貨款，不僅要考慮自己的風險，也要考慮對方的成本，要根據對方的資信等級、合同金額的高低、運輸方式和種類、財務結算成本高低等因素來決定。

2. 綜合使用。一筆國際交易貨款，通常只用一種結算方式，也可根據交易商品、對象或作法不同，結合使用兩種以上方式，以有利

於促成交易、安全及時收匯或妥善處理付匯。常見的結合方式有：信用證與匯付結合、信用證與托收結合、匯付與銀行保函或信用證結合。靈活運用組合不同支付方式來進行國際貿易的結算，可以分散結算的風險。

【75】信用證的開立和使用

一、信用證的開立

信用證是商業銀行應進口商申請，向出口商出具的付款承諾，銀行承諾在符合信用證所規定的各項條款時，向出口商履行付款責任。

選擇使用信用證，可以增加進口商一方的信用，將商業交易信用變為銀行信用，使出口商更願意銷售貨物，也增加進口商的談判優勢。另外，進口商也可以利用信用證的付款時間差而進行融資。

貿易活動中一旦雙方確認使用信用證做為付款方式，則進口商（申請人）應當向開證行申請開立信用證。信用證開立及付款主要有以下幾步：

1. 首先選擇適用規則，大陸國內信用證適用大陸人民銀行頒布的「國內信用證結算辦法」，國際貿易則一般適用「跟單信用證統一慣例」（2007年修訂本）。

2. 然後進口商通知開證行開立以出口商為受益人的信用證。開證行通常會選擇與出口商相同區域的另一銀行做為通知行，通知行的主要義務是通知出口商信用證已經開立和後續修改信用證等，讓出口商準備出貨。

3. 出口商在按照買賣合同約定交付貨物後，須再按信用證所列要點，提交相應單據（船單、提單等），向接受（購買）單據的銀行申請付款。申請可向開證行提出，也可向信用證所指定的付款、承兌或議付行提出。

4. 此時銀行的核心義務是從「表面」上審核出口商所提交單據等與信用證所列要點是否相符，如果有不符點，銀行有權拒付或者要求申請人修改信用證申請的決定。

5. 被確定接受的單據遞送至開證行並審核無誤以後，開證行就需要向出口商支付款項，或者出口商已經從受開證行指示的銀行得到支付、承兌或議付的，則開證行向代為付款行再行支付。

6. 最終，開證行在進口商付款後交單，買方憑單據向船商、貨運公司等收取貨物。

二、信用證使用注意

1. 從信用證的開立流程可以看出，對於申請人，首先要選擇明確的適用規則，然後應按照買賣合同嚴格填寫開證申請書，將原產地、商檢等交易要求，明確在信用證列出，從而使銀行所取得的單據與信用證相符。上述「表面」一詞，意思是銀行不須親自詢問單據真偽、已裝運貨物與否、貨物是否真正送達以及單據簽發後是否失效，銀行也不對出口商所交付的貨物品質、數量、時間和方式等進行審核，而僅僅對於單據記載的各種交易條件等事項與信用證所要求是否相符，進行表面的審核。

2. 開證行會向申請人收取一定的開立信用證手續費、郵遞費，另外還可能要求申請人對信用證的開立提供一定的擔保，擔保可以是申請人另外提供現金擔保或者其他擔保人。如果是保證人形式，申請人與開證行對信用證進行修改未徵得保證人同意的話，保證人只在原保證合同範圍內承擔保證責任。

3. 出口商在收到通知行通知後，應注意審核信用證上所列內容與買賣合同約定是否相符，主要是檢查收貨人、付款時間、數額和付款條件等。另外，部分信用證會約定申請付款期間，出口商應注意計算出貨、取得單據和向銀行申請付款時間是否充足，如果信用證付款行並不是出口商當地銀行，勢必需要花費較多時間。

4. 如果開證行向受益人明確表示接受不符點，則應當承擔付款責任。開證行拒絕接受不符點時，受益人不能以開證申請人已接受不

符點為由要求開證行承擔付款責任。

　　5. 由於信用證的法律關係與交易合同法律關係有所區別，加上銀行進行表面審查的免責性等因素，造成信用證詐騙的可能。故申請人或其他當事人方一旦發現受益人可能存在詐騙行為，應及時申請法院裁定中止、終止付款。

　　6. 法院認定存在信用證詐騙的行為包括：受益人偽造單據或者提交記載內容虛假單據；惡意不交付貨物或貨物無價值；受益人、申請人或第三方串通提交假單據，而沒有真實基礎交易等。

　　法院接受申請中止支付信用證項下款項後，必須在48小時內做出裁定，裁定中止支付後，銀行應立即執行。

　　但下列情形，銀行不能停止付款：開證行的指定人、授權人已按照開證行指令善意地進行付款；開證行或其指定、授權人已對信用證項下票據善意做出承兌；保兌行善意履行了付款義務；議付行善意地進行議付等。

【76】人民幣信用證兩大優點

根據大陸外匯管理局跨境人民幣結算的規定，人民幣可直接適用於國際貿易，即意味著大陸對外從事國際貿易可以直接以人民幣報關，並且以人民幣做為結算貨幣。人民幣信用證即為其中一種重要的結算方式。

所謂人民幣信用證，顧名思義，是以人民幣結算的信用證，是國際貿易中的一種支付方式。由於大陸跨境貿易人民幣結算政策的落實，大陸外匯管理局允許大陸銀行為企業開立人民幣信用證。

在大陸外匯管理局允許大陸銀行為企業開立人民幣信用證前，大陸進口商在大陸從事進出口貿易時，多以美元信用證做為支付境外出口商的主要付款模式。但是由於大陸銀行開立美元信用證會占用自己銀行的外債額度，使得大陸銀行對開立美元信用證有諸多要求，導致在大陸銀行開立美元信用證成本不斷上升。

根據跨境貿易人民幣結算試點管理辦法及其實施細則的規定，大陸銀行為企業開立人民幣信用證不用占用銀行的外債額度，同時開立人民幣信用證的開證費率比較低（平均0.15%上下），故大陸銀行比較傾向使用人民幣信用證做為支付境外出口商的付款模式，人民幣信用證成為大陸企業今後進口採購付款的全新選擇。採用人民幣信用證向境外供應商付款的主要優點如下：

1. 降低採購價格

如果大陸進口商通過人民幣信用證再加上海外供應商貨物裝船後的提單，在香港辦理押匯後直接付款，那麼海外供應商在貨物裝船後不久就會拿到貨款，在人民幣升值、資金緊張的環境下，縮短付款帳期有助於與供應商的價格談判，從而降低採購價格。

2. 取得更多流動資金

如果大陸進口商在大陸銀行的信用程度比較高，則開立人民幣

信用證並不像standby L/C（備用信用證）那樣需要百分之百足額的現金擔保，只須支付一定比例的保證金，其餘款項可以在商品轉手後再付款。通過開立人民幣信用證的方式支付貨款，可以避免流動資金的大量積壓，使大陸進口商可以取得大幅度的流動資金。

此外，人民幣信用證的優點還表現為不受銀行外債額度的限制、開立人民幣信用證成本比較低等等。當然，人民幣信用證也有缺點，由於目前跨境貿易人民幣結算的海外試點地區有限，現階段可接受人民幣信用證的地區多集中在香港的銀行（包括台灣的銀行設在香港的分行）。

目前，雖然可接受人民幣信用證的國家和地區還有限，但人民幣國際化已是大勢所趨，同時人民幣信用證具有其他幣種信用證所沒有的優點，故人民幣信用證勢必會對企業帶來越來越重要的影響。

【77】國際保理介紹及在大陸的發展現狀

國際保理是近年發展起來的一種新興國際貿易結算方式。由歐美國家引進大陸且有較大發展。

一、國際保理簡介

簡單而言，國際保理指因轉讓國際應收帳款而產生的保理，即發生應收帳款基礎關係的進口商與出口商的營業地處於不同的國家而產生的保理。具體來講，出口商採用賒銷方式出口貨物時，將交貨後應收帳款的發票和相關單據轉讓給保理商，即可取得應收取的大部分貨款，日後若進口商不付或逾期付款，則由保理商承擔付款責任。

在保理業務中，保理商承擔第一付款責任。

二、國際保理種類

根據國際保理業務的性質、付款條件等差異，保理業務可以分為以下種類：

1. 根據保理商是否與供應商位於同一國家，國際保理可以分為出口保理和進口保理。出口保理是指保理商與供應商位於同一國家，為供應商因出口而產生的應收帳款提供保理服務。進口保理是指保理商與債務人位於同一國家，為供應商因出口而產生的應收帳款提供保理服務。

2. 若保理商對支付給出口商的預付款沒有追索權，對餘款也要擔保付款，則稱之為無追索權保理，反之則為有追索權保理。在國際保理業務中，無追索權保理更加流行，此種情形下，保理商獨立承擔買方拒絕付款或無力付款的風險。

3. 根據保理商在受讓的應收帳款未到期時是否須向供應商付款，國際保理可分為融資保理和到期保理。融資保理也稱預付保理，指保理商收到出口商提供的代表應收帳款的票據時，立即向出口商支

付部分帳款的方式，這是國際保理中比較典型的保理方式；到期保理是直到債務到期日才支付發票金額的保理。

4. 根據銷售貨款是否直接付給保理商，可分為公開型保理和隱蔽型保理；國際保理根據其運作機制，是否涉及進出口兩地的保理商，分為單保理和雙保理。

三、國際保理業務的優點

1. 對出口商來說，進口商的財務風險轉由保理商承擔，故出口商可以得到百分之百的收匯保障。對出口商而言，開展國際保理業務有利於減低風險、擴大利潤、增加營業額。

2. 對進口商來說，資信調查、帳務管理和追收帳款等許多程序都由保理商處理，故開展國際保理業務對進口商而言，有利於簡化手續、節約成本、擴大營業額。

四、國際保理在大陸的發展現狀

1. 保理業務量落後於開發國家

20世紀60年代以來，國際保理業務在全世界得到空前發展。但大陸地區的國際保理業務起步於20世紀80年代，由中國銀行率先推出國際保理業務。由於起步較晚，大陸地區的國際保理還處於初級發展階段，與歐美等國有較大差距。

2. 國際保理業務發展速度快且發展空間較大

隨著大陸經濟突飛猛進的發展，對外貿易額連年持續增長，巨大的國際貿易量為開展國際保理業務提供了廣闊的發展空間。經過二十多年的發展，大陸國際保理業務量有很大的增長。同時，國際保理是資金融通的一種有效方式，能夠解決賒銷中進口企業信用風險和出口企業面臨的資金壓力，有效地促進國際貿易的發展。

大陸國際保理業務發展，明顯滯後於快速增長的對外貿易與經濟增長水準，例如2009年大陸保理業務量達674億歐元，其中國際保

理151億歐元，僅占出口總額8607億歐元的1.75%左右。這給大陸國際保理的發展提供了很大空間。

　　概括地說，國際保理業務在大陸目前發展較快，亦有較大潛力，但與已開發國家有一定差距，有待進一步完善。

【78】應收帳款融資介紹

大陸「物權法」明確規定，在應收帳款上可以設立質權，用於擔保融資。同時規定，以應收帳款出質的，當事人應當訂立書面合同。質權自信貸徵信機構辦理出質登記時設立。上述規定使得應收帳款融資具有法律依據。

所謂應收帳款融資，是指企業將其應收帳款有條件地轉讓給專門的融資機構（如銀行），從而獲得所需資金，從本質上講，是以應收帳款的回籠資金做為信貸資金的第一還款來源。

一、應收帳款融資的方式

1. 應收帳款質押，即供貨企業將應收帳款債權向融資機構質押而取得融通資金。融資機構不僅擁有應收帳款的受償權，而且還行使追索權，應收帳款到期後，若無故不予支付貨款，融資機構可以向供貨企業追償。

應收帳款出質後，原則上不得轉讓，但雙方協商同意的除外。出質人轉讓應收帳款所得的價款時，應當向質權人提前清償債務或者進行提存。

2. 應收帳款讓售，與應收帳款質押中將債權質押不同，是將應收帳款債權出賣給融資機構。此種情形下，若購貨企業未能支付應收帳款時，融資機構承擔所有收款風險，喪失對供貨企業的追索權。

二者的區別在於：

1. 供貨企業是否享有應收帳款的債權：採取應收帳款質押，供貨企業只是將應收帳款債權質押給融資機構，但其仍享有應收帳款的債權；應收帳款讓售則供貨企業將應收帳款的債權出售給融資機構，故供貨企業不享有應收帳款的債權。

2. 融資機構是否可以追償：採取應收帳款質押，應收帳款到期

後若無故不予支付貨款，融資機構可以向供貨企業追償；採取應收帳款讓售則融資機構承擔所有的收款風險，喪失對供貨企業的追索權。

二、應收帳款質押登記

根據物權法的規定，以應收帳款出質，質權自信貸徵信機構辦理出質登記時設立。即應收帳款質押以「登記」為生效要件。其中應注意的是：1. 登記機構。大陸應收帳款質押登記機構，為中國人民銀行徵信中心；2. 應收帳款質押登記應當由質權人或其委託的人通過登記公示系統辦理；3. 登記機構僅對應收帳款質押進行形式審查，而不會對應收帳款是否存在、基礎合同是否真實有效等狀況進行審查；4. 一次登記的期限最長不得超過5年，期滿前90天內可以申請展期。

中國人民銀行根據「物權法」等規定，制定了「應收帳款質押登記辦法」，並建立應收帳款質押登記公示系統，為中國範圍內的應收帳款質押融資提供登記和查詢服務。

三、應收帳款融資的優點

應收帳款融資能夠滿足借款人因應收帳款占用造成短期流動資金不足的融資需求，優化客戶財務報表。具體如下。

1. 緩解企業資金壓力。企業利用應收帳款融資既可獲得資金又不增加負債，從而緩解因應收帳款占用而造成的資金不足問題。

2. 成本相對較低。企業以應收帳款質押而獲取貸款，憑藉良好的客戶信用狀況，獲取貸款的利率比較低。

此外，應收帳款融資還可以改善企業財務結構，促使企業加強管理、決策合理化等等。

四、應收帳款融資的申辦條件、程序

申請利用應收帳款進行融資的企業，除具備產品有市場、生產經營有效益等條件外，還應當具有按期還本付息的能力，並且經過工

商部門辦理年檢手續。

　　符合以上條件的企業，須按照融資部門的要求提交資料，進行書面申請即可。

　　應收帳款融資為中小企業開闢了融資的新途徑，但是企業在利用應收帳款融資時也應注意其成本及追償權問題。

【79】出口押匯介紹

　　出口押匯，是指出口商將貨物裝運出口後，以提貨單據做為抵押品，簽發由進口商或進口商委託承兌的銀行做為付款人的匯票，並以此向銀行通融資金的一種貿易融資方式。出口商在貨物裝運後，將全套貨運單據質押給出口地銀行，押匯行在扣除利息及有關費用後，將貨款預先支付給出口商，押匯行再向付款行（人）索償以收回貨款。出口押匯可以加快出口商的資金周轉，改善現金流量，增加出口商當期的現金流入量，改善財務狀況。出口押匯業務按貿易結算方式，可分為：出口信用證押匯和出口托收押匯。

　　出口信用證押匯，是指議付行根據出口商（出口信用證受益人）的申請，審核出口商提交的由國外資信良好銀行開立的信用證項下的全套單證，並以單證、單單相符的單據做為質押，按照索匯金額減去預留估算須支付押匯利息和須扣收押匯費用後，將押匯款項先行墊付給出口商（受益人），然後向開證行寄發索匯單，同時議付行仍擁有因遭開證行拒付、少付及遲付而保留向出口商追索權利的一種融資方式。

　　出口托收押匯，是指為了解決出口商在出口托收項下款項尚未收妥入帳前的臨時資金周轉問題，在出口商提供了適合的擔保方式的前提下，由押匯行為出口商提供的一種短期融資業務。出口商在提交單據、委託銀行代向進口商收取款項的同時，要求托收行先預支部分或全部貨款，待托收款項收妥後歸還銀行墊款。

　　出口押匯業務的一般過程包括：1. 出口商向辦理押匯業務的銀行提出申請，銀行審批同意後，與出口商簽訂「出口押匯總質押書」；2. 出口商每次出貨後，須填寫「出口押匯申請書」，向銀行提出融資申請，並將信用證或貿易合同要求的所有單據提交銀行；3. 銀行審核相關單據並向出口商發放押匯款；4. 銀行再對外寄單索

匯；5. 企業收匯後歸還出口押匯。貨物出口商向銀行提出出口押匯申請，所須提交的資料一般包括經工商局年檢的企業法人營業執照影本、借款人有權簽字人授權書及簽字樣本、公司近期財務報表及銀行需要的其他文件資料。

根據銀行對進出口貿易結算的規定要求，出口商進行出口押匯應在申請行開立人民幣或外幣往來帳戶，辦理進出口結算業務，並在押匯融資業務項下核算所有收支，並且銀行一般要求出口商資信良好，履約能力強，收匯無不良紀錄，具有一定的外貿經驗。出口商還應具有健全的財務會計制度，能按時向銀行報送財務報表，接受銀行對企業生產經營及財務狀況的即時審核。出口押匯不但對企業自身有嚴格要求，還受到外界經濟環境的影響，例如開證行及償付行所在地政局及經濟形勢、外匯儲備存量、外匯管理制度規定、金融運行情況等因素。

對於出口信用證押匯的良好運作，需要出口押匯的單據嚴格符合信用證條款，做到單單一致、單證一致，並且信用證條款應當清晰完整且符合國際慣例，經銀行認可無潛在風險。對於轉讓信用證，銀行原則上不予辦理出口押匯。對遠期信用證項下的出口押匯，須在收到開證行承兌後，才能夠進行出口押匯。對於信用證中明示限制其他銀行議付、帶有軟條款約定、單證或單單間有實質性不符點、遠期信用證超過180天、轉讓行不承擔獨立付款責任等情形的，銀行將拒絕接受企業押匯。對於貨運單據做為非物權憑證，出口商未能提交全套物權憑證等情形，銀行一般會拒絕企業押匯申請。除此之外，開證行或付款行所在地局勢動盪、發生戰爭，或者收匯地區外匯短缺、管制較嚴或發生金融危機、收匯無把握，或者發生其他銀行認為不宜提供押匯的情況，銀行都會拒絕接受企業出口押匯。

【80】出口信用保險介紹

　　出口信用保險，又稱出口信貸保險，是一國政府以國家財政為後盾，為了保障進出口安全，對市場經濟進行間接的調控手段。出口信用保險是企業在出口貿易、對外投資和對外工程承包等經濟活動中，提供風險保障的政策性支持措施，屬於非營利性的保險業務。實質上，由國家設立出口信用保險機構（ECA，官方出口信用保險機構）承保企業的收匯風險、補償企業的收匯損失，保障企業經營的穩定。出口信用保險並非不當的國際貿易保護壁壘措施，世界貿易組織（WTO）補貼和反補貼協議允許此類支援出口的政策。

　　出口信用保險承保的對象是出口企業的應收帳款，承保的風險主要是人為原因造成的商業信用風險和政治風險。商業信用風險主要包括：買方因破產而無力支付債務、買方拖欠貨款、買方因自身原因而拒絕收貨及付款等。政治風險主要包括因買方所在國禁止或限制匯兌、實施進口管制、撤銷進口許可證、發生戰爭、暴亂等買賣雙方均無法控制的情況，導致買方無法支付貨款。而以上這些風險，無法預計、難以計算發生概率，因此是一般商業保險無法承受，需要以強大的經濟為後盾來避免風險。

一、分為短期與中長期兩類

　　1. 短期出口信用保險（簡稱短期險）承保放帳期在180天以內的收匯風險。根據實際情況，短期險還可擴展承保放帳期在180天以上360天以內的出口，以及銀行或者其他金融機構開具的信用證項下的出口。短期出口信用保險主要適用於：一般情況下保障信用期限在 1 年以內的出口收匯風險；出口企業從事以信用證（L/C）、付款交單（D/P）、承兌交單（D/A）、賒銷（OA）結算方式，或者自中國出口或轉口的貿易等。

2. 中長期出口信用保險（簡稱中長期險），又可分為買方信貸保險、賣方信用保險和海外投資保險三類。中長期險承保放帳期在 1 年以上，一般不超過10年的收匯風險。中長期出口信用保險主要用於高科技、高附加值的大型機電產品和成套設備等資本性貨物的出口，以及海外投資。

二、對於出口貿易公司意義重大

1. 提高企業市場競爭能力。投保出口信用保險使企業能夠採取靈活的結算方式，接受銀行信用方式之外的商業信用方式（如D/P，D/A，OA等），使企業給予買家更低的交易成本，從而在競爭中最大程度抓住貿易機會，提高銷售企業的競爭能力，擴大貿易規模。

2. 提升債權信用等級。出口信用保險承保企業應收帳款來自國外進口商的風險，將應收帳款變為有較高安全性和流動性的資產，成為出口企業融資時對銀行的一項有價值的「抵押品」，因此銀行可以在有效控制風險的基礎上降低企業融資准入。

3. 建立規避應收帳款風險機制。借助專業的信用保險機構防範風險，可以提升單個企業無法實現的風險識別、判斷能力，並可改進企業內部風險管理。另外，交易雙方均無法控制的政治風險，可以通過出口信用保險加以規避。

4. 確保經營的安全。通過投保出口信用保險，信用保險機構將在風險發生時，對投保企業進行賠付，有效彌補企業財務損失，保障企業經營安全。同時，專業的信用保險機構能夠通過其追償能力實現企業無法實現的追償效果。

第五篇

進出口與外匯

【81】貿易公司外匯帳戶介紹

外資貿易公司在大陸從事經營活動，開設的外匯帳戶分經常項目和資本項目帳戶，其特點分析如下。

一、貿易公司設立前可開立的帳戶

根據大陸外匯局「關於完善外商直接投資外匯管理工作有關問題的通知」（匯發[2003]30號）規定，貿易公司設立前可開立的資本項目帳戶如下。

（一）費用類帳戶

1. 外國投資者擬在境內設立外商投資企業，如前期須進行市場調查、策劃和機構設立準備等工作，在其領取工商行政管理部門發給的公司名稱預先核准通知書後，可申請開立該帳戶，用於存放與支付有關的外匯資金。

2. 一旦外資公司設立並可以開設資本金帳戶，費用類帳戶必須註銷，如有餘款，可轉至資本金帳戶。

3. 從該帳戶結匯與劃轉的資金，均可憑外匯局開立的相應核准件做為外方出資並辦理驗資手續。

（二）保證類帳戶

1. 外國投資者向境內投資之前，如按照有關規定及合同約定須向境內機構提供資金保證，在合同約定的時限內，可申請開立該帳戶，用於存放與支付外匯保證資金。

2. 外國投資者申請開立專用外匯帳戶，須向外匯局提交能夠證明其投資活動真實性、合法性的資料，由外匯局核定有關帳戶的最高限額、存續期限、收支範圍等事項，並進行日常監管。

3. 外國投資者專用外匯帳戶內資金應以現匯匯入，不得以現鈔存入。

4. 帳戶內資金只能用於因提供保證而發生的費用。

需要注意的是，上述二種帳戶的資金結匯和劃轉須逐筆經外匯局批准，且帳戶內資金不得用於抵押貸款。上述帳戶內資金餘額可在成立外商投資企業後轉入其資本金帳戶。若未設立外商投資企業，外國投資者應向外匯局申請關閉該帳戶，帳戶內剩餘資金經外匯局核准可匯出境外。

二、貿易公司設立後的帳戶

貿易公司設立後，可以開立經常項目帳戶和資本項目帳戶，其中經常項目帳戶包括結算帳戶、待核查帳戶、保證金帳戶等；資本項目帳戶包括資本金帳戶、外債帳戶等。資本項目和經常項目帳戶的管理不盡相同。

（一）經常項目帳戶

1. 結算帳戶

該帳戶的收入範圍為來源於經常項目的外匯，以及經外匯局批准的其他項下外匯收入；支出用於經常項目支出或者經外匯局批准的資本項目項下支出。

2. 待核查帳戶

該帳戶全稱為出口收匯待核查帳戶，由銀行直接以該企業名義開立。根據「貨物貿易外匯管理指引」（匯發[2012]38號）第十三條規定，企業貿易外匯收入應當先進入出口收入待核查帳戶，待核查帳戶之間的資金不得相互劃轉。進入待核查帳戶的資金在結匯或轉入經常項目帳戶時，根據企業分類不同，採取不同的監管方式，銀行根據企業相應出口可收匯額內辦理結匯或劃出資金手續。其中出口可收匯金額，依據匯發[2010]59號、匯發[2011]11號文規定，一般貿易按出口貨物報關單成交總價之和確定；預收貨款項下可收匯額，為前12個月出口收匯總額的20%。如果企業無可收匯額度，則待核查帳戶的款

項不能使用。38號文對B類企業超過可收、付匯額度的貿易外匯收支業務，規定金融機構應當憑「登記表」辦理。

（二）資本項目帳戶

1. 資本項目下的外匯收入實施專戶管理，外匯指定銀行憑外匯局的核准開立資本項目外匯帳戶，每個帳戶均有限額規定，超過限額部分不能收匯。

2. 資本金帳戶

該帳戶收入僅限為各投資方以現匯方式投入的資本金，累計匯入的金額不能超過外匯局核准的該帳戶的最高限額。該帳戶結匯時，須提供匯入資金的驗資報告，使用原幣時不需要提供驗資報告；資本金結匯所得不得用於償還未使用的人民幣貸款、境內股權投資。

3. 外債帳戶

該帳戶在收到外債匯入後的 5 個工作日內，須到外匯局辦理提款登記，未辦理提款登記的，償還外債時無法取得外匯局審批。此外，匯發[2004]42號規定，外債結匯須外匯局逐筆核准，一次結匯金額在20萬美元以上的，還須提供書面支付命令（支付憑證）、結匯資金用途的清單及合同；一次結匯金額在20萬美元以下的，可以不提供支付命令，但該企業在辦理下一筆結匯時，須提供上一筆結匯資金的用途明細清單。

上述資本項目和經常項目的不同性質帳戶間，資金不能互轉。

【82】何為進口延期付匯、遠期付匯

進口延期付匯與遠期付匯均屬進口延期付款的範疇，為進口項下貿易融資方式，由於其具有外債性質，故外匯局對其登記和備案管理是加強外匯管理的一項重要措施。本文主要介紹何謂進口延期付匯、遠期付匯及其注意事項。

一、何謂進口延期付匯

進口延期付匯指企業進口貨物貨到付款項下（包括T/T和托收，不包括信用證和海外代付），合同約定付匯日期晚於合同約定進口日期，或企業實際付匯日期晚於實際進口報關日期90天以上（不含）的付匯。

根據「貨物貿易外匯管理指引」（匯發〔2012〕38號）規定，A類企業90天以上（不含）的延期付款、B類或C類企業在監管期內發生的30天以上（不含）延期付款，企業應當在出口或進口之日起30天內，通過監測系統企業端向外匯局報告相應的預計付款日期、延期付款對應的報關金額、關聯關係類型等信息。另外，B類或C類企業不得辦理90天以上（不含）的延期付款業務。

二、何謂遠期付匯

遠期付匯原本是指企業委託外匯指定銀行，對企業進口貨到付款項下，進口報關單項下申請付匯日期晚於海關簽發日期90天以上的對外付匯。但隨著大陸「國家外匯管理局關於實施進口付匯核銷制度改革有關問題的通知」（匯發[2010]57號，此文已被「關於貨物貿易外匯管理制度改革的公告」〔國家外匯管理局公告2012年第1號廢止〕）的頒布實施，遠期付匯的概念實際上已與延期付匯一同併入延期付款的概念中。如今的遠期付匯，更多的是指企業開立遠期信用證進行對外付匯的貿易融資方式。對於90天以上（不含）的遠期信用

證，預計付款日期在貨物進口日期之後的，企業應當在貨物進口之日起30天內，通過監測系統企業端向外匯局報告預計付款日期、對應報關金額、業務性質等信息（C類企業不得辦理）。

三、延期付款注意事項

根據38號文規定，B類企業超額度的延期付款須獲得外匯局審批後方可進行延期付匯報告，C類企業則須先獲得外匯局審批後方可進行延期付匯報告。

需要注意的是，若企業延期付款各項貿易信貸餘額比率大於25%，或者一年期以上的延期付款各項貿易信貸發生額比率大於10%，外匯局可能對企業實施現場核實調查。而由於現場核實調查情況是外匯局對進口企業分類管理的依據之一，故企業應將延期付款金額控制在上述比例之內。

四、銀行為企業辦理延期付款的注意事項

A類企業，進口付匯單證簡化，可憑進口報關單、合同或發票等任何一種能夠證明交易真實性的單證，在銀行直接辦理付匯。

B類企業，銀行應當實施電子數據核查，依據B類企業填寫的支出申報單，通過監測系統銀行端查詢企業的進口可付匯餘額，並在進口付匯核查介面的「本次核註金額」和「本次核註幣種」檔錄入企業實際付匯或開證金額與相應幣種，供監測系統自動扣減對應進口可付匯額度，審核相關單證後，方可為其辦理付匯或開證手續。

C類企業，經外匯局逐筆登記後辦理付匯手續。

【83】貨物貿易改革企業管理新政分析

　　大陸外匯局於2012年發布「關於貨物貿易外匯管理制度改革的公告」（國家外混管理局公告2012年第1號）以及「貨物貿易外匯管理指引」、「貨物貿易外匯管理指引實施細則」（匯發[2012]38號），在全國範圍內對進出口企業收付匯由逐筆核銷改向總量核查，由現場核銷改向非現場核查，由行為審核改向主體監管的政策。

一、名錄管理

　　外匯局實行「貿易外匯收支企業名錄」登記管理，貿易公司在依法取得對外貿易經營權後，應到外匯局辦理名錄登記手續。未進行名錄管理的企業，金融機構不得為其直接辦理付匯手續。

　　外匯局對於2012年8月1日以後新列入名錄的企業，在其發生首筆貿易外匯收支業務之日起90天內實施輔導管理。輔導期結束後10個工作日內，貿易公司應持書面資料到外匯局報告輔導期內發生的貨物進出口與貿易外匯收支的逐筆對應情況。

二、分類管理

　　外匯局定期進行分類考核（分A類、B類及C類），分類結果有效期為半年，試點地區分類結果有效期為 1 年。但在日常監管中發現違規行為，可隨時降低企業分類等級。

　　分類依據及影響如下列表格。

類別	分類依據	影響
A類	未被列為B類或C類的企業。	不受B類、C類影響事項的限制。

類別	分類依據	影響
B類	1.存在下列情況之一屬實（註）且企業無合理解釋。 2.未按規定履行報告義務。 3.未按規定辦理貿易外匯業務登記。 4.外匯局實施現場核查時，未按規定的時間和方式向外匯局報告或提供資料。 5.應國家相關主管部門要求實施聯合監管的。 6.外匯局認定的其他情況。	1.對於以匯款方式結算的（預付貨款、預收貨款除外），金融機構應當審核相應的進、出口貨物報關單和進、出口合同；對於以信用證、托收方式結算的，除按國際結算慣例審核有關商業單據外，還應當審核相應的進、出口合同；對於以預付貨款、預收貨款結算的，應當審核進、出口合同和發票。 2.金融機構應當對其貿易外匯收支進行電子數據核查；超過可收、付匯額度的貿易外匯收支業務，金融機構應當憑「登記表」辦理。 3.對於轉口貿易外匯收支，金融機構應當審核買賣合同、支出申報憑證及相關貨權憑證；同一合同項下轉口貿易收入金額超過相應支出金額20%（不含）的貿易外匯收入業務，金融機構應當憑「登記表」辦理。 4.對於預收貨款、預付貨款以及30天以上（不含）的延期收款、延期付款，企業須按照規定向所在地外匯局報送信息。 5.企業不得辦理90天以上（不含）的延期付款業務、不得簽訂包含90天以上（不含）收匯條款的出口合同。 6.企業不得辦理收支日期間隔超過90天（不含）的轉口貿易外匯收支業務。 7.出口收入不得存放境外帳戶，不得使用境外帳戶對外支付。

類別	分類依據	影響
C類	1.最近12個月內因嚴重違反外匯管理規定受到外匯局處罰或被司法機關立案調查。 2.阻撓或拒不接受外匯局現場核查，或向外匯局提供虛假資料。 3.B類企業在分類監管有效期屆滿經外匯局綜合評估，相關情況仍符合列入B類企業標準。 4.因存在與外匯管理相關的嚴重違規行為被國家相關主管部門處罰。 5.外匯局認定的其他情況。	1.逐筆到所在地外匯局辦理登記手續。 2.對於預收貨款、預付貨款以及30天以上（不含）的延期收款、延期付款，企業須按規定向所在地外匯局報送信息。 3.企業不得辦理90天以上（不含）的遠期信用證（含展期）、海外代付等進口貿易融資業務；不得辦理90天以上（不含）的延期付款、託收業務；不得簽訂包含90天以上（不含）收匯條款的出口合同。 4.企業不得辦理轉口貿易外匯收支。 5.企業為跨國集團集中收匯成員公司的，該企業不得繼續辦理集中收付匯業務；企業為跨國集團集中收付匯主辦企業的，停止整個集團的集中收匯業務。 6.列入C類企業之日起30日內關閉境外帳戶並調回境外帳戶餘額。

註：所指情況如下。

1.任一總量核查指標與本地區指標閾值偏離程度50%以上。

2.任一總量核查指標連續四個核查期超過本地區指標閾值。

3.預收貨款、預付貨款、延期收款或延期付款各項貿易信貸餘額比率≧25%。

4.一年期以上預付貨款、延期收款或延期付款各項貿易信貸發生額比率>10%。

5.來料加工工繳費率≧30%

6.轉口貿易收支差額占支出比率≧20%。

7.單筆退匯金額超過等值50萬美元且退匯筆數≧12次。

8.外匯局認定的其他情況。

【84】出口收匯核銷最新政策

　　大陸2012年6月發布「國家稅務總局、國家外匯管理局、海關總署關於貨物貿易外匯管理制度改革的公告」（國家外匯管理局公告2012年第1號，以下簡稱1號公告）、「國家外匯管理局關於印發貨物貿易外匯管理法規有關問題的通知」（匯發[2012]38號，以下簡稱38號文），提出了出口收匯核銷的最新政策。

一、企業無須辦理出口收匯核銷手續

　　1號公告規定，從8月1日起取消出口收匯核銷單，企業辦理出口報關時不再提供核銷單，無須再辦理出口收匯核銷，即取消了原先出口後必須在210天內收匯的規定。外匯局對企業的貿易外匯管理方式，由現場逐筆核銷改變為非現場總量核查。

　　這並不代表企業出口可以不收匯或不按出口額收匯，外匯局會通過貨物貿易外匯監測系統（原貿易收付匯核查系統、貿易信貸登記管理系統、出口收結匯聯網核查系統以及中國電子口岸－出口收匯系統停止使用），全面採集企業貨物進出口和貿易外匯收支逐筆數據，定期比對、評估企業貨物流與資金流總體匹配情況，對存在異常的企業進行重點監測，如企業有以下情況時，外匯局將實施現場核查：

　　1. 任一總量核查指標與本地區指標閾值偏離程度50%以上。

　　2. 任一總量核查指標連續四個核查期超過本地區指標閾值。

　　3. 預收貨款、預付貨款、延期收款或延期付款各項貿易信貸餘額比率大於25%。

　　4. 一年期以上的預收貨款、預付貨款、延期收款或延期付款各項貿易信貸發生額比率大於10%。

　　5. 來料加工工繳費率大於30%。

　　6. 轉口貿易收支差額占支出比率大於20%。

7. 單筆退匯金額超過等值50萬美元且退匯筆數大於12次。

8. 外匯局認定的需要現場核查的其他情況。

二、對企業實施動態分類管理

外匯局根據企業貿易外匯收支的合規性及其與貨物進出口的一致性，將企業分為 A、B、C三類。其中對 A 類企業進口付匯單證簡化，可憑進口報關單、合同或發票等任何一種能夠證明交易真實性的單證，在銀行直接辦理付匯，出口收匯無須聯網核查；銀行辦理收付匯審核手續相應簡化。對 B、C類企業在貿易外匯收支單證審核、業務類型、結算方式等方面實施嚴格監管，B類企業貿易外匯收支由銀行實施電子數據核查，C類企業貿易外匯收支須經外匯局逐筆登記後辦理。

三、新舊規定的時間銜接

1. 出口退稅時無須提供核銷單

2012年8月1日前報關出口，截至7月31日未到出口收匯核銷期限且未核銷以及2012年8月1日起報關出口的貨物。

2. 出口退稅時需要提供核銷單

2012年8月1日前報關出口截至7月31日未到出口收匯核銷期限但已核銷的，以及已到出口收匯核銷期限的貨物。

2012年8月1日前報關出口的貨物，截至7月31日已到出口收匯核銷期限的，企業應不遲於7月31日辦理出口收匯核銷手續。自8月1日起，外匯局不再辦理出口收匯核銷手續，不再出具核銷單。企業確需外匯局出具相關收匯證明的，外匯局參照原出口收匯核銷監管有關規定進行個案處理。

【85】資本金結匯和外債最新規定分析

2011年初以來，人民幣對美元匯率已經累計升值4.4%，在此背景下，大陸國家外匯管理局為防範跨境資本流動帶來的金融風險，對非法使用外匯、違規將外匯匯入境內或非法結匯，以及違反外債管理規定等三類與「熱錢」流動密切相關的違規行為，採取了嚴厲的打擊措施。僅在2011年上半年，大陸國家外匯管理局就對前述違規行為共處罰沒款2.02億人民幣，其中多起重大案件的處罰金額超過了1,000萬元人民幣。

與此同時，大陸國家外匯管理局又於2011年11月19日頒發了「關於進一步明確和規範部分資本項目外匯業務管理有關問題的通知」（匯發[2011]45號，以下簡稱「通知」），對外商投資企業資本金結匯、外債等資本項下業務採取了更為嚴厲的監管措施。

一、對資本金結匯支付用途的監管

對於外商投資企業資本金結匯支付的用途，該「通知」除繼續強調不得用於外商投資企業在大陸再投資設立或收購公司外，對於用於購買土地、償還借款、支付保證金三個用途要求如下：

1. 購買土地結匯時，必須提交土地出讓合同及對應的非稅繳款通知單。故，外商投資企業申請結匯的支付帳戶須注意與非稅繳款通知單上記載的帳戶信息保持一致。此外，該通知再次強調，除房地產類外商投資企業外，資本金結匯只能用於購買自用房地產。

2. 結匯用於償還借款時，必須提交企業與銀行間的貸款合同或委託貸款合同，以及與貸款合同所列用途一致的人民幣貸款資金使用發票、貸款銀行出具的貸款發放對帳單等資料，也就是說，如果外商投資企業向銀行所借資金還沒有被實際使用，或者雖然已經被使用但實際用途與貸款合同約定不一致，又或者是向其他企業的借款，均不

能用資本金結匯所得人民幣償還。

3. 支付保證金時，外商投資企業必須將資本金直接支付到境內接收方（不含銀行）開立的經外匯管理局核准的保證金專用外匯帳戶，且該保證金專用帳戶內資金不得結匯成人民幣，即今後企業無法再以保證金的名義進行資本金結匯。外商投資企業支付的保證金最終應由接收方直接退回原資本金帳戶。

二、對外債的監管

「通知」明確規定，若外方股東註冊資本金沒有全部到位，則只要是根據章程、批覆等法律文件按期出資的，仍可舉借外債，且可借外債額度的計算公式為：（投資總額—註冊資本金）×出資到位比例。

「通知」發布前，各地對於短期外債，即借款期限在 1 年以內的外債，因逾期或展期致使實際借款期限超過 1 年，是否納入中長期外債管理，各地外管局操作不一。例如，江蘇地區對於展期後超過 1 年的外債，視同中長期外債，而上海地區只要在短期外債到期前辦理延期手續，仍視為短期外債。「通知」發布後，統一了各地的作法，明確了若短期外債發生逾期或展期，且實際借款期限（自該筆外債的首次提款日至當前日期或新約定的到期日）超過 1 年的，將對該筆外債按中長期外債管理。舉例來說，若某一外商投資企業的外債額度為100萬美元，該企業有一筆10萬美金的短期外債，則如果該企業在 1 年內歸還外債，則外債額度仍為100萬美元；若 1 年到期後沒有歸還，則即便該企業在 1 年後歸還了10萬美金的外債，則其外債額度也僅剩下90萬美元，無法再恢復至100萬美元了。

【86】跨境人民幣直接投資最新規定

大陸商務部、人民銀行先後頒布商資函[2011]72號、商資函[2011]889號以及中國人民銀行公告2011年第23號、銀發[2012]165號，對外商如何進行人民幣直接投資進行了詳細規定。

一、人民幣直接投資類型

主要包括新設企業、對現有企業增資、併購境內企業、人民幣再投資及提供貸款（即人民幣外債）等。

二、人民幣直接投資資金來源

外商可以以跨境貿易結算所得人民幣及境外合法所得人民幣在大陸投資。具體包括：

1. 外商通過跨境貿易人民幣結算取得的人民幣，以及從大陸境內取得並匯出境外的人民幣利潤和轉股、減資、清算、先行回收投資所得人民幣。

2. 外商在境外通過合法渠道取得的人民幣，包括但不限於通過境外發行人民幣債券、發行人民幣股票等方式取得的人民幣。

三、人民幣直接投資的審批

（一）審批權限

商資函[2011]889號明確規定，除以下所列情況須經地方商務部門審批再報商務部審核外，其他人民幣直接投資項目僅須地方商務部門審批。

1. 人民幣出資金額達 3 億或 3 億元人民幣以上。

2. 融資擔保、融資租賃、小額信貸、拍賣等行業。

3. 外商投資性公司、外商投資創業投資或股權投資企業。

4. 水泥、鋼鐵、電解鋁、造船等國家宏觀調控行業。

（二）所需文件

外商在辦理人民幣直接投資時，除一般資料外，還須向商務主管部門提供下列文件：

1. 人民幣資金來源證明。

2. 資金用途說明。

3. 「跨境人民幣直接投資情況表」。

另外，在報請商務主管部門批准並提交上述資料以及董事會決議、修改後章程等資料後，原跨境人民幣直接投資中（比如利潤再投資、清算再投資等）可以將原出資幣種由外幣變更為人民幣。

四、帳戶開立及資金使用

跨境人民幣不得直接或間接投資於境內有價證券、金融衍生品和委託貸款。

（一）新設企業或增資

1. 前期費用

如外商新設企業存在前期費用，須在境內銀行開立「境外機構人民幣銀行結算帳戶—人民幣前期費用專用存款帳戶」，與投資項目有關的前期費用可通過該帳戶支付，但不得兌換外幣使用，也不得辦理現金收付業務，企業成立後，剩餘前期費用資金應當轉入資本金帳戶或原路退回，當然該筆前期費用可以做為資本金驗資。

2. 註冊資本

人民幣資本金匯入時，新設企業應當持商務部頒發的印有「境外人民幣出資」字樣的批准證書，在銀行開立「人民幣資本金專用存款帳戶」，不得辦理現金收付業務，企業也不得動用未完成驗資手續的資本金。

「關於進一步簡化直接投資外匯管理有關問題的通知」（匯資函[2011]20號）規定，利用「國家外匯管理局直接投資外匯管理信息系統」，簡化直接投資項下跨境人民幣出資的驗資詢證手續及境外投

資者以境內合法人民幣再投資手續，並取消了直接投資項下的購付匯審核，即從2011年11月23日起，企業外方股東以人民幣出資或增資，會計師事務所不再需要到外管局詢證，僅取得銀行詢證函、進帳單等資料即可出具驗資報告。

（二）併購境內企業、再投資

外商以人民幣併購境內企業或收購中方股權的，境內中方股東應開立「人民幣併購專用存款帳戶」或「人民幣股權轉讓專用存款帳戶」，專門用於存放外商匯入的人民幣併購資金或股權轉讓款。外商使用人民幣利潤分配、先行收回投資、清算、減資、股權轉讓等所得人民幣資金用於境內再投資或增資的，應當開立「人民幣再投資專用存款帳戶」，用於存放所得人民幣資金，待再投資核准後辦理對外支付，同時該帳戶不得辦理現金收付業務。

（三）人民幣外債

銀發[2012]165號規定外資企業借入人民幣外債，應開立「一般存款帳戶」專戶存放，並和外匯外債合併計算其外債總額度。

以上，人民幣直接投資無論是做為資本金投入還是外債投入，其使用都有一定的限制。如不得用於投資有價證券和金融衍生品，不得用於委託貸款，不得購買理財產品、非自用房產，以及除支付工資和企業用做差旅費、零星採購、零星開支等用途的備用金等以外，外商投資企業人民幣資本金專用存款帳戶和人民幣境外借款一般存款帳戶資金，不可劃轉至境內同名人民幣存款帳戶。

【87】資本項下外債管理最新規定

2011、2012年大陸外匯局發布了一系列政策，對外匯外債和人民幣外債進行了規定，主要涉及在資本金未全部到位的情況下的外債額度、人民幣外債如何計算等內容，重點內容如下：

一、外債管理最新規定

1. 資本按期到位情況下可舉借外債

「國家外匯管理局關於進一步明確和規範部分資本項目外匯業務管理有關問題的通知」（匯發〔2011〕45號）規定，對資本金按期到位情況下是否可以舉借外債首次予以了明確。即資本金雖未全部到位，但依章程規定按期足額到位的情形下也可以舉借外債，其實際可借支外債額度應以其投資總額與註冊資本的差額，再乘以外方股東出資到位比例進行計算。

如某外商獨資企業投資總額為6,000萬美元，註冊資本為2,000萬美元，到位實收資本為400萬美元，占實收資本的20%，此時其外債額度為800萬美元：（6,000 － 2,000）×20%。

2. 人民幣外債須納入外債管理

「國家外匯管理局綜合司關於規範跨境人民幣資本項目業務操作有關問題的通知」（匯綜發〔2011〕38號）、「外商直接投資人民幣結算業務管理辦法」（中國人民銀行公告2012年第23號）規定，境內機構可借用人民幣外債，且無須單獨申請開立外債專用帳戶，開立人民幣一般存款帳戶即可。但企業人民幣外債和外匯外債應合併計算外債總規模，並按現行外債管理規定操作，納入外債管理。如按有關部門的批准或備案文件以外幣計價，人民幣與外幣的折算匯率為借款合同生效日當日中國人民銀行授權公布的人民幣匯率中間價。

銀發〔2012〕165號對人民幣外債使用進行了進一步規定：

（1）人民幣境外借款一般存款帳戶存放的人民幣資金應當在符合大陸國家有關部門批准的經營範圍內使用，不得用於投資有價證券和金融衍生品，不得用於委託貸款，不得購買理財產品、非自用房產。

（2）對於非投資類外商投資企業，不得用於境內再投資。

（3）人民幣境外借款一般存款帳戶存放的人民幣資金不得轉存。

（4）人民幣境外借款一般存款帳戶資金不可劃轉至境內同名人民幣存款帳戶。

3. 短期外債展期被認定為長期外債

匯發[2011]45號文規定，短期外債發生逾期或展期，實際借款期限超過 1 年的，應納入外商投資企業對外借款額度控制，即轉入長期外債，之前有些地方將 1 年期短期外債再行展期仍視為短期外債的說法已不再適用，因此企業如要保持外債額度，須於外債到期日前實際償還，否則外債額度將被永久占用。

「中國人民銀行關於明確外商直接投資人民幣結算業務操作細則的通知」（銀發[2012]165號）規定，外商投資企業境外人民幣借款按照發生額計算總規模。外商投資企業境外人民幣借款如有展期，首次展期不計入外商投資企業境外借款總規模，此後的展期計入境外借款總規模。

對於以外商投資企業為受益人的境外機構和個人對境內銀行提供擔保，已實際履約的人民幣金額計入境外借款總規模。

外商投資企業境外人民幣借款轉增資本的，相應的借款不再計入外商投資企業境外借款總規模。

另外，外商投資企業一筆境外人民幣借款只能開立一個人民幣一般存款帳戶辦理資金收付。境外借款人民幣一般存款帳戶原則上應當在外商投資企業註冊地的銀行開立，對確有實際需要的，外商投資企業可選擇在異地開立人民幣一般存款帳戶，並報其註冊地中國人民銀行分支機構備案。

【88】向外籍人士借款外債管理新解

　　「外債管理暫行辦法」將「外債」定義為境內機構對非居民承擔的以外幣表示的債務。2011年4月，大陸國家外匯管理局公布的「關於規範跨境人民幣資本項目業務操作有關問題的通知」（匯綜發[2011]38號文）規定，境內機構（含金融機構）借用人民幣外債，原則上按現行外債管理規定操作，38號文因此擴大了外債範圍，外債不再限於以外幣表示。

　　實務中，外商投資企業對從大陸境外借入的人民幣應做為外債管理沒有爭議，但對於外籍人員，包括台港澳人員在大陸境內提供的人民幣借款，是否屬於外債，則認識不一。

　　在理清前述問題前，應首先解釋一下大陸的「非居民帳戶」。所謂「非居民帳戶」是指非居民個人和機構在境內開立的帳戶，包括人民幣帳戶，比如：台灣居民個人存款、港澳居民個人存款、跨境貿易人民幣帳戶、人民幣貸款帳戶、邊貿人民幣帳戶、人民幣債券帳戶和QFII人民幣帳戶。例如，實務中，某台灣人在大陸境內有人民幣存款，當自己在大陸投資的企業有資金需求時，該台灣人士直接從其大陸境內的個人存款人民幣帳戶中劃款給在大陸投資的企業。根據大陸「合同法」及「民法通則」等法律法規規定，自然人和法人之間的借貸屬於民間借貸，只要雙方當事人意思表示真實即可認定有效，借貸的本金及在不超過銀行同類貸款利率四倍（包含利率本數）範圍內約定的利息，均受法律保護。但由於此類借款是發生在境內機構和非居民個人之間，借款時還應注意國家外匯管理局對此所做的相關規定。目前，上海外匯局（上海匯發[2011] 4 號）和福建省外匯局（閩匯[2010]228號）已經明確規定，由境內非居民帳戶借入的資金為人民幣外債，需要辦理外債登記、還本付息手續和統計申報手續。因此，若在上海、福建發生前述借款事宜，應事先前往外匯管理局辦理外債

登記。對於應辦理外債登記而未辦理的企業，「外匯管理條例」第四十三條規定，有擅自對外借款、在境外發行債券或者提供對外擔保等違反外債管理行為的，由外匯管理機關給予警告，處違法金額30%以下的罰款。

目前，在上海的外商投資企業若辦理外債登記，上海外匯局在受理登記申請時，會要求外商投資企業提供各項相關資料，其中，包含借款人最近一期財務審計報告影本，若財務報表中有其他應收款、其他應付款及短期借款項目，上海外匯局會要求借款人書面說明其明細。其中，其他應收款、其他應付款須載明具體內容和幣種，短期借款項目須載明借款人全稱、借款幣種、借款起止日期。對於有應付個人的款項，上海外匯局會要求借款企業以書面方式說明貸款方個人的身分情況，以確認其是否是外籍人員或台港澳人員。若經過上述審核，外商投資企業在辦理外債登記之前，在大陸境內已發生的人民幣借款被認定為人民幣外債且該借款行為發生在2010年10月1日之後，借款企業會被要求補辦外債登記，並按「外匯管理條例」第四十三條（詳見前文）的規定處罰。若補辦外債登記後造成投注差餘額不足，將會直接影響此次外債登記申請。另外，人民幣外債應進入專門開立的人民幣專用帳戶，以此區別與企業的其他人民幣帳戶。

前述關於大陸境內人民幣借款的規定和實務，在昆山、蘇州等地則有不同，據了解，昆山和蘇州對此類借款未明確規定是否屬於人民幣外債，但實務中若發現此類借款而未辦理外債登記，有可能定性為違規借款。

【89】對外擔保外匯規定及辦理實務

　　境內企業（金融機構除外，以下同）對外擔保，也即境內企業是擔保人，境外機構為受益人，債務人則必須是擔保人在境內或境外設立、持股或間接持股的企業，但不受股權投資比例的限制。對外擔保不同於境外擔保、對外放款，境外擔保是指境內企業向境內金融機構貸款時，由境外機構或自然人以保函、信用證等方式為其提供擔保；對外放款是指境內企業在核准額度內為其在境外合法設立的全資附屬企業或參股企業直接提供借款。

　　2010年7月30日，大陸國家外匯管理局發布「關於境內機構對外擔保管理問題的通知」（以下簡稱「通知」）。根據「通知」，境內企業對外擔保主要有境內企業為自身對外債務提供對外擔保，為其在境內投資的企業提供對外擔保，以及為其在境外投資的企業提供對外擔保三種情形。

　　境內企業為自身對外債務提供對外擔保，雖性質上屬於對外擔保，但不受對外擔保相關資格條件限制。因外商投資企業可以在「投注差」內舉借外債，此類擔保對外商投資企業尤其適用，外商投資企業可以在外債額度內，向利率相對較低的境外銀行融資，並以自己名下不動產、動產、股票等做擔保，直接抵押或質押給境外銀行，若從境外銀行借入的是人民幣外債，還可以用於歸還在境內的人民幣貸款，降低財務支出。

　　境內企業為其在境內或者境外投資的企業提供對外擔保。此類擔保要求擔保人的淨資產與總資產的比例原則上不低於15%，對外擔保餘額不得超過其淨資產的50%，不再強調「境內機構對外擔保管理辦法」（以下簡稱「辦法」）關於擔保餘額不得超過上年度外匯收入的規定。對於債務人也即被擔保人，「通知」規定，其淨資產數額應當為正值，且最近三年內至少有一年實現盈利（被擔保人成立不滿三

年的，無盈利強制性要求），取消了「辦法」要求被擔保人不得為經營虧損企業的限制。但「通知」強調，如果是為境外投資企業擔保，擔保項下資金不得以借貸、股權投資或者證券投資等形式直接或通過第三方間接調回境內使用。

因實務中，境外銀行並不樂意接受境內資產做為擔保物，故對外擔保模式更多情況是境內銀行向境外銀行開具備用信用證，境內企業則對境內銀行提供反擔保，如下圖：

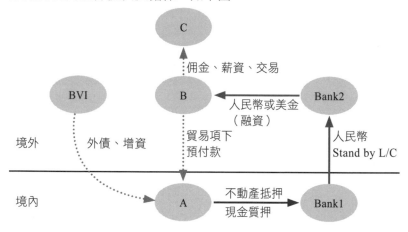

此類境內銀行提供的對外擔保，並不受前述「債務人必須是擔保人在境內或境外設立、持股或間接持股的企業」的限制。備用信用證是開證人（一般是銀行）應支付人的請求開給受益人，保證在受益人出示特定單據或文件，開證人在單證相符的條件下必須付給受益人一筆規定的款項或承兌匯票的一種書面憑證。而人民幣信用證與美元信用證的主要區別如下表所示。

比較	人民幣 Stand by L/C	美元 Stand by L/C
1	不占外債指標，不一定占融資性對外擔保額度	不占外債指標，占融資性對外擔保額度
2	境外貸款幣種為人民幣	境外貸款幣種美元

【90】出口退運涉及的退稅、海關與外匯實務

　　企業出口貨物如因品質或其他原因須退回至境內，往往涉及稅務、外匯、海關等相關部門。

一、稅務

　　退運貨物報關進口一般有三種情形。

1. 做為「一般貿易性質」貨物進口。
2. 交保證金退關修理複出口，或是進料成品退換。
3. 屬於真正意義上的退運。

　　上述1、2兩種情形不須辦理「出口貨物退運已補稅（未退稅）證明」，但第3種情形須憑以下資料到稅務機關辦理「出口貨物退運已補稅（未退稅）證明」。根據「關於發布出口貨物勞務增值稅和消費稅管理辦法」的公告（國家稅務總局公告2012年第24號）規定，出口貨物發生退運的，出口企業應先向主管稅務機關申請開具「出口貨物退運已補稅（未退稅）證明」，並攜其到海關申請辦理出口貨物退運手續。委託出口的貨物發生退運的，由委託方申請開具出口貨物退運已補稅（未退稅）證明並轉交受託方。申請開具「出口貨物退運已補稅（未退稅）證明」時應填報「退運已補稅（未退稅）證明申請表」，提供正式申報電子數據及下列資料：

　　（1）出口貨物報關單（退運時已申報退稅的，不須提供）。

　　（2）出口發票（外貿企業不須提供）。

　　（3）稅收通用繳款書原件及影本（退運發生時未申報退稅的，以及生產企業本年度發生退運的，不須提供）。

　　（4）主管稅務機關要求報送的其他資料。

　　企業在申請辦理「出口貨物退運已補稅（未退稅）證明」時，須仔細核對申請退運數量、報關單號碼，特別是申請退運數量不能超

過申報退稅的數量。同時，企業須開具負數發票，發生本年度退運的，在當期用負數沖減原免抵退稅申報數據；發生跨年度退運的，應全額補繳原免抵退稅款，並按現行會計制度的有關規定進行相應調整。即對於超過一年的退運，稅務一般不予辦理「出口貨物退運已補稅（未退稅）證明」，由海關按一般貨物進口處理（要注意須繳納進口關稅、增值稅）。

二、外匯

根據「國家外匯管理局關於印發貨物貿易外匯管理法規有關問題的通知」（匯發[2012]38號）規定，企業應在書面申請中具體說明退匯原因以及退匯同時是否發生貨物退運，出口項下退匯的境內付款人應當為原收款人，境外收款人應當為原付款人。

金融機構為企業辦理貿易收匯的退匯支付時，對於因錯誤匯入產生的退稅，應當審核原收匯憑證；對於其他原因產生的退匯，應當審核原收入申報單證、原出口合同。對於退匯日期與原收匯日期間隔在180天（不含）以上或由於特殊情況無法按照38號文規定辦理退匯的，企業應當先到外匯局辦理貿易外匯業務登記手續。

對於單筆退匯金額超過等值50萬美元且退匯筆數大於12次的，外匯局將可能實施現場查核。

三、海關

1. 加工貿易項下

貿易方式應分別填報進料成品退換或來料成品退換，進口報關單上註明進口方式為「料件（成品）退換」辦理退運進口。申報時須提供原加工貿易手冊、原出口報關單的退稅聯及稅務和外匯局的有關證明；同時企業無須開具負數發票，也無須交納保證金。如果該手冊已在海關辦理核銷，還須提供海關手冊已核銷證明。

如貿易方式申報為修理物品，進口報關單上註明進口方式是以

「料件（成品）修理」進口，企業須交納退運成品相應稅款保證金，但不需要通過手冊，待貨物在海關規定期限內複運出口後，再向海關申請退還。

2. 一般貿易項下

貿易方式填列為「退運貨物」，並向海關提供：

（1）退運申請報告。

（2）出口地海關出具的原出口貨物已實際離境證明。

（3）如海關已簽發出口退稅報關單，須提供稅務機關出具的「出口貨物退運已補稅（未退稅）證明」。

（4）退運協議等資料。

海關確認後，對複運進境的原出口貨物不徵收進口關稅和進口環節增值稅。

【91】進出口代理涉及的收付匯辦理

　　進出口代理通常分為二種方式：一為買斷制，代理人與委託人構成買賣關係；一為代理制，代理人僅收取手續費。買斷制下代理人按自營進出口辦理收付匯及核銷。本文著重分析代理制下涉及的收付匯及核銷，此種情況下報關經營單位與收發貨人不一致，報關單為雙抬頭，即經營單位為代理人，收發貨人為委託人。

　　根據「國家外匯管理局關於印發貨物貿易外匯管理法規有關問題的通知」（匯發[2012]38號）規定，應當按「誰出口誰收匯、誰進口誰付匯」原則辦理貿易外匯收支業務。代理制下，報關單經營單位為代理人，故：

　　1. 進口代理業務：一律由代理人負責對外付匯，不得由委託人對外付匯。委託人可憑委託代理協議將外匯劃轉給代理人，也可由代理人購匯。如果代理進口業務，代理方未付匯且違反外債管理規定的，外匯局除給予警告外，處違法金額30%以下的罰款。

　　代理進口業務，代理方如果是 B類企業，委託方如須將外匯資金原幣劃轉給代理方，劃轉時無須實施電子數據核查。代理方收到的相應外匯資金不進入其待核查帳戶，金融機構為代理方開證或付匯時，應當實施電子數據核查。

　　對於代理進口業務，代理方為 C類企業的，應當按規定辦理貿易外匯支出登記。

　　大陸實行進口付匯由逐筆核銷改向總量核查，由現場核銷改向非現場核查，由行為審核改向主體監管的政策轉變。即外匯局根據企業貿易外匯收支合規性，對進口單位實行分類管理，進口單位不再辦理進口付匯核銷手續，而由外匯局實施總量核查，只要相關指標在規定範圍內，進口單位即可正常辦理進口業務。因此，進口代理下，代理人無須辦理進口付匯核銷手續，由外匯局對代理人進行總量核查、

分類管理。

2. 出口代理業務：一律由代理人負責收匯。委託人為允許保留現匯的企業，代理人收匯後可憑委託代理協議將外匯劃轉給委託人，也可結匯將人民幣劃轉給委託人；委託人為不允許保留現匯的企業，代理人結匯後將貨款劃轉給委託人。

代理出口業務，代理方如果是 B類企業，B類企業收到代理出口收入應當先進入其待核查帳戶，經電子數據核查後方可結匯或劃出。須原幣劃轉給委託方的，應當先劃入代理方經常項目外匯帳戶後再劃轉給委託方，相應外匯資金無須進入委託方待查核帳戶。

自2012年8月1日起，外匯局根據企業貿易外匯收支合規性，對出口單位實行分類管理，出口單位不再辦理出口收匯核銷手續，而由外匯局實施總量核查，只要相關指標在規定範圍內，出口單位即可正常辦理出口業務。因此，出口代理下，試點期間試點地區代理人無須辦理出口收匯核銷手續，由外匯局對代理人進行總量核查、分類管理。

對於代理業務，代理方為B類企業且可收／付匯額度不足的，應當按規定辦理貿易外匯收支登記。

【92】跨境貿易人民幣結算的 海關、外匯、出口退稅分析

　　2011年8月24日大陸人民銀行、財政部等六部委聯合頒布「關於擴大跨境貿易人民幣結算地區的通知」，與之前「關於擴大跨境貿易人民幣結算試點有關問題的通知」、「跨境貿易人民幣結算試點管理辦法」相比，跨境貿易人民幣適用區域由上海、廣東，逐步推廣至大陸所有省區；結算地域由港澳、東盟（即東協）地區，擴展到所有國家和地區；適用方式也由貨物貿易，逐步擴大到服務貿易及其他經常項目。

　　所有企業在進口貨物採用人民幣結算時無須申請，可直接使用人民幣進行結算。但並不是所有企業的出口貨物貿易都可以採用人民幣結算，企業須向當地稅務部門申請，經所屬省級稅務部門評審認可後方可成為試點企業，試點企業出口貨物方可採用人民幣結算。此外，申請試點企業應具備以下條件：

　　1. 財務會計制度健全，且未發生欠稅。

　　2. 辦理出口貨物退稅認定 2 年以上，且日常申報出口貨物退稅正常，能按稅務機關要求保管出口退稅資料。

　　3. 近 2 年未發現企業從事「四自三不見」等不合規範業務。

　　4. 近 2 年未發生偷稅、逃避追繳欠稅、抗稅、騙取出口退稅等涉稅違法行為。

　　5. 近 2 年未發現虛開發票（含農產品收購發票），和使用虛開的增值稅專用發票申報出口退稅等問題。

　　6. 評審期間未涉及有關稅務違法案件的檢查。

　　試點企業評審的基本程序：

　　1. 地（市）級稅務機關嚴格按照評審標準，逐項對試點出口企

業加以評審，並填寫「跨境貿易人民幣結算試點企業評審表」上報省級國家稅務機關。

　　2. 由省級國家稅務機關根據地（市）級稅務機關上報的評審名單，將本地區擬同意試點口企業名單及「跨境貿易人民幣結算試點企業評審匯總表」上報國家稅務總局（貨物勞務稅司）。

　　企業採用跨境貿易人民幣結算進出口貨物時，對海關、外匯、出口退稅的影響分析如下：

一、海關

　　企業採用跨境貿易人民幣結算時，進、出口貨物報關單的「幣種」欄填報人民幣。由於出口報關無須提供外匯核銷單，故出口貨物報關單「批准文號」欄免於填報外匯核銷單編號。貨物貿易項下人民幣收入不進入待核查帳戶，可直接劃入企業的人民幣帳戶。

二、外匯

　　企業在收付人民幣款項時，應按照「國際收支統計申報辦法」及有關規定，辦理國際收支統計間接申報，企業收到跨境貿易人民幣款項時，應填寫「涉外收入申報單」，並於 5 個工作日內辦理申報；企業對外支付跨境貿易人民幣款項時，應在提交「境外匯款申請書」或「對外付款／承兌通知書」的同時辦理申報。

　　試點企業預收、預付人民幣資金超過合同金額25%的，應當向銀行提供貿易合同，銀行應當將該合同的基本要素報送人民幣跨境收付資訊管理系統。試點企業來料加工貿易項下出口收取人民幣資金超過合同金額30%的，試點企業應當自收到境外人民幣貨款之日起10個工作天內，向其境內結算銀行補交下列資料及憑證：

　　1. 企業超比例情況說明。

　　2. 出口報關單。

　　3. 試點企業加工貿易合同或所在地商務部門出具的加工貿易業

務批准證。

　　同時根據國家外匯管理局「關於印發貨物貿易外匯管理法規有關問題的通知」（匯發[2012]38號）規定，跨境貿易人民幣結算的收入也可以存放境外。

三、出口退稅

　　試點企業使用人民幣結算的出口貿易，按照規定享受出口貨物退稅政策。試點企業申報辦理跨境貿易人民幣結算出口貨物退稅時，不需要提供出口收匯核銷單，但應單獨向主管稅務機關申報。若與其他出口貨物一併申報，應在申報表中對跨境貿易人民幣結算出口貨物報關單進行標註。

　　對於採用一般貿易出口的試點企業而言，跨境貿易人民幣結算可以鎖定出口收入，從而鎖定利潤；而對於進料加工貿易方式出口的企業相對影響較小。同時，由於企業跨境貿易以人民幣結算，也可以避免外幣結算時的延期收付、預收、預付款項的額度限制，以及因匯率變動而給企業帶來的匯兌損失。

【93】貿易公司從事轉口貿易收付匯政策介紹

　　轉口貿易的貨物可以通過大陸運往消費國，也可以不通過大陸，而是直接由生產國運往消費國，其收付匯的管理與一般進出口貿易有共同之處，也有其特殊之處，外匯局在各外匯收付規定中都有對轉口貿易的特別說明。

　　「國家外匯管理局關於印發貨物貿易外匯管理法規有關問題的通知」（匯發[2012]38號）明確規定，外匯局對轉口貿易等特定業務實施專項監測。

一、登記管理

　　貿易公司如果在輔導期內，應當根據輔導期內實際業務發生情況，逐筆對應貨物轉口貿易外匯收入與支出數據，如實填寫「進出口收付匯信息報告表」，並在輔導期結束後10個工作日內將加蓋企業公章的「進出口收付匯信息報告表」傳送所在地外匯局。

　　貿易公司如果在核查期內發生轉口貿易收支差額占支出比率大於20%的，外匯局可實施現場核查。

　　貿易公司如果在分類監管期限內發生轉口貿易外匯收支，金融機構應當審核買賣合同、支出申報憑證及相關貨權憑證；同一合同項下轉口貿易收入金額超過相應支出金額20%（不含）的貿易外匯收支業務，金融機構應當憑「貨物貿易外匯業務登記表」辦理。

　　貿易公司如果發生同一合同項下轉口貿易收支日期間隔超過90天（不含）且先收後支項下收匯金額或先支後收項下付匯金額超過等值50萬美元（不含）的業務，應當在貨物進出口或收付匯業務實際發生之日起30天內，通過監測系統向所在地外匯局報送對應的預計收付匯或進出口日期等信息。

　　對於已報告轉口貿易外匯收支業務信息，在收款或付款之日

起30天內，貿易公司可通過監測系統企業端進行數據修改或刪除操作；在收款或付款之日起30天後（不含），貿易公司可通過監測系統企業端對截止上月末未到期部分信息進行數據調整操作，或攜情況說明及外匯局要求的相關證明資料到外匯局現場進行報告數據修改或刪除。

　　對於已進行轉口貿易業務報告的收匯或進口數據，不得再進行貿易主體不一致業務報告。

二、企業轉口貿易外匯收入應當先進入出口收入待核查帳戶，再辦理結匯手續

　　對於B類企業來說，如果發生同一合同項下轉口貿易收入金額超過相應支出金額20%（不含）的貿易外匯收支業務，應當在付匯、開證、出口貿易融資放款或待核查帳戶資金結匯或劃出前，持書面申請和相關證明資料到外匯局登記。

　　B類企業不得辦理收支日期間隔超過90天（不含）的轉口貿易外匯收支業務，C類企業不得辦理轉口貿易外匯收支。但分類監管有效期內指標情況好轉且沒有發生違規行為的B類企業，自列入B類之日起6個月後，經登記可以辦理同一合同項下收支日期間隔超過90天（不含）的轉口貿易外匯收支業務。

三、銀行付匯

　　對外付匯，一般情況下，進口企業須根據結算方式（例如信用證、托收、預付、貨到付款等），向銀行提供相應的有效憑證和商業單據付匯，例如進口合同、形式發票等。對於轉口貿易，銀行還須審查出口合同，如果是先收後支，除審查出口合同外，還須審查收匯憑證。

【94】境外傭金涉稅與外匯解析

　　支付境外傭金，主要是指從事出口貿易的企業，根據傭金合同按營業額約定的傭金比例，對境外代理人或經紀人支付報酬，代理人或經紀人取得此項報酬主要是為委託人介紹業務或代買代賣。大陸對傭金支付的稅收及外匯規定分析如下：

一、傭金支付比例

　　1. 企業所得稅稅前扣除標準

　　根據大陸「財政部國家稅務總局關於企業手續費及傭金支出稅前扣除政策的通知」財稅[2009]29號規定：「……一、企業發生與生產經營有關的手續費及傭金支出，不超過以下規定計算限額以內的部分，准予扣除；超過部分，不得扣除。」該比例為服務協議或合同確認收入金額的5%計算限額，超過部分不能在企業所得稅稅前列支。

　　2. 傭金匯出金額外匯比例

　　大陸外匯局「關於調整部分服務貿易項下售付匯政策有關問題的通知」（匯綜發[2006]73號）第二條規定，出口項下單筆不超過合同總金額10%，或者超過比例但未超過10萬美元的傭金合同付匯，憑單據直接到指定銀行辦理，由銀行審核即可付款。如超過上述比例、金額限制，必須由所屬外匯管理局申請審核後，憑外匯局核准件到指定銀行付款。需要注意的是，雖然外匯局規定的支付比例不超過合同總金額的10%，但若超過了稅法規定的5%，該超過部分的傭金仍不能在企業所得稅稅前列支。

二、傭金匯出稅金

　　1. 營業稅及附加

　　依2009年1月1日起實施的「營業稅暫行條例」（國務院令540號）及「實施細則」（財政部國家稅務總局令52號）規定，提供或

接受規定勞務的單位或個人在境內的，應繳納營業稅，傭金代理屬於該營業稅徵稅範圍，屬於為境外單位代扣代繳稅額，稅目為服務業，稅率為5%。此外，還要考慮營業稅及附加，一般附加為：城建稅7%（如所處地域不同，比例也不同）、教育費附加3%、地方教育費附加2%。

2. 企業所得稅

根據「企業所得稅法」及「實施條例」的規定，介紹勞務取得傭金收入，如果提供介紹勞務的發生地在大陸境外，則不屬於企業所得稅的納稅義務人。根據上述規定，對境外支付傭金不屬於境內所得的，不需要代繳企業所得稅。

三、傭金匯出須準備的資料

傭金支付審核單位主要是售付匯銀行或外匯管理局，應提供的單據依據比例區分兩種情況。

1. 單筆不超過合同總金額10%，或者超過比例但未超過10萬美元傭金協議（出口合同）時：

（1）出口合同。

（2）傭金協議。

（3）收帳通知（結匯水單）。

（4）稅務局開具的營業稅及企業所得稅稅單或完稅證明。

2. 如超過第1條規定的比例或金額的情況下，須先向外匯管理局提供上述（1）至（4）項文件外，還需要提供「支付超比例（額）傭金申請書」，經外匯局審批後出具核准件，銀行憑上述資料及核准件辦理售付匯手續。其中「申請書」應列明下述內容：

（1）外幣換匯成本。

（2）本國及其他國家有哪些競爭對手。

（3）本公司其他國家出口同類產品的價格數量，以及支付傭金

情況。

（4）仲介的身分和具體的工作內容。

（5）出口價格是否違反國家最低限價。

四、傭金匯出與利潤匯出稅負比較

綜上所述，出口傭金是一種接受企業委託代理出口業務的出口中間商收取的收入。該業務包括：代理國外買主在國內採購其所需的商品後辦理出口；代理國內企業向國外銷售產品。而其他貿易方式，如深加工結轉、向境內收取外匯、進口貨物等情況，不允許向境外支付傭金。

以台資企業在大陸投資子公司為例，傭金匯出10萬元與利潤匯出10萬元進行稅負比較。傭金匯出稅負為5%，即5,000元（暫不考慮營業稅附加）；而利潤匯出，首先要徵收25%企業所得稅，然後再按稅後利潤徵收10%的非居民企業所得稅，其實際稅負為32.5%，需要繳納32,500元的稅額，因此，以利潤名義匯出較傭金匯出多支付稅金27,500元（32,500 － 5,000），差異較明顯。

第六篇

進出口與海關

【95】進出口貨物商品歸類的海關實務

外商投資企業從事國際貿易在報關時，根據海關的要求需要對進出口貨物進行商品歸類，這也是進出口單位的法定義務。商品歸類是一項基礎性很強的工作，海關對進出境貨物的監督、管理、查驗、放行、關稅的徵／免／退／補及編制國家的進出口統計，都首先以貨物的商品歸類為依據。不同稅號的商品適用不同的稅率，商品歸類直接涉及進出口單位的利益。

進出口中的商品歸類，包括做為納稅義務人的進出口貨物收發貨人及其報關代理人的歸類申報；海關對申報歸類的審核確定；海關總署的歸類決定；海關總署關於商品歸類的行政裁定。海關的預歸類決定、納稅義務人不服海關徵稅決定而依法提起的申請覆議的決定，以及上一級海關針對不服海關歸類審核確定的歸類結果而提起的納稅爭議的覆議決定，也屬於商品歸類行為。

企業進行商品歸類時，需要根據「中華人民共和國進出口稅則」中「歸類總規則」和「商品名稱及編碼協調制度」（以下簡稱「協調制度」）的規定進行操作，後者是大陸制定及實施進出口稅則、貿易管制、統計及其他各項進出口管理措施的基礎目錄，平時常用的HS就是指該制度。實務中企業對商品歸類，應注意以下幾點：

1. 首先，根據商品的品目名稱和有關類註（即類的註釋）或章註（即章的註釋）確定商品編碼，許多商品可直接按目錄規定進行歸類，這也是企業在商品歸類時首先需要考慮的，只有在品目、類註、章註沒有規定的情形下，才使用其他的規則。例如犀牛角，通過查閱類、章標題，可以判斷應歸入第 5 章其他動物產品，然後通過查看品目條文，應屬於0507類，最後，在0507類找到犀牛角的編碼05071000。

2. 其次，商品歸類時，需要注意商品的不完整品、未製成品、

進口時的未組裝件或拆散件，均應當根據完整品來進行商品歸類。例如：缺少音訊管理器的可攜式電腦，通過查閱類、章標題，可以判斷應歸入第84章物品，然後通過查閱84章商品的品目條文，按筆記型電腦自動處理資料的特性，歸入8471，最後根據可攜式電腦完整品歸入84713000。

　　3. 再次，當商品歸類符合兩個或兩個以上品目時，應遵循：

（1）商品的具體名稱優先於商品的類別名稱。例如，緊身胸衣有兩個品目：女內衣與婦女緊身胸衣，後者是商品的具體名稱，應選擇後者。

（2）如果一個商品的品目所列名稱更為明確地包括某一商品，則該品目要比其他品目更為具體，即根據商品的基本特徵來歸類。例如汽車用喇叭，可以屬於兩個類別：87章中8708 的汽車零件和85 章的電動工具，但根據汽車喇叭的性質可以判斷，最適合汽車用喇叭的是8512，即自行車或機動車輛用的電氣照明或信號裝置（品目8539的物品除外）、風擋刮水器、除霜器及去霧器，最終歸入85123011。

（3）根據以上規則無法歸類的，應按號列順序歸入其可歸入的最末一個品目，即「從後規則」原則。例如：由一塊麵餅、一包乾蔬菜包、一包調味料組成的速食麵，即適用從後規則，即速食麵屬於麵食，最後歸入第19章的9023030。

（4）根據以上的規則均無法進行商品歸類的，應歸入與商品最相類似的品目，即「最相類似規則」。實務中本規則運用得極少，因為在HS編碼中，每個品目都下設有「其他」子目，並且一些章節單獨列出「未列名的品目」，包含了未考慮到的商品。

　　企業需要根據法律、法規要求向海關如實、準確申報其進出口貨物的商品名稱、規格型號等，並且對其申報的進出口貨物進行商品歸類，確定相應的商品編碼；如項目未申報或者申報不實，海關有權沒收違法所得，並可最高處以 3 萬元以下的罰款。另如果影響稅收徵收的，海關可處以漏繳稅款30%以上二倍以下罰款；如影響國家外匯、出口退稅管理，海關可處以申報價格10%以上50%以下罰款。

【96】大陸海關如何核定進出口商品完稅價格

　　大陸海關總署2006年頒布「中華人民共和國海關審定進出口貨物完稅價格辦法」（海關總署令第148號），對進出口貨物的完稅價格如何確定進行詳細規範。

一、進口貨物

　　進口貨物的完稅價格，由海關以該貨物的成交價格為基礎審查確定，並應當包括貨物運抵大陸境內輸入地點起卸前的運輸及其相關費用、保險費以及對其他項目進行調整。

　　（一）調增

　　以大陸海關最為常用的成交價格法為例，以成交價格為基礎審查確定的進口貨物完稅價格的調增事項主要包括：

　　1. 除購貨傭金以外的傭金和經紀費。

　　2. 與該貨物視為一體的容器費用。

　　3. 包裝材料費用和包裝勞務費用。

　　4. 進口貨物包含的材料、部件、零件和類似貨物。

　　5. 在生產進口貨物過程中使用的工具、模具和類似貨物。

　　6. 在生產進口貨物過程中消耗的材料。

　　7. 在境外進行的為生產進口貨物所需的工程設計、技術研發、工藝及製圖等相關服務。

　　8. 買方必須向賣方或者有關方，直接或者間接支付的特許權使用費。

　　9. 賣方直接或者間接從買方對該貨物進口後銷售、處置或者使用所得中獲得的收益。

　　上述 1 至 3 項為買方直接負擔的費用， 4 至 7 項為買方可能以免費或低於成本的方式取得，但需要分攤計入貨物成本的費用。

第 8 項支付的特許權使用費則須與貨物相關。

（二）調減

成交價格法調減事項主要包括：

1. 機械設備等貨物進口後發生的建設、安裝、裝配、維修或者技術援助費用，但是保修費用仍應計入完稅價格。

2. 進口貨物運抵大陸境內輸入地點，起卸後發生的運輸及其相關費用、保險費。

3. 進口關稅、進口環節海關代徵稅及其他國內稅。

4. 境內外技術培訓及境外考察費用。

（三）特殊情形

一些特殊情形下的進口貨物完稅價格，有其特別的規定：

1. 進料加工進口料件或者其製成品（包括殘次品）內銷時，以料件原進口成交價格為基礎審查確定完稅價格。

2. 來料加工進口料件或者其製成品（包括殘次品）內銷時，以接受內銷申報的同時或者大約同時進口的，與料件相同或者類似的貨物的進口成交價格為基礎，確定完稅價格。

3. 加工貿易企業內銷加工過程中產生的邊角料或者副產品，以海關審查確定的內銷價格做為完稅價格。

4. 從保稅區、出口加工區、保稅物流園區、保稅物流中心等區域進入境內需要徵稅的貨物，以從上述區域、場所進入境內的銷售價格為基礎確定完稅價格。

5. 運往境外修理的機械器具、運輸工具或者其他貨物，出境時已向海關報明，並在海關規定的期限內複運進境的，應當以境外修理費和料件費為基礎確定完稅價格。

6. 以租金方式對外支付的租賃貨物，在租賃期間以海關審查確定的租金以及利息做為完稅價格。

7. 減稅、免稅進口的貨物應當補稅時，以該貨物原進口時的價格扣除折舊部分價值做為完稅價格。

二、出口貨物

出口貨物的完稅價格，以該貨物的成交價格為基礎確定，包括貨物運至大陸境內輸出地點裝載前的運輸及其相關費用、保險費並對其他項目進行調整。

（一）出口貨物完稅價格剔除項目

1. 出口關稅。

2. 在貨物價款中單獨列明的貨物，運至大陸境內輸出地點裝載後的運輸及其相關費用、保險費。

3. 在貨物價款中單獨列明由賣方承擔的傭金。

（二）成交價格無法確定情況下特殊處理

可以依次以下列價格確定出口貨物的完稅價格。

1. 同時或者大約同時，向同一國家或者地區出口的相同貨物的成交價格。

2. 同時或者大約同時，向同一國家或者地區出口的類似貨物的成交價格。

3. 根據大陸境內生產相同或者類似貨物的成本、利潤和一般費用（包括直接費用和間接費用）、境內發生的運輸及其相關費用、保險費計算所得的價格。

4. 按照合理方法估定的價格。

需要注意的是，進出口貨物的到岸價格、離岸價格或者租金、修理費、料件費等以外幣計價的，由海關按照該貨物適用稅率之日所適用的計徵匯率，折合為人民幣計算完稅價格。完稅價格採用四捨五入法計算至分。

　　海關每月使用的計徵匯率為上一個月第三個星期三（第三個星期三為法定節假日的，順延採用第四個星期三）中國銀行的外匯折算價（簡稱中行折算價）。其中，人民幣對港元、美元、日元和歐元的中行折算價與中國人民銀行公布的前一日的收盤價相同。

【97】一般進出口貨物的報關實務

　　外商投資企業從事國際貿易必須履行海關進出境手續，其中報關是必須環節，因此外商投資企業需要瞭解報關的流程以及報關過程中的注意事項。

　　本文所指的一般進出口貨物，區別於保稅貨物、特定減免稅貨物、暫准進出境貨物以及其他進出境貨物。一般進出口貨物的報關，是指進出口貨物收發貨人、進出境運輸工具負責人、進出境物品所有人或者他們的代理人，向海關辦理貨物、物品或運輸工具進出境手續及相關海關事務的過程，包括向海關申報、交驗單據證件，並接受海關的監管和檢查等。一般進出口貨物的報關有四個程序，即申報、查驗、徵稅與放行。

一、申報

　　一般進出口貨物的申報，是指進出口貨物的收發貨人、受委託的報關企業，依法在規定的時間、地點，採用電子資料報關單和紙本報關單，向海關報告實際進出口貨物的情況，並接受海關審核的行為。申報方式有兩種，即採用紙本報關單和採用電子報關單，兩者具有同等的法律效力。

　　關於申報期限問題，由於進口與出口申報的期限不同，值得外商投資企業關注。一般來講，進口貨物的收貨人、受委託的報關企業應當自運輸工具申報進境之日起14日內向海關申報；出口貨物發貨人、受委託的報關企業應在貨物運抵海關監管區後、裝貨的24小時以前向海關申報。如果超過上述規定時限未向海關申報的，海關會依法徵收滯報金。針對超過 3 個月仍未向海關申報的貨物，海關依照「海關法」的規定提取變賣處理。一般情況下，進口貨物應當由收貨人或其代理人在貨物的進境地海關申報；出口貨物應當由發貨人或其

代理人在貨物的出境地海關申報。

　　一般進出口貨物的申報主要有三個步驟：準備申報單證；申報前看貨取樣；申報。外商投資企業在申報時須注意：

　　1. 主要單證填制必須真實、準確、完整；隨附單證必須齊全、有效、合法。

　　2. 為進出口貨物的收發貨人、受委託的報關企業辦理申報手續的人員，應當是取得報關員資格並在海關註冊的報關員。

　　3. 除有法定的理由外，海關接受進出口貨物的申報後，申報內容不得修改，報關單證不得撤銷。

二、查驗

　　一般進出口貨物申報完成之後，除海關總署特准免驗的以外，都應接受海關查驗。查驗的目的是核對報關單證所報內容與實際到貨是否相符，有無錯報、漏報、瞞報、偽報等情況，審查貨物的進出口是否合法。海關查驗的地點一般在海關監管區內進行，大宗的散貨、危險品、鮮活品、機器設備等，也可去現場或下廠驗放。海關查驗時要求貨主或其代理人陪同，並負責搬移、開拆、重封貨物，最後簽字確認查驗結果。值得注意的是，海關在特定情況下可能逕行查驗，即收發貨人不在場，海關自行或指令第三者（比如貨物保管員）開拆貨物進行查驗，並在查驗紀錄上由海關與見證人雙方簽字。如果因海關工作人員的責任造成被查貨物、物品的直接經濟損失，海關應負責賠償，但如果查驗後，收發貨人未提出異議，以後再發生損壞，海關則不予賠償。

三、徵稅

　　一般進出口貨物經過海關查驗之後，根據「海關法」的有關規定，進出口的貨物除大陸另有規定外，均應徵收關稅。關稅由海關依照海關進出口稅則徵收。進出口貨物的納稅義務人，應當自海關填發

稅款繳款書之日起15日內，通過到指定銀行或網上支付方式繳納稅款，逾期繳納的，由海關徵收滯納金。海關收到銀行繳款成功的資訊後放行貨物。

四、放行

　　海關對進出口貨物的報關，經過審核報關單據、查驗實際貨物，並依法辦理了徵收貨物稅費手續或減免稅手續後，在有關單據上簽蓋放行章，貨物的所有人或其代理人才能提取或裝運貨物。此時，海關對進出口貨物的監管才算結束，對於一般進出口貨物來講，海關的放行表示貨物不再受監管，貨主可自由處置。

【98】進出口貿易中必須關注的
知識產權海關保護

外商投資企業在進出口貿易中，不僅要保證進出口的貨品不得侵犯他人的知識產權，同時又要防止自己知識產權受到他人侵害，因此外商投資企業需要格外關注知識產權海關保護的程序，以及如何利用相關法律對自身的知識產權進行海關保護。

知識產權海關保護，是指海關為了維護正常的社會經濟秩序和公共利益，依照國家的法律法規，制止侵犯知識產權的貨物進出境的措施。知識產權海關保護的主要法律依據，有「中華人民共和國海關法」、「中華人民共和國知識產權海關保護條例」（以下簡稱「條例」）和其他有關知識產權的法律法規。目前受海關保護的知識產權包括：商標專用權、專利權和著作權。

一、知識產權海關保護的程序

1. 知識產權備案

根據「條例」第六條的規定，知識產權權利人要求海關對其知識產權實施保護，應當將其知識產權向海關總署備案。所以，海關實施保護以知識產權備案為前提。

申請知識產權備案，應當填寫備案申請書並附隨有關文件。備案經海關總署核准後，知識產權權利人應當根據海關總署的通知，及時繳納備案費（備案費為人民幣800元／件）。

根據「條例」第九條的規定，海關總署應當在自收到全部申請文件之日起30日內，通知申請人是否予以備案。對核准備案的，海關總署將核發知識產權海關保護備案證書。

2. 扣留侵權嫌疑貨物

知識產權備案經海關總署核准後，口岸海關對發現的進出口侵

權嫌疑貨物，可以主動或者根據知識產權人的申請予以扣留，即一般所說的依職權保護（也稱為「主動保護」）和依申請保護（也稱為「被動保護」）。兩者保護模式下，海關對侵權物品採取的措施不同，後者海關對扣留的侵權嫌疑物不進行調查，此時，知識產權人需要就有關侵權糾紛向人民法院起訴；前者情況下，海關有權對貨物的侵權狀況進行調查和對有關當事人進行處罰。

3. 海關調查

在主動保護的情形下，海關對被扣留的侵權嫌疑物應當進行調查，但是，侵權爭議的當事人將侵權爭議提交知識產權主管部門處理或向人民法院起訴的除外。

4. 海關行政處罰

對被確定為侵權的貨物，由海關予以沒收。對進出口侵權貨物的收發貨人，海關將依法予以處罰。

二、外商投資企業須注意的問題

1. 外商投資企業須強化知識產權海關保護的意識。由於知識產權海關備案手續十分簡便，知識產權權利人只須向海關提交規定的申請書，隨附相關證明文件並繳納備案費即可，備案保護有效期卻長達10年，期限屆滿可以申請續展，且續展備案不收費。因此，備案申請可以使外商投資企業以微小代價獲得巨額回報和產出。

2. 知識產權權利人請求海關扣留侵權嫌疑物時，應向海關提供不超過貨物等值的擔保，另根據最新的法律規定，在海關認定被扣留的侵權嫌疑貨物為侵權貨物之前，知識產權權利人可以撤回扣留侵權嫌疑貨物的申請。

3. 外商投資企業應有知識產權保護的證據意識，須注意平時多蒐集侵權企業的證據，一旦侵權產品進出口，立即向海關申請扣留，以免因證據不足而給自身造成不必要的損失。

【99】進出口貨物報關單實務分析

進出口貨物報關單，是指進出口貨物收發貨人或其代理人，按照規定的格式對進出口貨物的實際情況做出書面申明，並通知海關對其貨物辦理通關手續的法律文書。進出口貨物報關單既是海關監管、徵稅、統計以及開展稽查和調查的重要依據，也是加工貿易進出口貨物核銷、辦理出口退稅和外匯管理的重要憑證。

一、報關單形式

報關單分為紙本報關單和電子資料報關單，根據「中華人民共和國海關進出口貨物申報管理規定」（海關總署令[2003]103號），企業進出口貨物時應採用電子資料報關單和紙本報關單形式，報關單位向海關發送專門格式的電子資料（俗稱「預錄入」）做為電子資料申報，稱為「申報」。待海關接受此電子資料申報，並在專門的紙本報關單上列印出該份電子資料後，報關單位備齊所有報關單證，在規定時間內將上述紙本單證一併交到申報海關現場，即「交單」。在法律上，「電子資料報關單」與「紙本報關單」具有相同的法律效力。

二、報關單聯次說明

紙本報關單可有多聯，各聯用途如下頁表格所示。

三、報關單填制的一般要求

1. 如實申報

報關員必須按照「海關法」、海關總署令[2003]103號和「中華人民共和國海關進出口貨物報關單填制規範」（海關總署公告[2008]52號）的有關規定和要求，向海關如實申報。

2. 真實填報

報關單的填寫必須做到兩個相符：一是單證相符，即報關單與合同、批文、發票、裝箱單等相符；二是單貨相符，即報關單中所報內容與實際進出口貨物情況相符。

聯次	進口報關單	出口報關單	用途
1	海關作業聯		是海關審核、查驗、繳納稅費、提貨和裝貨的重要單據。
2	海關留存聯		
3	企業留存聯		是企業合法進出境貨物的文件。
4	海關核銷聯		是海關辦理加工貿易合同核銷、結案手續的重要憑證之一。
5	進口付匯證明聯	出口收匯證明聯	是銀行、外匯局辦理售匯、付匯、收匯及核銷手續的重要憑證之一。
6		出口退稅證明聯	是國稅部門辦理出口貨物退稅手續的憑證之一（俗稱「黃單」）。

3. 完整準確填報

報關單中各項目的填寫要準確、清楚、完整、內容無誤，填報內容若有更改，必須在更改項目上加蓋校對章。

4.「八不同」須分別填報

不同批文或合同的貨物，同一批貨物中不同貿易方式的貨物，不同備案號的貨物，不同提運單的貨物，不同徵免性質的貨物，不同運輸方式，相同運輸方式但不同航次的貨物，不同原產地證書項下的貨物，均應分別填寫報關單，不能填寫在同一張報關單。

5. 紙本單據與電子資料須一致

紙本報關單及隨附單證應當與電子資料報關單一致。

四、報關單修改

海關接受進出口申報後，申報內容不得修改，報關單證不得撤銷。但有下述情況的，經海關批准後，可以進行修改或撤銷。

1. 由於電腦、網絡系統原因導致電子資料申報錯誤。

2. 出口貨物放行後，由於裝運、配載等原因，造成原申報貨物部分或者全部退關、變更運輸工具。

3. 報關人員失誤造成申報差錯，並且未發現有走私違規或者其他違法嫌疑。

4. 進出口貨物在裝載、運輸、存儲過程中，因溢短裝、不可抗力的滅失、短損等原因造成原申報資料與實際貨物不符。

5. 根據貿易慣例採取先按暫定價格成交，待結算時按市場實際價格付款的交易方式，而需要修改原申報資料。

企業修改報關單應填寫「進出口貨物報關單修改／撤銷申請表」，並提交相關單證供海關審查。海關根據審查結果開具「准予修改／撤銷進出口貨物報關單決定書」或「不予修改／撤銷進出口貨物報關單決定書」。

五、填寫報關單的法律責任

報關單位對本單位報關員的報關行為負法律責任，根據「中華人民共和國海關行政處罰實施細則」（國務院令[2004]420號）第十一條第五款規定，進出口貨物申報不實的，處貨物等值以下或者應繳稅款二倍以下的罰款；而報關員必須按照海關規定如實地填寫報關單，若海關發現有違章、走私行為，除依法處理外，還將根據違法行為的情節輕重，在一定時期內停止其報關業務或吊銷其報關員證。

【100】海關對貨物的查驗有哪些規定

　　根據「中華人民共和國海關進出口貨物查驗管理辦法」的規定，進出口貨物查驗，是指海關為確定進出口貨物收發貨人向海關申報的內容是否與進出口貨物的真實情況相符，或者為確定商品的歸類、價格、原產地等，依法對進出口貨物進行實際核查的執法行為。

　　根據「海關法」第二十八條的規定，進出口貨物，除海關總署特准免驗的之外，都應接受海關查驗。

一、貨物查驗的內容

　　海關對貨物的查驗主要是指實際核對和檢查進出境貨物和物品的品名、規格型號、數（重）量、價值和原產地等，是否與申報內容相符等情況。

二、海關查驗貨物的方式

　　根據「中華人民共和國海關進出口貨物查驗管理辦法」第五條的規定，海關實施查驗的操作方式有兩種：人工查驗與機檢查驗。人工查驗比較容易理解，機檢查驗是指利用技術檢查設備對貨物進行透視掃描，根據掃描形成的圖像來分析驗核貨物的實際狀況是否與申報內容相符。

　　按查驗過程中的詳細程度來分類，海關查驗可以分為徹底查驗、抽查和外形查驗三種方式。

三、海關查驗貨物的地點

　　海關查驗一般在海關監管區內的專門查驗場地進行。但對某些不宜在查驗場地開拆的特殊貨物，比如危險品、防塵防靜電品或鮮活品，經進出口貨物收發貨人或者其代理人書面申請，海關可以派員到海關監管區外實施查驗。

四、雙人作業制度

目前，海關各業務崗位和其他崗位間的相互監督制約，正在不斷完善之中。根據「中華人民共和國海關進出口貨物查驗管理辦法」第二條的規定，查驗應當由 2 名以上海關查驗人員共同實施。查驗人員實施查驗時，應當著海關制式服裝。海關查驗實行雙人作業制度，目的就是相互監督制約以保證海關執法順利實施。

五、貨主的權利和義務

1. 貨主的權利

（1）申請損壞賠償。大陸海關法規定，海關在查驗進出境貨物時損壞接受查驗的貨物，應當賠償實際損失。雙方共同商定貨物的受損程度或修理費用，以海關審定的完稅價格為基數，確定賠償金額。賠款一律用人民幣支付。

（2）申請複驗。海關相關法規規定，貨主對海關查驗結論有異議，可以提出複驗的要求。海關批准同意後，將對已查驗的貨物進行複驗。複驗時海關將另外安排人員進行，原來的查驗人員不參加。

（3）申請區外查驗和優先查驗。關於區外查驗在上述第三條已經予以解釋。關於申請優先查驗，是指對於危險品或者鮮活、易腐、易爛、易失效、易變質等不宜長期保存的貨物，以及因其他特殊情況而需要緊急驗放的貨物，經貨主或者其代理人申請，則海關可以優先安排查驗。

2. 貨主的義務

（1）及時到場並按要求搬移、開拆和重封貨物。當海關通知查驗時，貨主或其委託的代理人必須到場，並按海關的要求負責辦理貨物的搬移、拆裝箱和重封貨物的包裝等工作。

（2）特殊情況下的提前告知義務。若由於進出口貨物的特殊屬

性，需要查驗人員在查驗過程中予以特別注意以避免損壞時，進出口貨物貨主或其代理人應當在海關實施查驗前聲明。

（3）協助海關取樣送檢的義務。「海關化驗工作制度」規定，海關對進出口貨物要求取樣送檢時，收發貨人或其代理人應及時到場；在海關查驗人員的監督下按照取樣要求進行取樣（特殊樣品應由相關專業技術人員提取樣品），並提供有關單證和技術資料，例如產品說明書、生產工藝流程等。

【101】何種情況下進出口商品可以免驗

根據「中華人民共和國進出口商品檢驗法」和「進出口商品免驗辦法」的規定，列入進出口商品目錄的商品由商檢機構實施檢驗，其中進口商品未經檢驗的，不准銷售、使用；出口商品未經檢驗合格的，不准出口。但是，符合國家規定的免予檢驗條件的，由收貨人、發貨人或其生產企業提出申請，經大陸國家品質監督檢驗檢疫總局（國家質檢總局）審核批准，可以免予檢驗。

一、申請免驗應當具備的條件

1. 申請免驗的進出口商品品質應當長期穩定，在國際市場上有良好的品質信譽，無屬於生產企業責任而引起的品質異議、索賠和退貨，檢驗檢疫機構檢驗合格率連續 3 年達到百分之百。

2. 申請人申請免驗的商品應當有自己的品牌，在相關國家或者地區同行業中，產品檔次、產品品質處於領先地位。

3. 申請免驗的進出口商品，其生產企業的品質管制體系應當符合ISO9000品質管制體系標準，或符合與申請免驗商品特點相應的管理體系標準要求，並獲得權威認證機構認證。

「進出口商品免驗辦法」同時規定，對於食品、動植物及其產品，危險品及危險品包裝，品質波動大或者散裝運輸的商品，須出具檢驗檢疫證書，或者依據檢驗檢疫證書所列重量、數量、品質等計價結匯的商品等，不予受理免驗申請。

二、辦理進出口商品免驗的基本程序

1. 提出申請。對於符合免驗申請條件的進出口商品，可以向國家檢驗檢疫機構提出免驗申請。

（1）提交申請書。其中，申請進口商品免驗的，應當向國家質檢總局提出；申請出口商品免驗的，須經所在地直屬檢驗

檢疫局初審合格後，方可向國家質檢總局提出正式申請。

（2）填寫免驗申請表（表式由國家檢驗檢疫機構提供）。

（3）有關證書和文件。提交申請免驗進出口商品生產企業的 ISO9000品質管制體系或者與申請免驗商品特點相應的管理體系認證證書、品質管制體系文件、品質標準、檢驗檢疫機構出具的合格率證明和初審報告、用戶意見等文件。

2. 專家審查組審查

國家檢驗檢疫機構受理申請後，組成免驗專家審查組，對申請免驗的商品以及生產企業的生產條件和有關資料進行審查，並對產品進行檢驗、測試。免驗專家審查組應當在 3 個月內完成考核、審查。

3. 頒發證書

免驗專家審查組對商品考核、審查完畢後，向國家質檢部門提交免驗審查情況的報告，對於同意免驗的進出口商品，經國家質檢部門批准，向免驗申請人頒發「進出口商品免驗證書」，並予公布。

4. 辦理放行。獲准免驗進出口商品的申請人，可憑有效的免驗證書、外貿合同、信用證、該商品的品質證明和包裝合格單等文件，到檢驗檢疫機構辦理放行手續。檢驗檢疫機構對進出口免驗商品在免驗期限內不得收取檢驗費。對獲准免驗的進出口商品須出具檢驗檢疫證書、簽證和監督抽查的，由檢驗檢疫機構實施，並且按照規定收取費用。

綜上，對於符合國家規定的免予檢驗條件的進出口商品，由收貨人、發貨人或其生產企業提出申請，經國家質檢總局審核批准，可以免予檢驗。

【102】海關收取滯報金規定介紹

滯報金是由於進口貨物收貨人或其代理人超過法定期限向海關報關而產生的一種費用，其相關規定介紹如下。

一、滯報金起徵日

根據「海關法」第二十四條規定，進口貨物的收貨人應當自運輸工具申報進境之日起14日內（申報進境之日起第14日若為法定節假日，則順延計算），向海關申報，進口貨物的收貨人超過規定期限向海關申報的，由海關徵收滯報金，按日計收。

因此申報人若未按規定申報，則滯報金應自進口申報日起15日開始徵收。具體的徵收原則如下。

1. 一般形式進口貨物，滯報金的起徵日期為運輸工具申報進境之日起第15日。

2. 郵運進口貨物，滯報金起徵日期為收件人收到郵局通知之日起第15日。

3. 轉關運輸貨物，滯報金起徵日期為運輸工具申報進境之日起第15日和貨物運抵指運地之日起第15日，分別由進境地海關和指運地海關徵收。

海關徵收滯報金後，應向進口貨物收貨人出具收據。

二、滯報金的計算及繳納

徵收滯報金的計算公式為：進口貨物完稅價格×0.5‰×滯報天數。公式相關參數如下：

1. 滯報天數：自起徵日至收貨人向海關申報之日，含向海關申報日。

2. 進口貨物完稅價格：進口貨物完稅價格為進口貨物的到岸價格，如到岸價格不能確定，由海關核定。

3.滯報金的日徵收金額為進口貨物到岸價格的0.5‰，滯報金的起徵點為人民幣50元。若因完稅價格調整等原因須補徵滯報金，滯報金金額應當按照調整後的完稅價格重新計算，補徵金額不足人民幣50元的，免予徵收。

4.滯報金金額以元計收，不足人民幣 1 元的部分免予計收。對應徵收滯報金的進口貨物，在未交納滯報金或提供擔保之前，海關不放行貨物。

三、滯報金減免的情形

進口貨物收貨人或其代理人如確因特殊情況未能在規定期限內報關，經向海關提出申請，並提供確實證明，經海關審查認可，可不按滯報論處或減收滯報金。

1.進口貨物收貨人可以向海關申請減免滯報金情形

（1）大陸政府主管部門有關貿易管理規定有所變更，要求收貨人補充辦理有關手續，或者政府主管部門延遲簽發許可證件，導致進口貨物產生滯報。

（2）產生滯報的進口貨物屬於政府間或國際組織無償援助和捐贈，用於救災、社會公益福利等方面的進口物資或其他特殊貨物。

（3）因不可抗力導致收貨人無法在規定期限內申報，從而產生滯報。

（4）因海關及相關執法部門工作原因致使收貨人無法在規定期限內申報，從而產生滯報。

（5）其他特殊情況經海關批准。

2.免予徵收滯報金之情形

（1）收貨人在運輸工具申報進境之日起，超過 3 個月未向海關申報，進口貨物被依法變賣處理，餘款按「海關法」第

三十條規定上繳國庫。

（2）進口貨物收貨人在申報期限內，根據「海關法」有關規定向海關提供擔保，並在擔保期限內辦理有關進口手續。

（3）進口貨物收貨人申報並經海關依法審核，必須撤銷原電子資料報關單重新申報，因刪單重報產生滯報。

（4）進口貨物經海關批准直接退運。

（5）進口貨物應徵收滯報金金額不滿人民幣50元。

另外，從境外進入保稅區、出口加工區等海關特殊監管區域、以備案清單方式向海關申報的進口貨物產生滯報情形的，也應該計徵滯報金。

【103】海關有哪些便捷通關措施

　　根據「中華人民共和國海關企業分類管理辦法」（海關總署197號令）規定，AA類和A類企業可以適用相應的通關便利措施。實務中，便捷通關措施主要有：提前報關、聯網報關、快速轉關、上門驗放、加急通關、擔保驗放、加工貿易聯網等幾種。

　　1. 提前報關

　　為縮短進出口貨物通關時間，企業可在進口貨物啟運後抵港前、出口貨物運入海關監管場所前 3 天內，在能夠確定其進出口貨物的品名、規格、數量的情況下，提前向海關辦理報關手續並遞交有關單證，貨物運抵後由海關直接驗放。

　　2. 聯網報關

　　企業應用「中國電子口岸」平台，在企業辦公地點直接向進出口地主管海關，辦理正式報關手續。企業一次輸入所有通關資料，各進出境管理部門之間資料聯網傳輸，海關審核報關單電子資料後發送電子回執，企業在貨物通關現場向海關辦理交單審核及貨物驗放手續。海關也可與指定銀行聯網，進行電子劃款交納稅費，海關向企業發出電子繳款通知後，憑銀行轉帳電子回執驗放貨物。

　　3. 快速轉關

　　根據企業要求，對企業在境內不同口岸進出口的貨物，海關應優先辦理快速轉關運輸手續。但企業必須保證對轉關運輸貨物及時、完整運至海關指定的監管場所，未經海關許可，不得開拆、提取、調運、改裝、抵押、質押、轉讓、更換標記、移作他用或者進行其他處置。對委託報關、運輸、倉儲企業違反前述規定的行為，企業要承擔相應的法律責任。

　　4. 上門驗放

　　對應當查驗又不便在通關現場查驗的進出口貨物，海關可根據

企業要求，優先派員到企業結合生產或裝卸環節實施查驗。

5. 加急通關

海關對企業進出口貨物實行優先審單，企業進出口貨物較多的通關現場，海關設立便捷通關窗口，優先辦理貨物驗放手續。企業可以向海關預約，在非工作時間或節假日辦理通關手續。

6. 擔保驗放

為解決辦理通關手續時因暫時無法提供某些單證或其他資訊，導致海關無法確定貨物的商品歸類、估價等結關條件，而不能及時驗放貨物的問題，准許企業以海關認可的擔保形式先行辦理貨物驗放手續，事後在規定時間內補充提供有關單證，補交稅款或補辦其他規定的手續。

7. 加工貿易聯網

主要是指海關通過電腦網絡，從加工貿易企業提取監管所必需的財務、物流、生產經營等資料，與海關電腦管理系統相連接，從而實施對保稅貨物監管的一種方法。海關利用網絡對企業加工貿易生產物流資料進行核查，並根據情況下廠實際核查保稅貨物，企業也可以通過網絡向海關辦理備案、變更、核銷、進出口貨物等有關資料。

此外，根據「企業分類管理措施目錄」規定，A類進出口貨物收發貨人還可以享受：對加工貿易企業一般不下廠核查；經企業申請，海關對其實施「屬地申報，口岸驗放」；優先辦理加工貿易備案、變更、報核等手續；優先辦理企業註冊登記換證及報關員註冊登記手續等措施。對於AA類出口貨物，收發貨人在A類基礎上還可以享受以下便利措施：海關指派專人負責協調解決企業辦理海關事務的疑難問題；通關現場一般情況下不查驗；對從事加工貿易的企業，不實行銀行保證金台帳制度等。

需注意的是：即便被海關確認為AA類管理的企業，上述所有的便捷通關措施也並不是全部都能享受，一般需要企業提出申請，海關

根據實際情況來進行確認。具體可以享受的便捷通關措施也不是一成不變的，會隨著監管要求的改變而調整。

【104】出口提前報關和直轉、出口中轉手續

　　常常有出口企業在產品生產地或倉儲地和註冊地不一致的情況下，為了避免異地報關，而以本地報關再轉關的方式申報出口。採用轉關方式的優點，第一是程序上的方便，本地企業在其本地海關辦理報關手續，後續其他手續會方便很多；此外，從海關審核的尺度來說，企業在異地報關的時候，海關往往由於對異地企業的經營狀況、企業資信情況不瞭解，而會在核查程序時嚴格一些，這也導致出口企業更願意選擇以轉關的方式申報。實務中通關轉關運輸出口的常見模式，包括出口提前報關和直轉、出口中轉兩種。

　　1. 出口提前報關轉關和直轉

　　出口提前報關方式，是指出口貨物運入海關監管場所前 3 天內，在能夠確定其進出口貨物的品名、規格、數量的條件下，提前向海關辦理報關手續並遞交有關單證，貨物運抵後由海關監管現場直接驗放。出口直轉轉關，則是指出境貨物在貨物運抵啟運地海關監管場所報關後，在啟運地海關辦理出口轉關手續的出口轉關。

　　提前報關和直轉的出口轉關報關手續相似，由出口貨物發貨人或代理人在啟運地海關辦理出口通關手續後，電腦自動生成「中華人民共和國海關出口轉關運輸貨物申報單」資料，傳送至出境地海關。提前報關和直轉的出口轉關貨物發貨人或代理人，應持「中華人民共和國海關出口貨物報關單」、「汽車載貨登記簿」或「船舶監管簿」，在啟運地海關辦理出口轉關手續（廣東省內公路運輸還應遞交「進／出境載貨清單」）。轉關貨物到達出境地後，發貨人或代理人應持上述單證，向出境地海關辦理轉關貨物的出境手續。

　　2. 出口中轉手續

　　中轉方式是指在收發貨人或其代理人向指運地或啟運地海關辦理進出口報關手續後，由境內承運人或其代理人統一向進境地或啟運

地海關辦理出口轉關手續。具有全程提運單、須換裝境內運輸工具的
進出口中轉貨物，適用中轉方式轉關運輸。

　　具有全程提運單、須換裝境內運輸工具的出口中轉貨物，其發
貨人或代理人向啟運地海關辦理出口通關手續後，運輸工具代理人向
啟運地海關錄入並提交下列單證：

　　（1）「中華人民共和國海關出口轉關運輸貨物申報單」。

　　（2）按出境運輸工具分列的電子或紙本艙單。

　　（3）「汽車載貨登記簿」或「船舶監管簿」。

　　啟運地海關審查上述單據核准後，簽發「出口貨物中轉通知
書」。出境地海關驗核上述單證，辦理中轉貨物的出境手續。

　　不論是提前報關轉關和直轉或是中轉出口，辦理海關手續的重
點在於，出口轉關貨物應於電子資料申報之日起 5 日內，運抵啟運
地海關監管場所，辦理轉關和驗放等手續，超過期限的，啟運地海關
將撤銷提前報關的電子資料。

【105】如何辦理異地報關手續

異地報關指企業不在本關區（直屬海關關區）辦理通關手續，異地報關備案一般只適用自理報關企業，但也可以委託當地的報關行報關；如果是用一般貿易方式進口，可以直接在全國各海關和口岸進出口。

一、法規規定

「中華人民共和國海關對報關單位註冊登記管理規定」（中華人民共和國海關總署令127號）第三十五條：「進出口貨物收發貨人應當按照規定到所在地海關辦理報關單位註冊登記手續。進出口貨物收發貨人在海關辦理註冊登記後可以在中華人民共和國關境內各個口岸地或者海關監管業務集中的地點辦理本企業的報關業務。」

二、辦理異地報關手續

1. 根據現行規定，取得進出口經營權企業在異地報關無須再做異地報關備案。

2. 加工貿易企業如需要在異地報關，只須自己在註冊地海關登記辦理「中華人民共和國海關進出口貨物收發貨人報關註冊登記證書」時，在自己的註冊地海關開通異地備案手續，在填制企業信息時選擇「允許異地報關」即可。

3. 由於企業註冊信息全國聯網，在中國任何口岸都可以報關。

三、海關簡化異地報關備案手續

1. 海關在全國範圍內進一步簡化報關異地備案、年審手續，進出口企業備案、年審和更改信息無須再到異地海關辦理，企業無須為改資料跑各地海關。

2. 企業在當地主管海關辦理報關註冊登記手續後，就可在異地關區直接辦理通關手續。海關取消了進出口貨物收發貨人異地備案紙

質手續，各海關將按照H2000系統操作規範，辦理報關單位的異地報關備案手續，無須再辦理關封和報關備案證書；此外，海關還取消了報關單位異地年審、變更、註銷等手續，不再要求報關單位每年度到備案地海關辦理年審或開通手續，凡在主管地海關通過年審的企業，備案地海關即可允許其通關。異地備案、年審等手續的簡化，不僅減少人力和資金投入，在很大程度上便利了企業辦理跨關區通關手續。

四、加工貿易企業異地報關注意事項

加工貿易企業因業務特點需要，在不同的口岸辦理保稅進口料件或出口成品的報關手續，如果事前不瞭解海關的工作程序和相關規定，有可能無法順利通關，發生申報延誤或其他不必要的風險。

1. 加工貿易異地報關備案資料電腦傳輸

加工貿易異地報關備案資料電腦傳輸，是指加工貿易合同備案或變更時，企業申請在異地口岸進出口報關，合同備案主管海關通過海關電腦網絡將備案或變更資料傳輸到企業申請進出口的異地口岸海關的電腦內；口岸海關在接受加工貿易企業申報保稅貨物進出口時，憑調閱的電腦資料予以報關。

2. 加工貿易企業報關前要核實資料

報關資料全國聯網使報關手續簡化，但資料輸入時可能會出錯，電腦有時也會出錯；企業在報關前先與主管海關聯繫，核實資料是否齊全、有效，如有問題就可及時處理。企業在異地通關時更應該做好相關資料的核對，保證資料的準確性，在報關過程中如遇到資料傳輸問題，應儘快與海關聯絡予以解決。

【106】以郵寄方式進出境的物品
　　　　如何辦理海關手續

　　進出境的郵遞物品，必須經過海關查驗並且按章徵稅或免稅後，郵局才可以投寄。郵遞進出境的貨物，應當由收、發貨單位或者他們的代理人，在設有海關的郵局向海關申報，並且按照海關的規定辦理進出境手續。

　　郵遞進出境的貨樣、廣告品，以及大陸政府機關、人民團體、國營企業等與國外相互贈送的禮品，分別按照「海關對進出口貨樣、廣告品的監管、徵免稅辦法」和「海關對進出口禮品管理的規定」辦理。進出境的個人郵遞物品，應當由設有海關的郵局負責交海關查驗。但是從設有海關的地方寄出的個人郵遞物品，可以由寄件人向駐郵局的海關申報交驗，辦理出境手續。

　　進出境個人郵遞物品應徵的關稅和其他法定由海關徵收的稅費，由郵局憑海關簽發的稅款繳納證代收。進出境的個人郵遞物品，以親友之間相互饋贈自用的為限。進出境的個人郵遞物品，在自用合理的數量範圍以內，並且每次價值不超過人民幣200元，每個家庭全年寄進或寄出各不超過人民幣1,000元的，由海關按章徵稅或免稅放行。但進境郵包每次稅額不足30元的，予以免稅放行，超過的僅徵超過部分。物品的價值，寄進的由海關參照到岸價格核定，寄出的為國內市場零售價格。

　　進出境郵包，必須具備報稅單一份（進境小包可黏貼綠色驗關簽條），以供海關查核留存。寄件人在報稅單（或綠色驗關簽條）上，應當如實填報內裝物品的品種、數量、價值。不符合海關相關規定的物品，除經海關特准的以外，出境的不准寄出，進境的應由收件人或者他們的代理人，從接到海關通知之日起 3 個月內退寄國外，

過期不退，由郵局送交海關變賣，所得價款歸入國庫。

　　寄自或者寄往香港、澳門的個人郵遞物品，按照「海關對寄自或者寄往香港、澳門的個人郵遞物品監管辦法」辦理。進出境郵遞物品中，如果有按照大陸國家規定須經審查、鑒定、檢疫或者商品檢驗的物品，由海關按照有關規定處理。禁止進出境的個人郵遞物品應當由海關扣留。從扣留之日起 3 個月內，進境的由收件人或他們的代理人退寄國外，出境的由寄件人或他們的代理人領回：過期不退或者不領，海關即予沒收。對政治、經濟、文化、道德、衛生有害而被扣留的物品都不發還。禁止進境的個人郵遞物品，除經海關特准的以外，不准過境，分別由郵局退回國外或者由海關沒收。

　　進境郵遞物品，如果收件人申請退回原地或者改寄其他外國地方的時候，須經海關查驗、放行。如果內中有禁止進境物品，由海關按照有關規定處理。進出境郵遞物品，如果收、寄件人用冒名頂替、分散寄遞和其他方式逃避海關監管，以及有逃匯、套匯行為的，由海關依法按走私處理。

【107】禁限進出口物品介紹

一、禁止進出境物品

根據中華人民共和國海關總署令43號，禁止進境和禁止出境物品如下。

（一）禁止進境物品

1. 各種武器、模擬武器、彈藥及爆炸物品。

2. 偽造的貨幣及偽造的有價證券。

3. 對中國政治、經濟、文化、道德有害的印刷品、膠捲、照片、唱片、影片、錄音帶、錄影帶、影音光碟、電腦存儲介質及其他物品。

4. 各種烈性毒藥。

5. 鴉片、嗎啡、海洛因、大麻以及其他能使人成癮的麻醉品、精神藥物。

6. 帶有危險性病菌、害蟲，以及其他有害生物的動物、植物及其產品。

7. 有礙人畜健康的、來自疫區的以及其他能傳播疾病的食品、藥品或其他物品。

（二）禁止出境物品

1. 列入禁止進境範圍的所有物品。

2. 內容涉及國家秘密的手稿、印刷品、膠捲、照片、唱片、影片、錄音帶、錄影帶、影音光碟、電腦存儲介質及其他物品。

3. 珍貴文物及其他禁止出境的文體。

4. 瀕危的和珍貴的動物、植物（均含標本），以及其種子和繁殖材料。

二、限制進出境物品

根據中華人民共和國海關總署令第43號，限制進境和限制出境物品如下。

（一）限制進境物品

1. 無線電收發訊機、通訊保密機。

2. 菸、酒。

3. 瀕危的和珍貴的動物、植物（均含標本），以及其種子和繁殖材料。

4. 國家貨幣。

5. 海關限制進境的其他物品。

（二）限制出境物品

1. 金銀等貴重金屬及其製品。

2. 國家貨幣。

3. 外幣及其有價證券。

4. 無線電收發訊機、通訊保密機。

5. 貴重中藥材。

6. 一般文物。

7. 海關限制出境的其他物品。

需要說明的是，對於上述物品，大陸並非完全禁止進出口，而是對其進出口有一定的限制。

大陸對外貿易主管部門對進出口貨物進行必要的限制管理，對限制進口或者出口的貨物實行配額或授權管理。配額是國家對一定產品實行數量限制的手段，許可證是由國家許可對外貿易經營者進口或出口某種貨物的證明。目前，大陸採用的是配額授權管理的措施，即配額與許可證結合使用，需要配額管理的商品必須申領許可證。除實行配額或授權管理外，對限制進出口的其他貨物，在實際進出口前須經大陸主管部門的許可，並簽發有關允許貨物進出口的證明，這些證

明統稱為許可證件。進出口許可證件是海關對限制進出口貨物驗放的重要依據。

　　常見的幾種限制物品所需憑證具體如：無線電收發信機，企業進口無線電發射設備須向海關遞交信息產業部無線電管理局簽發的「無線電設備進關審查批件」（監管證件代碼L）和有關「機電產品進口證明」或「機電產品進口登記表」，海關憑「雙證」驗放。對於瀕危物種，驗放憑證凡列入瀕辦字[2001] 1 號的「進出口野生動植物種商品目錄」的商品，海關憑國家瀕管辦或其授權辦事處發給的「野生動植物允許進出口證明書」驗放。對於文物，文物出境須由國家文物局指定省級文物行政管理部門進行鑒定，經鑒定許可出境的文物，由鑒定部門發給文物出境許可憑證，海關根據文物出境許可憑證和鑒定機關在出境文物上蓋A字頭火漆標識放行。

【108】進出口貨物減免稅介紹

　　企業進出口貨物時，主要涉及關稅、增值稅、消費稅等。由於企業進出口貨物品種、用途不同，則享受的減免稅政策也不同。現就進出口貨物（不包括固定資產項目）相關的減免稅政策、辦理流程簡介如下：

一、減免稅政策

　　（一）進口貨物

　　1. 增值稅

　　通常情況下，企業進口貨物須繳納增值稅。若企業進口貨物為「來料加工、進料加工、深加工結轉、修理物品」等特定貿易方式時，其屬於海關監管的貨物可享受暫時免稅優惠；若上述貿易方式的進口貨物加工後未出口，則企業仍須向海關補繳增值稅，同時補繳緩稅利息。

　　2. 關稅

　　通常情況下，企業進口貨物須繳納關稅。若企業進口貨物屬於法定減免稅、特定減免稅以及臨時減免稅等情況時，可享受免稅優惠。法定減免稅，是指依據「中華人民共和國海關法」和其他法律、法規的規定直接給予的減免稅；海關按規定辦理減免稅手續，查驗放行後即為結關。特定減免稅，是指國家相關部門對特定地區、特定企業或者特定用途的進口貨物，按照相關的稅收政策規定實行的減免稅；海關按規定辦理減免稅手續後並未結關，海關仍進行後續管理，海關監管年限期滿，辦理解除監管手續才是結關。臨時減免稅，是指海關總署等相關部門按照國務院的規定，根據某個單位、某類商品、某個時期或某批進口貨物的特殊情況、需要對其進口應稅貨物特案給予的減免關稅，例如展會所需的展覽品。

（二）出口貨物

1. 增值稅

企業出口貨物退稅率為零時，須視同內銷徵稅。若出口貨物退稅率不等於零時，企業出口免徵增值稅，同時可享受出口退稅的政策。生產型企業出口自產貨物或視同自產產品時，適用「免、抵、退」的政策；若出口非視同自產產品時，須視同內銷徵稅。貿易企業出口貨物時，適用「免、退」的政策。若企業出口貨物適用「免稅不退稅」時，企業須進行增值稅進項稅額轉出，企業減少增值稅留抵稅額則相當於繳納增值稅。

2. 關稅

企業出口貨物時，一般免繳出口關稅。若出口貨物屬於資源性產品、國家需要規範的產成品等情況時，需要繳納出口關稅。

二、辦理流程

企業辦理加工貿易手冊後，其進出口貨物可享受暫時免稅。以新設企業加工貿易為例，其加工貿易電子化手冊辦理流程如下：

1. 向商務局申請辦理生產能力證明

企業憑營業執照、批准證書、驗資報告影本（驗正本）、驗廠申請書（含企業基本情況介紹和目前開業投產進展情況）、房產證、土地證或是租賃合同、廠區規劃圖、生產工藝流程圖、環保局的審批意見，向商務局申請辦理生產能力證明，必要時商務局會至企業現場進行驗廠。

2. 憑生產能力證明向海關申請驗廠，海關驗廠時企業須注意保稅、非保稅貨物應分別儲存、生產等，同時財務部門應就保稅、非保稅貨物分別建帳等。

3. 向商務局申請辦理CA證書。

4. 向商務申請辦理加工貿易批准證。

5. 向海關備案加工貿易資料庫。

6. 憑以下資料向海關申請加工貿易電子化手冊：

（1）加工貿易業務批准證申請表。

（2）加工貿易申請表清單。

（3）進口料件申請備案清單。

（4）出口成品申請備案清單。

（5）出口製成品及對應進口料件消耗備案清單。

（6）加工貿易合同備案申請表。

（7）進口、出口合同。

（8）基本帳戶開立證明。

（9）生產工藝流程及出口成品單耗分析。

（10）加工貿易企業經營情況及生產能力證明。

【109】保稅倉庫及保稅貨物介紹

外商投資企業在生產經營過程中經常會牽涉到保稅貨物、保稅倉庫等事項，以下對此做簡單介紹。

一、保稅貨物

1. 保稅貨物的定義

保稅貨物是指海關批准未辦理納稅手續進境，在境內儲存、加工、裝配後複運出境的貨物。

2. 保稅貨物的特點

保稅貨物的最大特點，就是進口時暫免徵收關稅和進口環節增值稅，待貨物的最終流向確定後，海關再決定徵稅或免稅。根據進口貨物的類別以及進口企業的等級，海關可能會要求進口企業先繳納一定金額的保證金。

3. 保稅貨物的分類

保稅貨物主要可分為以下三類：

（1）儲存類保稅貨物：主要指保稅倉庫貨物。

（2）加工貿易保稅貨物：主要指為加工貿易而保稅進口的料件，以及用這些保稅料件生產的半成品、成品。

（3）區域保稅貨物：主要指保稅區和出口加工區貨物。

4. 保稅貨物的通關流程

（1）合同登記備案。

（2）進口貨物。

（3）儲存或加工後複運出口。

（4）核銷結案。

5. 注意事項

（1）保稅貨物的轉讓、轉移以及進出保稅場所，應當向海關辦

理有關手續，接受海關監管和查驗。

（2）加工貿易保稅進口貨物未經海關同意，不得抵押、質押、留置以及擅自挪用、串料等。

二、保稅倉庫

1. 保稅倉庫的定義

保稅倉庫，是指經海關批准設立的，專門存放保稅貨物及其他未辦結海關手續貨物的倉庫。

2. 保稅倉庫的類型

保稅倉庫按照使用對象不同，分為公用型保稅倉庫、自用型保稅倉庫。

公用型保稅倉庫由主營倉儲業務的中國大陸境內獨立企業法人經營，專門向社會提供保稅倉儲服務。自用型保稅倉庫由特定的中國大陸境內獨立企業法人經營，僅存儲供本企業自用的保稅貨物。

3. 可存入保稅倉庫的貨物類別及範圍

經海關批准下列貨物可以存入保稅倉庫：

（1）加工貿易進口貨物。

（2）轉口貨物。

（3）國際航行船舶和航空器的油料、物料和維修用零部件。

（4）供維修外國產品所進口寄售的零配件。

（5）外商暫存貨物。

（6）未辦結海關手續的一般貿易貨物。

（7）經海關批准的其他未辦結海關手續的貨物。

保稅倉庫不得存放國家禁止進境貨物，不得存放未經批准的，影響公共安全、公共衛生或健康、公共道德或秩序的國家限制進境貨物，以及其他不得存入保稅倉庫的貨物。

4. 保稅倉庫的優勢

（1）保稅倉庫是境內關外的概念，進口貨物進入保稅倉庫時無須繳納關稅及進口環節增值稅，待出庫時再進行報關進口，履行相關義務。

（2）對於出庫保稅倉儲貨物批量少、批次頻繁的，經海關批准可以辦理集中報關手續，從而減少報關次數，節省倉儲及物流成本。

5. 注意事項

根據「中華人民共和國海關對保稅倉庫及所存貨物的管理規定」（中華人民共和國海關總署令105號）相關規定：

（1）保稅倉儲貨物可以進行簡單加工，不得進行實質性加工。

（2）保稅倉儲貨物，未經海關批准，不得擅自出售、轉讓、抵押、質押、留置、移作他用或者進行其他處置。

（3）保稅倉儲貨物存儲期限為 1 年。確有正當理由的，經海關同意可予以延期；除特殊情況外，延期不得超過 1 年。

6. 保稅倉庫出口退稅

一般來說，企業出口貨物只有在貨物實際離境出口的情況下，才可辦理出口退稅，但對於符合無走私或重大違規行為、上一年度入倉貨物實際出倉離境率不低於99%、對入倉貨物實行全程電腦管理等條件的出口監管倉庫，經海關和國家稅務部門批准後可實行「入倉退稅政策」（中國國內貨物進入出口監管倉庫時，視同出口，享受出口退稅）。

【110】對海關的認定和處罰不服應如何解決

　　企業對海關的認定和處罰不服，通常可以採取行政復議、行政訴訟、申訴、國家賠償等救濟途徑，維護自身合法權益。

一、行政復議

　　行政復議，是指公民、法人或者其他組織認為行政主體的具體行政行為侵犯了其合法權益，依法向法定的行政復議關提出復議申請，行政復議機關依法對該具體行政行為進行合法性、適當性審查，並做出行政復議決定的行政行為。是公民、法人或其他組織通過行政救濟途徑解決行政爭議的一種方法。

　　公民、法人或其他組織認為海關的具體行政行為侵犯其合法權益，可以提出行政復議申請。

　　對於受理行政復議的機關，「中華人民共和國海關行政復議辦法」做了明確規定：公民、法人或者其他組織對海關做出的具體行政行為不服，可以向做出具體行政行為的海關的上一級海關，提出行政復議申請；對海關總署做出的具體行政行為不服的，向海關總署提出行政復議申請。對行政復議決定不服的，若行政復議決定不是最終裁決，則可以提起行政訴訟。

　　另外，公民、法人或其他組織提起行政復議申請，受期間的限制，應當自知道該具體行政行為之日起60日內提出。

二、行政訴訟

　　根據「中華人民共和國行政訴訟法」的規定，公民、法人或者其他組織認為行政機關和行政機關工作人員的具體行政行為侵犯其合法權益，也可以向人民法院提起訴訟，此即為行政訴訟。但並非所有行為都可直接至法院提起行政訴訟，對於法律規定「復議前置」的情況，比如納稅爭議事項，當事人須先向海關提起行政復議，對行政復

議不服的，才能提起行政訴訟。

　　一般情形下，對於不服海關處罰的案件，可以向做出處罰的海關所在地的中級人民法院提起訴訟；但是對於海關做出的限制人身自由的處罰，既可以向海關所在地的中級人民法院起訴，也可以向被處罰人所在地的中級人民法院提起訴訟。

　　關於提起行政訴訟的期限，若是直接提起行政訴訟，應當在知道做出具體行政行為之日起 3 個月內提出；若是不服行政復議決定後再向人民法院提起訴訟，應當在收到復議決定書之日起15日內提起訴訟。若復議機關逾期不做決定，申請人可以在復議期滿之日起15日內向法院提起訴訟。

三、申訴

　　對於海關的處罰，若超過法定行政復議或訴訟期限的，可以向海關提出行政申訴。

　　根據「中華人民共和國海關辦理申訴案件暫行規定」的規定，申訴人可以向做出原具體行政行為或者復議決定的海關提出申訴，也可以向其上一級海關提出申訴。海關申訴審查部門收到申訴人的書面申訴資料後，應當在 5 個工作日內進行審查，根據具體情形決定是否予以受理。

四、國家賠償

　　行政復議、行政訴訟、申訴都是程序上的救濟手段，若海關及其工作人員因行使職權給公民、法人、其他組織的人身權或財產權造成損害，當事人可以申請國家賠償。國家賠償的種類包括行政賠償、查驗賠償以及刑事賠償等。

　　1. 行政賠償，是指海關及其工作人員在履行職務過程中，違法行使職權，致使公民、法人或其他組織的財產權或人身權遭受損害符合法定情形，受害人有權要求賠償。受害人要求行政賠償應先向賠償

義務機關提出，也可以在申請行政復議和提起行政訴訟時一併提出。

2. 查驗賠償，即海關及其工作人員對查驗貨物造成的損害予以賠償。實施查驗的海關為賠償義務海關，若當事人對賠償有異議，可以先復議再訴訟，也可以直接提起訴訟。

3. 與行政賠償相比，刑事賠償的請求途徑比較單一。只能先向賠償義務機關提出申請，由賠償義務機關先行處理。賠償義務機關的先行處理程序是請求權人取得海關刑事賠償的必經程序，只有先向賠償義務機關請求賠償後，對賠償義務機關做出的處理決定不服的，才可以向有關機關復議和向人民法院賠償委員會請求賠償。

綜上，若對海關的認定和處罰有異議，可以根據具體處罰措施採取相應的救濟途徑，也可以將以上救濟途徑綜合運用以維護自身合法權益。

第七篇

與貿易相關的
法律問題及分析

【111】產品質量責任形式及分析

產品質量責任，是指產品的生產者、銷售者以及對產品質量負有直接責任的人員，違反產品質量義務所應承擔的各種法律後果。產品質量責任主要有三種形式，即民事責任、行政責任、刑事責任。在此，主要將銷售者（例如貿易公司）的產品質量責任進行分析。

一、民事責任

產品的民事責任，主要包括產品合同責任和產品侵權損害賠償責任。產品合同責任只存在於產品買賣雙方之間，即與產品的生產者、銷售者有合同關係的人或單位之間。

司法實踐中，產品銷售者承擔的合同責任主要針對：

1. 不具備產品應當具備的使用性能而事先未做說明。例如，電視機無法接收圖像、服裝縮水嚴重等，在銷售時未事先說明。

2. 不符合在產品或者其包裝上註明採用的產品標準。如果銷售者註明產品所採用的品質標準和產品的實際品質不符，銷售者應當向買方承擔產品的合同責任。

3. 不符合以產品說明、實物樣品等方式表明的品質狀況。這實際上屬於以其他方法對產品進行的虛假宣傳行為，銷售者應當對購買產品的買方承擔產品的合同責任。

由於產品的合同責任只存在於合同當事人之間，故買方只能找銷售者承擔責任，具體的責任承擔方式主要有修理、更換、退貨和賠償損失等。

產品侵權損害賠償責任則不限於合同當事人之間，只要因產品缺陷問題而遭受損害，即可向責任主體，例如銷售者，要求賠償因缺陷產品造成的人身、財產損害。賠償範圍有：造成人身傷害的，應賠償醫療費、護理費、誤工費、殘疾者生活自助機具費、生活補助費、

殘疾賠償金以及扶養人必需生活費等費用；造成受害人死亡的，應支付喪葬費、死亡賠償金以及死者生前扶養人必需生活費等費用。因產品存在缺陷造成受害人財產損失的，責任主體應恢復原狀或者折價賠償；受害人因此遭受其他重大損失的，責任主體應賠償損失。此外，受害人還可以要求賠禮道歉。

二、行政責任

實踐中，銷售過程若出現如下質量問題時，產品的銷售者需要承擔行政責任：

1. 銷售不符合保障人體健康及人身、財產安全的國家標準、行業標準的產品，例如：在乳製品中添加三聚氰胺等嚴重影響身體健康的情形。

2. 銷售者在產品中摻雜、摻假，以假充真，以次充好，或者以不合格產品冒充合格產品，例如味精中摻入食鹽。

3. 銷售者偽造檢驗資料或者檢驗結論。

4. 其他如偽造產品產地等情形。

銷售者承擔的行政責任主要有：產品不符合國家標準、行業標準及摻雜、摻假的，質量監管管理部門可責令停止生產，沒收違法生產、銷售的產品和違法所得，並處違法所得一倍以上五倍以下的罰款，情節嚴重的，工商行政管理部門有權吊銷營業執照；偽造檢驗資料或檢驗結論的，質量監督管理部門責令更正，可處以所收檢驗費一倍以上三倍以下的罰款，情節嚴重的，工商行政管理部門可吊銷營業執照。

三、刑事責任

銷售者如違反國家產品質量監督管理法律、法規，故意在產品中摻雜、摻假，以假充真，以次充好，或者以不合格產品冒充合格產品，銷售金額在 5 萬元以上的行為，將依法構成犯罪，需要承擔如

下刑事責任：銷售金額 5 萬元以上不滿20萬元的，處 2 年以下有期徒刑或者拘役，並處或者單處銷售金額50％以上二倍以下罰金；銷售金額20萬元以上不滿50萬元的，處 2 年以上 7 年以下有期徒刑，並處銷售金額50％以上二倍以下罰金；銷售金額50萬元以上不滿200萬元的，處 7 年以上有期徒刑，並處銷售金額50％以上二倍以下罰金；銷售金額200萬元以上的，處15年有期徒刑或者無期徒刑，並處銷售金額50％以上二倍以下罰金或者沒收財產。

【112】產品銷售和消費者權益保護

　　將產品銷售給消費者，不可避免的會面對消費者權益問題。如何有效處理產品銷售和消費者權益保護之間的關係，外商需要特別注意如下幾方面的問題。

　　消費者是指為了滿足個人生活消費而購買、使用商品或接受服務的自然人，不包括單位。但並非所有購買、使用商品或接受服務的自然人都可以成為受到「消費者權益保護法」保護的消費者，因為實務中還存在「知假買假」的自然人。根據目前的司法實踐，基本都確認「知假買假」的行為不屬於消費行為，從而不認可在這樣的購買、使用商品或接受服務中的個人屬於消費者，因此不受「消費者權益保護法」的保護。

　　對於外商來說，下述幾種日常生活中常見的消費者權利被侵犯的情形需要注意。

　　1. 產品質量問題引發的消費者被侵權

　　產品質量引發的侵犯消費者利益，是指由於產品質量低劣或不符合國家有關品質標準而造成對消費者利益的侵害，例如生產企業假冒名牌商標，假冒或仿造名牌產品，以次充好，以假亂真，偷工減料，而導致產品品質不符合國家相關質量標準。

　　2. 以不當競爭方式進行廣告宣傳而對消費者權利造成侵犯

　　採取不當競爭方式進行廣告宣傳，主要指運用不正當手段誇大自己產品地位、打擊競爭對手的廣告來進行產品宣傳。例如：（1）以明星、名人代言的形式，對自己生產或銷售的產品質量、性能、技術規格、原材料構成以及產品知名度等，進行誇大、虛假、欺騙性的宣傳，廣告內容嚴重失實；（2）利用措詞技巧模糊語意，故意使消費者誤解，或者通過欺騙性的「啟示」、「聲明」達到以次充好、推銷劣質產品的目的。

3. 不良的商業服務對消費者利益的侵害

在商業服務中，侵犯消費者權益的不良服務主要體現在有些企業商業服務態度惡劣，服務品質低下；有些企業採取種種欺騙手段推銷殘次商品，強行搭配，缺斤少兩，以次充好，商品出售後巧立各種名目（例如以特價商品名義）不予退換，不予維修等，從而嚴重侵犯了消費者的權益。

4. 消費者人格尊嚴受到的侵害

侵犯消費者人格尊嚴主要指消費者在消費過程中因為自身的行為或穿著打扮而被經營者歧視，諸如：消費者在超市或商場購物時，被懷疑「偷東西」而遭受檢查或搜身；或者因穿著樸素而被服務人員歧視等。

正是基於消費者在購買商品和接受服務時原則上處於弱勢地位，故法律在賦予消費者眾多權利之同時，也明確了經營者侵犯消費者權利的，需要承擔諸多法律責任。

1. 民事責任：對於不合格的商品，經營者應當負責修理、更換或者退貨。在保修期內兩次修理仍不能正常使用的，經營者應當負責更換或者退貨。侵犯人格尊嚴或人身自由的，經營者應當停止侵害、恢復名譽、消除影響、賠禮道歉，並賠償損失。經營者造成消費者或者其他受害人人身傷害的，應當支付醫療費、治療期間的護理費、因誤工減少的收入等費用；若造成殘疾的，除上述費用外，還應支付殘疾者生活補助費。

此外，經營者提供商品或者服務有欺詐行為的，應當按照消費者的要求增加賠償其受到的損失，增加賠償的金額為消費者購買商品的價格或者接受服務的費用的一倍，即經營者的欺詐行為將會遭受消費者的雙倍索賠。

2. 行政責任：對於侵犯消費者權益的，工商行政管理部門有權責令改正，可以根據情節單處或者並處警告、沒收違法所得、處以違

法所得1倍以上5倍以下的罰款，沒收違法所得的，處以1萬元以下的
罰款；情節嚴重的，責令停業整頓、吊銷營業執照。

　　3. 刑事責任：經營者違法提供商品或者服務，造成消費者或其
他受害人受傷、殘疾、死亡，將會被追究故意傷害（致死）罪；經營
者以暴力、威脅等方法阻礙有關行政部門工作人員依法執行職務，將
會構成妨害公務罪。

【113】商品銷售中價格欺詐行為的法律分析

價格欺詐行為，是指經營者利用虛假的或者使人誤解的標價形式或者價格手段，欺騙、誘導消費者或者其他經營者與其進行交易的行為。通常情況下，價格欺詐中的經營者包括從事消費品零售業務的貿易公司，或者通過商場等進行產品零售的生產型企業、貿易公司等，因此，瞭解「價格欺詐行為」對於貿易公司來說顯得尤為重要。

根據「禁止價格欺詐行為的規定」，目前主要有如下13種標價行為或價格手段會被認定為價格欺詐：

1. 虛假標價。即標價簽、價目表等所標示的品名、產地、規格、等級、質地、計價單位、價格等，或者服務的項目、收費標準等有關內容與實際不符，並以此為手段誘騙消費者或者其他經營者購買，例如某商品標價簽上標明產地是國外，而實際產地是中國大陸某地區。

2. 兩套價格。即對同一商品或者服務，在同一交易場所同時使用兩種標價簽或者價目表，以低價招徠顧客並以高價進行結算。

3. 欺騙性標價。即使用欺騙性或者誤導性的語言、文字、圖片、計量單位等標價，誘導他人與其交易。

4. 模糊標價和虛誇標價。即標示的市場最低價、出廠價、批發價、特價、極品價等價格表示無依據或者無從比較，例如某公司在其經營場所以「全市最低價」、「所有商品價格低於同行」等文字進行宣傳，而實際上其商品價格多數高於其他商家。

5. 虛假折價。即降價銷售所標示的折扣商品或者服務，其折扣幅度與實際不符，例如以「全場五折」類似的字眼宣傳，但實際上只有某些商品打折，或者實際標價與原價相差很大。

6. 對處理品不標價。即銷售處理商品時，不標示處理品和處理品價格的。

7. 不如實披露贈品情況。即採取價外饋贈方式銷售商品和提供服務時，不如實標示饋贈物品品名、數量，或者饋贈物品為假劣商品，例如買一贈一或買二贈一等宣傳，其贈品與原來的產品不一致，品質或數量縮水，或者不少商家故意模糊所送商品的品名、數量，甚至以假冒偽劣商品充當贈品。

8. 隱蔽價格附加條件。即收購、銷售商品和提供服務帶有價格附加條件時，不標示或者含糊標示附加條件。

9. 虛構原價。即虛構降價原因，虛假優惠折價，謊稱降價或者將要漲價，誘騙他人購買，例如商店降價銷售品牌服裝，虛構原價上千元，現價才幾百元，價格明明沒有降，卻故意虛構原價，打出降價的招牌。

10. 不履行價格承諾。即收購、銷售商品和提供服務前有價格承諾，卻不履行或者不完全履行。

11. 虛構比較價格。即謊稱收購、銷售價格高於或者低於其他經營者的收購、銷售價格，誘騙消費者或經營者與其進行交易。

12. 價質不符。即採取摻雜、摻假，以假充真，以次充好，短缺數量等手段，使數量或者品質與價格不符。

13. 謊稱「政府定價」。即對實行市場調節價的商品和服務價格，謊稱為政府定價或者政府指導價。實際上市場上絕大多數商品已實行市場調節價，極小部分被列入政府管理範圍，標價簽上的「市物價檢查所監製」等字樣，僅表明物價部門負責對其標價形式進行監管，而不表示政府機構參與定價。

經營者如有上述價格欺詐行為，需要承擔如下法律責任：

1. 行政責任，政府價格主管部門有權責令改正，沒收違法所得，可以並處違法所得五倍以下的罰款；沒有違法所得的，給予警告，可以並處 2 萬元以上20萬以下的罰款；情節嚴重的，責令停業整頓，或者由工商行政管理機關吊銷營業執照。

2.侵權責任：除了受到價格主管部門和工商行政管理部門的處罰之外，還有可能被消費者依照「消費者權益保護法」起訴和要求「退一賠一」的索賠，而且如果經營者的價格欺詐行為損害競爭對手利益，其他經營者甚至可以追究不正當競爭方面的民事責任。

【114】產品標識標註須注意事項分析

　　產品標識是指用於識別產品及其品質、數量、特徵、特性和使用方法，所做的各種表示的統稱，產品標識可以用文字、符號、數位、圖案以及其他說明物等表示，在實務中產品標識標註的內容通常用產品標籤來體現。產品標識標註在中國有明確的法律、法規規定，如何使自己生產或銷售的產品符合法律規定，是任何在中國大陸從事經營活動的企業必須面對的問題。

　　根據「產品標識標註規定」（以下簡稱「標識規定」）及相關規範性文件所訂的規定，正確進行產品標識的標註，需要做到如下幾個方面。

一、產品名稱表述要規範

　　根據「產品質量法」規定，一般產品的標識必須具有中文表明的產品名稱；另根據「標識規定」，產品名稱應當表明產品的真實屬性，並符合下列要求：

　　1. 國家標準、行業標準對產品名稱有規定時，應當採用國家標準、行業標準規定的名稱。

　　2. 國家標準、行業標準對產品名稱沒有規定的，應當使用不會引起用戶、消費者誤解和混淆的常用名稱或者俗名，例如乳酸飲品，依法不得被標註為乳酸奶品，因為乳酸飲品並不屬於牛奶類產品，只是飲料類產品。

二、產品標籤標註內容要全面

　　根據「產品質量法」的規定，產品或包裝上的標識不僅要真實，還要全面，不僅需要標註產品名稱、生產廠名、廠址，還需要針對一些特殊產品進行特別標註，例如限期使用的產品，應在顯著位置標明生產日期、安全使用期；易壞品、危及人身財產安全等產品，應

有警示標誌或中文警示說明；危險物品及其他特殊要求產品，需要做出警示標誌或者中文警示說明，標明儲運注意事項。

實務中很多企業的標識標註不全面，諸如食品標籤（尤其是饅頭、滷肉、炸雞等熟食及部分散裝食品）標註不全面，包裝標籤上往往沒有生產日期，而只表明質保期、包裝日期、有效期，而根據法律規定，食品的包裝上必須清楚明白地標明生產日期，而生產日期與包裝日期是不能等同的，實際上食品標籤標註不符規範的行為，即違反了「食品安全法」及「預包裝食品標籤通則」的規定。另外，有些乳製品需要低溫儲藏，否則裡面含有的活性菌就消失了，因此需要在標籤上標註具體的冷藏溫度，比如「2-3℃保存」字樣，但實踐中很多企業只標註「冷藏最佳」，沒有溫度。

三、產品尤其是進口食品需要貼中文標籤

根據「產品質量法」的規定，產品標識需要有中文標明的產品名稱、生產廠廠名和廠址，根據產品的特點和使用要求，需要標明產品規格、等級、所含主要成分的名稱和含量，用中文相應予以標明；「標識規定」則做出更為具體的規定，產品標識所用文字應當為中文，可以同時使用漢語拼音或者外文，漢語拼音和外文應當小於相應中文；使用的漢字、數位和字母，其字體高度不得小於1.8毫米。「食品安全法」還規定，進口的預包裝食品應當有中文標籤、中文說明書，沒有貼中文標籤的食品應立即下架。

此外，企業還要注意產品標識不符合法律、法規要求時，所應該承擔的行政法律責任。對於一般內容的標註不符合規定，例如沒有產品質量檢驗合格證明，沒有中文標明的產品名稱、生產廠廠名和廠址，沒有用中文標明產品規格、等級、所含主要成分的名稱和含量的，產品質量監督部門有權責令改正；但如對於重要內容的標註不符合法律、法規規定，例如限期使用的產品，未在顯著位置清晰地標明

生產日期和安全使用期或失效日期；使用不當，容易造成產品本身損壞或可能危及人身、財產安全的產品，沒有警示標誌或者中文警示說明規定的，產品質量監督部門不僅有權責令改正，而且情節嚴重的，產品質量監督部門可責令停止生產、銷售，並處違法生產、銷售產品貨值金額30％以下的罰款；有違法所得的，並處沒收違法所得。

【115】產品的成分標註與實際不符的法律分析

對產品的成分進行如實標註，是「產品質量法」、「產品標識標註規定」對標識（俗稱「標籤」）內容的重要要求之一。目前成分標註不實問題屢屢發生，這一方面是企業為了降低成本以次充好、沒有嚴格進行品質檢驗檢測，及為了應付國內外法律和迎合客戶要求等有關，另一方面也有因為企業對於成分標註的法律不瞭解而產生，甚至有些是因為擔心其產品成分方面的技術秘密洩露而不如實標註。

當前情況下，產品標註成分與實際不符，在服裝和食品行業的情況尤其突出，主要體現在：1. 原料成分含量與實際不符。在服裝吊牌方面這個問題尤其突出，諸如有些服裝滌棉標為純棉，甚至100%滌綸標為100%純棉，或者誇大纖維含量；2. 食品的營養成分與現實不符。諸如誇大蛋白質的含量，某些產品宣稱其蛋白質的含量達到4％，但實際經過專家的評估後，該產品的蛋白質含量可能僅僅2％左右。

產品標識標註的成分與實際不符，不僅嚴重影響企業的誠信，並且其出口的產品可能在國外遭到扣留，企業將需要承擔嚴重的法律責任。

一、民事責任

一方面，「消費者權益保護法」第八條規定，消費者享有知悉其購買、使用的商品或者接受的服務的真實情況的權利。消費者有權根據商品或者服務的不同情況，要求經營者提供商品的價格、產地、生產者、用途、性能、規格、等級、主要成分、生產日期、有效期限、檢驗合格證明、使用方法說明書、售後服務，或者服務的內容、規格、費用等有關情況。據此，消費者可以起訴至法院主張知情權，即有權要求經營者提供產品的成分及其他相關說明。另一方面，「消

費者權益保護法」第四十九條規定，經營者提供商品或者服務有欺詐行為的，應當按照消費者的要求增加賠償其受到的損失，增加賠償的金額為消費者購買商品的價款或者接受服務的費用的一倍。因此，經營者如提供不符合其包裝上註明的成分的產品，應當按照消費者的要求，賠償消費者購買商品的價款或者接受服務的費用的一倍的損失。

二、行政責任

對於產品的成分標註與實際不符的，根據「中華人民共和國產品質量法」和其他有關法律、法規規定，產品質量監督部門有權責令改正；情節嚴重的，可責令停止生產、銷售，並處違法生產、銷售產品貨值金額30％以下的罰款；有違法所得的，並處沒收違法所得。如不僅是標註與實際不符，且在產品中摻雜、摻假，以假充真，以次充好，或者以不合格產品冒充合格產品的，工商行政管理部門有權責令改正，可以根據情節單處或者並處警告、沒收違法所得、處以違法所得一倍以上五倍以下的罰款，沒有違法所得的處以 1 萬元以下的罰款；情節嚴重的，責令停業整頓、吊銷營業執照。

基於產品如實標註的重要性和標註不實需要承擔的法律後果，如何準確標註就顯得尤為重要，對此，企業必須瞭解國內外產品標識標註的法規，以及各個行業標識標註的法規，還應關注行業的技術法規，嚴格按照出口國或進口國的要求組織生產，進一步準確標註出口產品的成分。

此外，對於「化妝品標識管理規定」、「食品標識管理規定」及「消費者使用說明—化妝品通用標籤」（GB5296.3-2008）（1）中所要求的，企業因公開產品的全成分表等而可能引起技術秘密洩露的問題，企業一方面需要認真瞭解、理解和遵守現行法律法規、規章要求，例如化妝品全成分標註只要求公開成分名稱而並不要求公開成分含量；另一方面也要對其產品的組成成分以及含量所構成的技術秘

密進行分析，並且根據分析結果將產品的秘密予以分類，如果技術保密在於特殊成分的產品，符合專利要求的，可以考慮申請專利；對於技術保密在於成分含量的產品，應進一步分析產品遭到他人破解的可能性，如果容易遭到他人破解，也可以考慮申請專利；反之，應該聘請專業人士協助企業制定既符合法律要求又符合產品特點的保密方案予以保護。

【116】虛假宣傳的主要情形及法律責任

　　虛假宣傳是指在商業活動中，經營者利用廣告或者其他方法，對商品或者服務做出與實際內容不相符的虛假資訊，導致客戶或消費者誤解的行為。這種行為違反誠實信用原則，是一種違反法律的不正當競爭行為。

一、虛假宣傳的主要情形

　　虛假宣傳最常見的方式，是經營者利用廣告進行，除此之外，經營者還有利用諸如在經營場所對商品做虛假的文字標註；雇傭他人做銷售性的誘導（俗稱「托兒」）；散發、郵寄虛假的產品說明書或其他宣傳資料等。

　　經營者利用廣告或其他方法進行虛假宣傳的，主要針對商品或服務的信息方面，並體現在對商品或服務的特徵、商品的產地、價格、品質、製作成分、性能、用途、生產者、有效期限及其他情況，具體來說，實踐中主要有如下情形：

　　1. 對商品的特徵做片面或誇大的宣傳。商品的特徵是指商品的用途、功能以及其他特性，虛假廣告經常把商品的特徵美化，誇大商品的效能，諸如「一口氣上十樓，一點兒也不費勁」，就是典型的擴大商品特徵的虛假廣告，同時一些廣告用語，諸如：「療效最佳」、「藥到病除」、「根治」、「藥之王」，也是相當典型的誇大宣傳。

　　2. 對商品的原料或商品的來源做虛假的宣傳。經營者利用多種方式來對商品原料進行不實宣傳，諸如：廣告常以「純天然」、「原生態」等類似的詞彙，來宣傳商品的原料以招徠顧客，實際上原料明明是人造的或是幾種材料的混合體。商品的來源，主要是從地理上表示商品的出處，對於馳名商品尤其重要。現實中很多經營者假冒優質

的商品產地做虛假宣傳，諸如常見的「本××酒產於×××國葡萄酒之鄉」，實際上其產品為國內某個地方生產。

3. 虛假宣傳企業的歷史淵源及規模。常見的在廣告中給商店冠以「百年老店」的稱號，其實只有十幾年歷史；規模甚小的個人獨資企業、合夥企業，卻以「公司」或「集團」對外宣稱，這種廣告就涉嫌虛假宣傳。

二、須承擔的法律責任

經營者做虛假宣傳的，需要依法承擔如下行政、民事、刑事方面的法律責任。

1. 行政責任：經營者利用廣告或其他方法，對商品做引人誤解的虛假宣傳，工商行政管理部門應責令停止違法行為，消除影響，可以根據情節處以 1 萬元以上20萬元以下罰款。廣告經營者在明知或者應知的情況下，代理、設計、製作、發布虛假廣告的，工商行政管理部門應當責令停止違法行為，沒收違法所得，並依法處以罰款。利用廣告對商品或服務做虛假宣傳的，由工商行政管理機關責令廣告主停止發布，並以等額廣告費用在相應範圍內公開更正消除影響，並處廣告費用一倍以上五倍以下罰款，情節嚴重的，依法停止其廣告業務。

2. 民事責任：由於現有法院受理案件的案由中，並無消費者權益保護糾紛案由，消費者認為其權益受到損害，通常是以買賣合同糾紛（購買有形物品）、服務合同糾紛（購買服務）或產品責任糾紛等方式向法院提起民事訴訟。若消費者選擇買賣合同糾紛或服務合同糾紛，則只能提出被告承擔違約責任的訴訟請求。若消費者選擇產品責任糾紛，乃依據侵權提出訴訟請求，可要求雙倍賠償、賠禮道歉等。

此外，經營者的虛假宣傳行為可能構成對其他企業的不正當競爭，其他企業可向法院起訴要求停止侵權、消除影響、賠禮道歉及賠

償經濟損失等。

　　3. 刑事責任：廣告主（即經營者）、廣告經營者、廣告發布者利用廣告對商品或服務做虛假宣傳，情節嚴重的行為將構成虛假廣告罪。構成犯罪的，如主體為自然人，則處 2 年以下有期徒刑或者拘役，並處或者單處罰金；如主體是單位，則對單位判處罰金，對其直接負責的主管人員和其他直接責任人員，依上述規定追究刑事責任。

【117】不正當競爭的分類及分析

根據大陸「反不正當競爭法」的相關規定，所謂不正當競爭，是指經營者違反本法規定，損害其他經營者的合法權益，擾亂社會經濟秩序的行為。這裡所稱的經營者，是指從事商品經營或者營利性服務（以下所稱商品包括服務）的法人、其他經濟組織和個人。因此，除了企業外，其他從事經營活動的經濟組織和個體工商戶，同樣也受「反不正當競爭法」的制約，任何經營者違反了此法，當地的工商行政管理部門均有權對其進行相應的處罰，而該不正當行為性質惡劣，影響巨大，已達到認定為刑事犯罪標準的，經營者及該經營者的主要負責人員，還可能承擔相應的刑事責任。

具體講，大陸的「反不正當競爭法」主要規定了如下不正當競爭行為。

一、仿冒行為

仿冒行為有多種，主要包括：假冒他人的註冊商標；假冒他人產品，擅自使用知名商品特有的名稱、包裝、裝潢，或者使用與知名商品近似的名稱、包裝、裝潢，造成混淆，使購買者誤認為是該知名商品；擅自使用他人的企業名稱或者姓名，引人誤認為是他人商品；假冒註冊商標或認證，在商品上偽造或者冒用認證標誌、名優標誌等品質標誌，偽造產地，對商品品質做引人誤解的虛假表示。仿冒行為是最常見的一種不正當競爭行為，而根據相關規定，對前述仿冒行為，監督檢查部門應當責令停止違法行為，沒收違法所得，可以根據情節處以違法所得一倍以上三倍以下的罰款；情節嚴重的，可以吊銷營業執照；銷售偽劣商品，構成犯罪的，依法追究刑事責任。

二、商業賄賂行為

經營者不得採用財物或者其他手段，進行賄賂以銷售或者購買

商品。具體請見【123】（第336頁），此處不再贅述。

三、虛假廣告

按相關規定，經營者不得利用廣告或者其他方法，對商品的質量、製作成分、性能、用途、生產者、有效期限、產地等，做引人誤解的虛假宣傳。需要說明的是，根據大陸工商總局1993年發布的「關於認定處理虛假廣告問題的批復」，關於虛假廣告，一般應從以下兩個方面認定：一是廣告所宣傳的產品和服務本身是否客觀、真實；二是廣告所宣傳的產品和服務的主要內容（包括產品和服務所能達到的標準、效用、所使用的註冊商標、獲獎情況，以及產品生產企業和服務提供單位等）是否真實，凡利用廣告捏造事實，以並不存在的產品和服務進行欺詐宣傳，或廣告所宣傳的產品和服務的主要內容與事實不符，均應被認定為虛假廣告。監管部門對虛假廣告的認定，一直保持最嚴格的標準，外商投資企業應該尤其注意對自己廣告的內容進行審查，不要因為無意中誇大自身的產品或服務，而觸犯了相關的法律規定。

四、侵犯他人商業秘密

按「反不正當競爭法」的規定，經營者不得侵犯他人的商業秘密，這裡所稱的商業秘密，是指不為公眾所知悉、能為權利人帶來經濟利益、具有實用性並經權利人採取保密措施的技術信息和經營信息。法律規定侵犯他人商業秘密的行為，主要有如下幾種。

1. 以盜竊、利誘、脅迫或者其他不正當手段，獲取權利人的商業秘密。

2. 披露、使用或者允許他人使用以前項手段獲取的權利人的商業秘密。

3. 違反約定或者違反權利人有關保守商業秘密的要求，披露、使用或者允許他人使用其所掌握的商業秘密。

　　最後，根據「反不正當競爭法」的相關規定，諸如傾銷、附加不正當附條件的銷售行為、不正當有獎銷售行為、串通投標等，均應視為不正當競爭行為。

【118】侵犯他人註冊商標

　　根據大陸「商標法」的相關規定，註冊商標受法律保護，任何人不得侵犯他人的註冊商標，而法律明文規定的侵犯註冊商標專用權的行為，主要有如下幾種。

　　1. 未經商標註冊人的許可，在同一種商品或者類似商品上使用與其註冊商標相同或者近似的商標。

　　2. 銷售侵犯註冊商標專用權的商品。

　　3. 偽造、擅自製造他人註冊商標標識，或者銷售偽造、擅自製造的註冊商標標識。

　　4. 未經商標註冊人同意，更換其註冊商標並將該更換商標的商品又投入市場。

　　5. 給他人的註冊商標專用權造成其他損害。

　　根據大陸「商標法」及其他法律法規的相關規定，侵犯他人註冊商標，應承擔如下法律責任。

一、行政責任

　　根據「商標法」第五十三條的規定，有侵犯註冊商標專用權行為之一，引起糾紛的，由當事人協商解決；不願協商或者協商不成的，商標註冊人或者利害關係人可以向人民法院起訴，也可以請求工商行政管理部門處理。即商標註冊人或者利害關係人發現有人侵犯其註冊商標，可以選擇直接向法院起訴，也可以選擇向工商行政管理部門舉報。

　　按規定，工商行政管理部門處理時，如經調查最終認定侵權行為成立的，工商行政管理部門有權責令侵權人立即停止侵權行為，沒收、銷毀侵權商品和專門用於製造侵權商品、偽造註冊商標標識的工具，並可處以罰款。罰款數額為非法經營額三倍以下；非法經營額無

法計算的，罰款數額為10萬元以下。

二、民事責任

同樣按照「商標法」第五十三條的規定，商標註冊人或者利害關係人發現有人侵犯其註冊商標，選擇直接向法院起訴時，可要求侵權人停止侵權行為，並賠償損失。停止侵權行為包括停止使用與註冊商標相同或者近似的商標及生產、銷售侵權商品等一切侵權行為，而且，商標註冊人或者利害關係人有證據證明他人正在實施或者即將實施侵犯其註冊商標專用權的行為，如不及時制止，將會使其合法權益受到難以彌補的損害的，還可以向法院申請禁令。

另外，根據最高人民法院的司法解釋，人民法院依據商標法第五十六條第一款的規定確定侵權人的賠償責任時，可以根據權利人選擇的計算方法計算賠償數額，具體的計算方法可以為侵權人在侵權期間因侵權所獲得的利益，或者被侵權人在被侵權期間因被侵權所受到的損失，包括被侵權人為制止侵權行為所支付的合理開支。其中，侵權所獲得的利益，可以根據侵權商品銷售量與該商品單位利潤乘積計算；因被侵權所受到的損失，可以根據權利人因被侵權所造成商品銷售減少量，或者侵權商品銷售量與該註冊商標商品的單位利潤乘積計算。該商品單位利潤無法查明的，按照註冊商標商品的單位利潤計算。如侵權人因侵權所得利益，或者被侵權人因被侵權所受損失難以確定的，由中國大陸人民法院根據侵權行為的情節判決給予50萬元以下的賠償。

三、刑事責任

根據「刑法」的規定，侵權人侵犯他人註冊商標，情節嚴重，構成犯罪的，商標權利人還可以直接向公安部門報案追究侵權人的刑事責任。刑事責任具體包括：

1. 未經註冊商標所有人許可，在同一種商品上使用與其註冊商

標相同的商標，情節嚴重的，處 3 年以下有期徒刑或者拘役，並處或者單處罰金；情節特別嚴重的，則會被處 3 年以上 7 年以下有期徒刑，並處罰金。

2. 銷售明知是假冒註冊商標的商品，銷售金額數額較大的，處 3 年以下有期徒刑或者拘役，並處或者單處罰金；銷售金額數額巨大的，處 3 年以上 7 年以下有期徒刑，並處罰金。

3. 偽造、擅自製造他人註冊商標標識，或者銷售偽造、擅自製造的註冊商標標識，情節嚴重的，處 3 年以下有期徒刑、拘役或者管制，並處或者單處罰金；情節特別嚴重的，處 3 年以上 7 年以下有期徒刑，並處罰金。

【119】侵犯專利

　　根據大陸「專利法」的相關規定，專利權人的專利權受法律保護，專利權被授予後，除法律特別規定的情形外，任何單位或者個人未經專利權人許可，都不得實施其專利，未經專利權人許可擅自實施其專利的行為即應視為是侵犯專利權的行為。而根據申請專利的不同類型，實施專利的行為也不盡相同，其中：

　　1. 針對發明和實用新型專利，其實施專利的行為包括為生產經營目的製造、使用、許諾銷售、銷售、進口其專利產品的行為，或者使用其專利方法以及使用、許諾銷售、銷售、進口依照該專利方法直接獲得的產品的行為。

　　2. 針對外觀設計專利，實施專利的行為則包括為生產經營目的製造、許諾銷售、銷售、進口其外觀設計專利產品的行為。

　　而與侵犯他人註冊商標專用權一樣，侵犯他人的專利權，同樣須承擔相應的行政責任、民事責任甚至刑事責任。

一、行政責任

　　按相關規定，未經專利權人許可，實施其專利，即侵犯其專利權，專利權人可以請求管理專利工作的部門處理。管理專利工作的部門如認定侵權行為成立，有權責令侵權人立即停止侵權行為。同時，管理專利工作的部門應當事人的請求，可以就侵犯專利權的賠償數額進行調解。

　　另外，根據相關法律規定，假冒專利除依法承擔民事責任外，由管理專利工作的部門責令改正並予公告，沒收違法所得，可以並處違法所得四倍以下的罰款；沒有違法所得的，則可以處20萬元以下的罰款。

二、民事責任

除了向專利管理部門舉報外，專利權人也可以直接向法院提起訴訟，要求法院判令侵權人停止侵權行為，賠償損失。

1. 專利權人有證據證明侵權人正在實施或者即將實施侵犯專利權的行為，如不及時制止將會使其合法權益受到難以彌補的損害，在向法院提供相應擔保後，可以在起訴前向人民法院申請採取責令停止有關行為的措施，即訴前禁令。

2. 侵犯專利權的賠償數額，按照權利人因被侵權所受到的實際損失確定；實際損失難以確定的，可以按照侵權人因侵權所獲得的利益確定。權利人的損失或者侵權人獲得的利益難以確定的，參照該專利許可使用費的倍數合理確定。賠償數額還應當包括權利人為制止侵權行為所支付的合理開支。另外，權利人的損失、侵權人獲得的利益和專利許可使用費均難以確定的，人民法院可以根據專利權的類型、侵權行為的性質和情節等因素，確定給予 1 萬元以上100萬元以下的賠償。

三、海關救濟

中華人民共和國國務院頒布的「中華人民共和國知識產權海關保護條例」的相關規定，在符合條件的情況下，專利權人還可以依照相關法規要求海關給予侵權人相應的處罰，因本章有專門的文章進行介紹，這裡不再冗述。

四、刑事責任

根據「刑法」第二百十六條的規定，假冒他人專利，情節嚴重的，處 3 年以下有期徒刑或者拘役，並處或者單處罰金。

最後，需要提醒的是，有下列情形之一，不視為侵犯專利權：

1. 專利產品或依照專利方法直接獲得的產品，由專利權人或經其許可的單位、個人售出後，使用、許諾銷售、銷售、進口該產品。

2. 在專利申請日前已經製造相同產品、使用相同方法或者已經做好製造、使用的必要準備,並且僅在原有範圍內繼續製造、使用。

3. 臨時通過中國領陸、領水、領空的外國運輸工具,依照其所屬國與中國簽訂的協議或者共同參加的國際條約,或者依照互惠原則,為運輸工具自身需要而在其裝置和設備中使用有關專利。

4. 專為科學研究和實驗而使用有關專利。

5. 為提供行政審批所需要的信息,製造、使用、進口專利藥品或者專利醫療器械,以及專門為其製造、進口專利藥品或者專利醫療器械。

【120】壟斷的相關問題法律分析

所謂壟斷，原指站在市集的高地上操縱貿易，後來泛指把持和獨占，結合大陸「反壟斷法」的相關規定，壟斷行為是指排除、限制競爭以及可能排除、限制競爭的行為，壟斷行為具體包括經營者達成壟斷協議、經營者濫用市場支配地位，及具有或者可能具有排除、限制競爭效果的經營者集中。

一、達成壟斷協議

所謂壟斷協議，是指排除、限制競爭的協議、決定或者其他協同行為。

依照法律規定，禁止具有競爭關係的經營者達成下列內容的壟斷協議：1. 固定或者變更商品價格；2. 限制商品的生產數量或者銷售數量；3. 分割銷售市場或者原材料採購市場；4. 限制購買新技術、新設備或者限制開發新技術、新產品；5. 聯合抵制交易。同時，法律還禁止經營者與交易相對人達成下列內容的壟斷協議：1. 固定向第三人轉售商品的價格；2. 限定向第三人轉售商品的最低價格。

經營者違反規定，達成並實施壟斷協議的，反壟斷執法機構有權責令其停止違法行為，沒收違法所得，並處上一年度銷售額1％以上10％以下的罰款；尚未實施所達成的壟斷協議的，可以處50萬元以下的罰款。

二、濫用市場支配地位

所謂市場支配地位，是指經營者在相關市場內具有能夠控制商品價格、數量或者其他交易條件，或者能夠阻礙、影響其他經營者進入相關市場能力的市場地位。企業如符合具有市場支配地位經營者的條件，則禁止其從事下列濫用市場支配地位的行為：

1. 以不公平的高價銷售商品，或者以不公平的低價購買商品。

2. 沒有正當理由，以低於成本的價格銷售商品。

3. 沒有正當理由，拒絕與交易相對人進行交易。

4. 沒有正當理由，限定交易相對人只能與其進行交易或者只能與其指定的經營者進行交易。

5. 沒有正當理由搭售商品，或者在交易時附加其他不合理的交易條件。

6. 沒有正當理由，對條件相同的交易相對人在交易價格等交易條件上實行差別待遇。

同時，依照相關法律規定，經營者違反規定濫用市場支配地位的，由反壟斷執法機構責令停止違法行為，沒收違法所得，並處上一年度銷售額1％以上10％以下的罰款。

三、經營者集中

所謂經營者集中是指下列情形：

1. 經營者合併。

2. 經營者通過取得股權或者資產的方式，取得對其他經營者的控制權。

3. 經營者通過合同等方式取得對其他經營者的控制權，或者能夠對其他經營者施加決定性影響。

依照大陸「反壟斷法」的相關規定，經營者集中具有或者可能具有排除、限制競爭效果的，國務院反壟斷執法機構應當做出禁止經營者集中的決定。

同時，根據大陸國務院2008年8月3日發布的「國務院關於經營者集中申報標準的規定」，經營者集中達到下列標準之一，經營者應當事先向國務院商務主管部門申報，未申報的不得實施集中：

1. 參與集中的所有經營者上一會計年度在全球範圍內的營業額

合計超過100億元人民幣，並且其中至少兩個經營者，上一會計年度在中國境內的營業額均超過 4 億元人民幣。

2. 參與集中的所有經營者，上一會計年度在中國境內的營業額合計超過20億元人民幣，並且其中至少兩個經營者上一會計年度在中國境內的營業額均超過 4 億元人民幣。

如經營者違反法律規定實施集中，由國務院反壟斷執法機構責令停止實施集中、限期處分股份或者資產、限期轉讓營業以及採取其他必要措施恢復到集中前的狀態，並可以處50萬元以下的罰款。

最後，根據「反壟斷法」的相關規定，經營者實施壟斷行為，給他人造成損失的，依法承擔民事責任。不過，由於大陸「反壟斷法」頒布的時間較晚，而且一些規定具有較強的原則性和抽象性，涉及人民法院的操作條款相對比較簡單，因此，目前追究經營者壟斷行為法律責任的成功案例還很少。

【121】兩種海關知識產權保護方式的分析

　　權利人的知識產權被侵犯時，權利人可以選擇直接向法院起訴或向工商行政管理部門舉報，要求侵權人承擔相應的民事責任或行政責任；情節嚴重的，權利人還可以向公安部門舉報，要求侵權人承擔刑事責任。而除了前述的維權方式外，針對須辦理進出口的商品，權利人還可以向海關尋求知識產權保護。所謂的海關知識產權保護，指海關依法禁止侵犯知識產權的貨物進出口的措施，根據中華人民共和國國務院頒布的「中華人民共和國知識產權海關保護條例」（以下簡稱為「條例」）及其實施條例等法律的規定，海關知識產權保護分為「主動保護」和「被動保護」兩種模式，針對不同的保護模式，侵權人須承擔的侵權責任的方式也不同。

一、主動保護

　　所謂主動保護，又稱依職權保護，是指知識產權權利人須事先將其須保護的知識產權向海關申請備案，對已備案的知識產權，如海關在日常監管的過程中發現有人進出口疑似侵犯備案知識產權的貨物的，應及時通知知識產權權利人，並依據知識產權權利人提出的申請扣留侵權嫌疑貨物。

　　根據相關規定，已經在海關備案過的權利人向海關申請扣留侵權嫌疑貨物後，海關有權扣留侵權嫌疑貨物50天，並依職權對被扣留的侵權嫌疑貨物及有關情況進行調查，經海關調查後認定侵犯知識產權的，海關有權直接沒收侵權貨物，並將侵犯知識產權貨物的有關情況書面通知知識產權權利人。另外，按照相關規定，被沒收的侵犯知識產權貨物可以用於社會公益事業的，海關應當轉交給有關公益機構用於社會公益事業；知識產權權利人有收購意願的，海關可以有償轉讓給知識產權權利人。被沒收的侵犯知識產權貨物無法用於社會公益

事業且知識產權權利人無收購意願的，海關可以在消除侵權特徵後依法拍賣，但對進口假冒商標貨物，除特殊情況外，不能僅清除貨物上的商標標識即允許其進入商業渠道；侵權特徵無法消除的，海關應當予以銷毀。

海關的處罰措施屬於侵權人須承擔的一種行政責任，而海關扣留侵權貨物後，知識產權的權利人還有權依法向法院提起訴訟，要求侵權人承擔相應的賠償責任。

二、被動保護

所謂被動保護，又稱依申請保護，是指知識產權權利人發現侵權嫌疑貨物即將進出口時，可以向貨物進出境地海關直接提出扣留侵權嫌疑貨物的申請，要求當地海關扣留侵權嫌疑貨物。辦理貨物進出口的海關收到權利人的申請後，可依職權對權利人的申請進行考察，如權利人的申請符合規定且已依法提供擔保，海關有權扣留侵權嫌疑貨物20日，以書面通知知識產權權利人，並將海關扣留憑單送達收貨人或者發貨人。

需要說明的是，「主動保護」模式與「被動保護」模式最大的區別在於，未事先在海關進行知識產權備案的權利人，只能向海關申請被動保護，而在被動保護模式下，海關只能依職權扣留侵權嫌疑貨物20日，不能對侵權行為進行調查，也不能沒收侵權嫌疑貨物，對侵權人進行行政處罰，知識產權權利人須同時向法院提起訴訟，追究侵權人的民事責任，另外，權利人還須注意要求人民法院向海關發出協助執行通知，以持續扣押侵權貨物。

【122】商業賄賂行為及法律責任分析

　　所謂商業賄賂，是指經營者為銷售或者購買商品，而採用財物或者其他手段賄賂對方單位或者個人的行為。從法律上，商業賄賂行為屬於不正當競爭行為，大陸「反不正當競爭法」第八條明確規定：「經營者不得採用財物或者其他手段進行賄賂以銷售或者購買商品。」同時根據大陸國家工商行政管理總局於1996年11月15日頒布的「關於禁止商業賄賂行為的暫行規定」，經營者的賄賂行為即包括直接給予賄賂對象財物（泛指現金和實物，包括經營者為銷售或者購買商品，假借促銷費、宣傳費、贊助費、科研費、勞務費、諮詢費、傭金等名義，或者以報銷各種費用等方式，給付對方單位或者個人的財物），也包括例如提供國內外各種名義的旅遊、考察等給付財物以外的其他利益的手段。

　　另外，給予回扣也是一種典型的商業賄賂行為，這裡所稱的回扣，是指經營者銷售商品時在帳外暗中以現金、實物或者其他方式，退給對方單位或者個人的一定比例的商品價款。而所謂的帳外暗中，是指未在依法設立的反映其生產經營活動或者行政事業經費收支的財務帳上，按照財務會計制度規定明確如實記載，包括不記入財務帳、轉入其他財務帳或者做假帳等。實務中，屬於商業賄賂的給予回扣行為，與正常的商務交往中，給予客戶折扣、返利，以及給予介紹人傭金等，非常容易混淆，而根據「關於禁止商業賄賂行為的暫行規定」的精神，「帳外暗中」是區分回扣和折扣、返利、傭金等的最重要因素。具體而言，折扣、返利與回扣主要有兩點區別：折扣、返利都會在經營者的帳目上如實體現，回扣則無法正常入帳；另外，折扣只能支付給交易對方，　回扣則可能是支付給對方的員工或影響交易的第三方。而回扣和傭金的具體區別，除了傭金應如實入帳外，還要看收取傭金的一方是否提供了真實的居間服務，以及收取傭金的一方是否

有符合法律規定的資格。

最後，需要說明的是，商業賄賂行為會導致行為人承擔行政責任和刑事責任兩方面的責任。

一、行政責任

商業賄賂行為尚未構成犯罪的，由工商行政管理部門對經營者予以行政處罰，依照「反不正當競爭法」的規定，工商行政管理部門有權根據情節對違法者處以 1 萬元以上20萬元以下的罰款，有違法所得的，應當予以沒收。工商行政管理部門的處罰對象只能是單位（但個體工商戶另當別論），工商部門無權對單位的人員進行處罰。

二、刑事責任

根據大陸「刑法」的規定，為謀求不正當利益，行賄金額達到5,000元以上的，就已經可以構成「刑法」第一百六十四條對公司、企業或其他單位的工作人員行賄罪，依法應處以 3 年以下有期徒刑或拘役；數額巨大的，處 3 年以上10年以下有期徒刑，並處罰金。

如果行賄對象為國家公務員或國有企業工作人員，甚至是國家機關、國有公司、企業、事業單位委派到非國有公司、企業、事業單位、社會團體從事公務的人員，則都應以行賄罪論處，後果更為嚴重。而且，如涉及到刑事犯罪，不但是單位，具體負責賄賂行為的辦事人員和負責人員，也同樣要被追究刑事責任。

同時，根據大陸「刑法」第一百六十三條的規定，公司、企業的工作人員利用職務上的便利，索取他人財物或者非法收受他人財物，為他人謀取利益，數額較大的，處 5 年以下有期徒刑或者拘役；數額巨大的，處 5 年以上有期徒刑，可以並處沒收財產。國有公司、企業中從事公務的人員和國有公司、企業委派到非國有公司、企業從事公務的人員有前述行為的，應以受賄罪論處。

【123】無照經營行為及法律責任分析

　　無照經營，是指未按照法律和法規規定取得許可審批部門頒發的許可證，或未向工商行政管理部門申請工商登記、領取營業執照，擅自從事經營活動的行為。無照經營的處罰對象既可以是企業，也可以是自然人，根據中華人民共和國國務院於2002年12月18日國務院公布的「無照經營查處取締辦法」，無照經營行為主要有如下幾種：

　　1. 既無許可證也無執照的無照經營行為：即針對依法應取得經營許可證的行業，未依法取得許可證或者其他批准文件和營業執照，就擅自從事經營活動的無照經營行為。因為針對需要特別許可的行業，法律都對經營者的條件進行了限定，因此在達不到法定條件的情況下，無法取得行業的許可證或其他批准文件，相應的也就無法取得工商行政管理部門核發的營業執照。

　　2. 單純的無照經營行為：無須取得許可證或者其他批准文件即可取得營業執照而未依法取得營業執照，擅自從事經營活動的無照經營行為，這種情況相對較少，不過，需要說明的是，現實中很多企業有多個經營地址，但只就其中的一個地址進行了登記註冊，如果幾個地址都有經營行為的話，其他幾個地址實際都有無照經營的嫌疑，嚴格來講，工商行政管理部門可以對其進行查處。

　　3. 已經依法取得許可證或者其他批准文件，但未依法取得營業執照，擅自從事經營活動的無照經營行為，通常在已經取得了行業許可的情況下，不太可能不辦理營業執照，所以這種情況也不多見。

　　4. 執照失效後仍經營原業務的無照經營行為：指已經辦理註銷登記或者被吊銷營業執照，以及營業執照有效期屆滿後未按照規定重新辦理登記手續，擅自繼續從事經營活動的無照經營行為。需要說明的是，這裡的有效期滿應該理解為相關證照的最終到期時間，未及時辦理年檢不應視為無照經營行為。

　　5. 超越經營範圍的無照經營行為：指超出核准登記的經營範圍、擅自從事應當取得許可證或者其他批准文件方可從事的經營活動的違法經營行為。實際上很多時候，企業從事與其經營範圍相關的業務，特別是其上下游的產業，很難界定其是否已經超越了經營範圍。不過，針對特殊資格，例如建築企業的資格許可，在許可證上會清楚註明企業可從事的業務範圍，一旦超越經營範圍，經營者除了要面臨工商部門的查處外，其行業主管部門也可能會對其進行相應的處罰。

　　最後，無照經營行為可能會導致行政責任和刑事責任兩種法律後果。

一、行政責任

　　根據「無照經營查處取締辦法」，工商行政管理部門為查處無證經營行為的主管機關，對從事無照經營行為的經營者，工商行政管理部門有權依法予以取締，沒收違法所得，並處 2 萬元以下的罰款；無照經營行為規模較大、社會危害嚴重的，並處 2 萬元以上20萬元以下的罰款；無照經營行為危害人體健康、存在重大安全隱患、威脅公共安全、破壞環境資源的，沒收專門用於從事無照經營的工具、設備、原材料、產品（商品）等財物，並處 5 萬元以上50萬元以下的罰款。

二、刑事責任

　　根據「刑法」第二百二十五條的規定，違反國家規定，有下列非法經營行為之一，擾亂市場秩序，情節嚴重的，處 5 年以下有期徒刑或者拘役，並處或者單處違法所得一倍以上五倍以下罰金；情節特別嚴重的，處 5 年以上有期徒刑，並處違法所得一倍以上五倍以下罰金或者沒收財產。

　　1. 未經許可經營法律、行政法規規定的專營、專賣物品或者其他限制買賣的物品。

2. 買賣進出口許可證、進出口原產地證明以及其他法律、行政法規規定的經營許可證或者批准文件。

即無照經營觸犯刑律的,可依照刑法關於非法經營罪追究刑事責任。

第八篇

交易風險控制
和債權回收

【124】從事內銷應特別注意的法律風險

外商投資企業在中國大陸從事內銷活動，經常發生的法律糾紛主要集中在與客戶之間的產品質量糾紛、逾期交貨糾紛、逾期付款糾紛，以及與經銷商、代理商之間的傭金代理糾紛等，這些糾紛都應予以高度注意。

一、產品質量糾紛

產品質量糾紛，主要包括貨物買賣過程中質量違約和產品缺陷等問題而引發的侵權糾紛等。一般的產品質量違約糾紛比較常見，通常以換貨、退貨、修補、折價等方式處理，也有要求支付違約金或賠償損失。而因產品缺陷發生侵害他人人身、財產權利的糾紛，則比較嚴重，直接導致的後果就是賠償損失，包括賠償財產損失、人身損失及精神損失。須注意的是，如果明知產品存在缺陷仍然生產、銷售，造成他人死亡或健康嚴重損害，被侵權人還有權請求相應的懲罰性賠償。此外，如果在產品中摻雜、摻假，以假充真，以次充好或者以不合格產品冒充合格產品，銷售金額達 5 萬元以上的，還可構成犯罪。

針對這些產品質量糾紛，企業應做好事前準備，並在發生糾紛後積極應對。事前準備，主要是謹慎簽約，對產品驗收、質量異議等內容予以明確，對違約責任的規定應儘量避免對自己過重的負擔。發生糾紛後，在未明確質量問題前，宜謹慎簽署和發送書面文件，並積極尋求第三方或政府部門的鑒定；如果確有責任，也應積極和解，並在達成和解後簽署保密協議。

二、逾期交貨糾紛

逾期交貨所產生的糾紛，通常只限於買賣雙方之間，影響面較小，只須承擔一般的違約責任即可。針對此類糾紛，一般應在簽約時

對交貨時間預留足夠空間，靈活約定交貨時間。發生逾期交貨時，應
積極採取補救措施，並儘量爭取達成延期交貨協議。此外還可以收集
相關免責證明，例如對方存在過錯、第三方責任或不可抗力造成逾期
交貨等，甚至還可主張「情勢變更」，所謂「情事變更」，是指客觀
情況發生重大變化，導致繼續履行合同對一方明顯不公平或者不能實
現合同目的情形，該變化為訂立合同時無法預見、非不可抗力造成的
變化，且不屬於商業風險的變化。符合上述條件的，可以請求法院變
更或者解除合同。

三、逾期付款糾紛

中國大陸對外開放雖然已有近30年時間，但整體的商業環境還
是與國外有一定的區別，特別是在商業誠信方面，有些中小企業商業
信譽較差，經常拖欠貨款。因此外商投資企業在與陌生客戶交易時，
宜先做好徵信調查，簽約時儘量約定充分，對可能產生的風險進行約
定，對逾期付款的違約責任予以明確，並要求提供相應的擔保。

四、與經銷商、代理商之間的傭金代理糾紛

傭金代理是指代理人或經紀人為委託人介紹生意或代買代賣，
並收取報酬的一種銷售模式。外商投資企業在大陸從事銷售活動，經
常會依託經銷商、代理商來鋪貨，開拓國內市場。但部分經銷商、代
理商的資質及信譽較差，委託他們經銷反而會對外商投資企業造成困
擾。為避免糾紛，在簽署傭金代理合同時，宜注意以下事項：

1. 簽約前要審慎考察對方的資信能力。
2. 明確代理區域和代理性質。
3. 對最低訂貨數量進行約定。
4. 要求支付保證金。
5. 明確了解貨物銷售價格體系，規定低價銷售的違約責任條款。
6. 明確傭金、返點獎勵的計算方法。
7. 對合同期滿庫存貨物的處理進行約定。

【125】對交易對方的徵信調查

外商投資企業從事內銷，主要是看中大陸市場規模大，潛在客戶多，有助於提升自己的業績。但需要注意的是，隨著客戶的增多，不能排除其中品質不良客戶也會隨之增多，而且大陸目前在信用制度的建設上，離國外尚有一定的差距，所以在與大客戶、重要客戶建立業務關係之前，有必要進行相應的徵信調查。

一、收集背景資料

主要包括企業合法存續情況，例如是否通過工商年檢，是否出資到位；是否具備從事經營活動必要的核准審批，例如食品行業要取得食品生產、流通許可證，並且這些核准是否在有效期內；企業的股東情況，股東是否實力雄厚，是否為皮包公司（即空殼公司），是否有充足的資產，包括個人股東的資產，以便萬一客戶惡意逃債時向股東追償；該公司目前的經營情況是否正常，例如審計報告是否顯示已經資不抵債，流動資金是否充足等。對於不同的客戶，所須注意的重點也會不同，比如選擇經銷商時，除了一般的履約能力外，還要調查其銷售網絡的情況等。這些資料，可以要求對方主動提供，也可以委託第三方徵信機構、律師進行調查。

二、打聽企業的信譽狀況

主要是瞭解管理團隊，包括法定代表人、總經理等人的履歷、經營能力及企業過去履約的情況等。可以通過該公司的員工、往來廠商、銀行、同行業進行瞭解。

三、實地考察核實

主要是通過實地考察客戶的每日進出人員情況、進貨及銷貨的出入情況等，估算其日常的經營活動是否與書面的資料一致，是否存在虛假等情況。

四、建立業務後仍應隨時關注

需要注意的是，客戶的信用狀況並不是一成不變的，之前生意興隆的企業，也有可能在一夜之間發生逆轉而破產倒閉。因此除了在建立業務之前要進行徵信調查外，業務建立之後，仍要隨時關注信用情況的變化，進行調查，防患於未然。

1. 要定期對客戶信譽進行評級，按照不同的信譽等級給予不同程度的關注。對於信用較佳的，可以一年徵信一次，對於信用等級較低的，徵信頻率也應相應增加。對於公司業務占比重較大的客戶，也應當增加徵信頻率，不能因為是大客戶或重要客戶就疏忽調查，因為有些大客戶業務規模擴充太快，導致資金周轉失靈，容易發生突發事件而倒閉。

2. 在客戶發生異動或接獲其有危險信息時，應立即進行徵信調查，瞭解其真實情況，並採取相應措施。這類情況主要包括訂單異常，有大幅增減情況；付款方式發生變更或遲延付款；經營團隊發生重大變化；關聯企業或同行業出現問題等。

如果發現對方信用有惡化的情形時，就要採取各種措施，以防患於未然，比如縮減信用額度，限制發貨數量，要求提供擔保等等。

根據最新公布的「最高人民法院關於適用『中華人民共和國企業破產法』若干問題的規定（一）」，今後除了資不抵債做為破產的情況之一外，明顯缺乏清償能力的，也可以列為破產因素。所謂「明顯缺乏清償能力」，主要是指因資金嚴重不足或者財產不能變現等原因，無法清償債務；法定代表人下落不明且無其他人員負責管理財產，無法清償債務；經人民法院強制執行，無法清償債務；長期虧損且經營扭虧困難，無法清償債務；導致債務人喪失清償能力的其他情形。因此在日常的業務中，企業需要注意收集這方面的資訊，如發現客戶資產仍充足，但清償能力明顯缺乏時，就要及時提起破產申請，以保護自己的合法權益。

【126】貨款的付款方式和信用制度的法律分析

在國際貿易中，企業通常以T/T或跟單信用證的方式，並配合不同的國際貿易術語，來解決付款及風險轉移的問題。而在內銷業務中，信用證很少被採用，主要是以款到發貨，或貨到後規定日期內付款，或按週期結算（即通常所謂的賒銷）等方式來解決付款問題。不同的付款方式，對銷售方的風險是不同的：款到發貨，風險最低，幾乎沒有風險；按週期結算則風險相對較大，因此需要以相應的信用額度來配套。按週期結算，通常是按月，或按30天、60天、90天等。不同的週期，即意味著給予不同的信用額度。但哪些客戶可以給予月結，哪些客戶可以給予90天結算，則需要公司以制度明確規定。

信用制度可根據公司的實際情況制定，但一般應包括年度信用計畫、壞帳水準控制線、信用標準、信用額度、提前付款的獎勵、拖欠付款的賠償等等。針對不同的客戶，還可以訂定不同的信用政策，例如區分大客戶、小客戶、老客戶、新客戶等等。另外針對不同的時期，例如促銷期，以及不同項目，例如重大項目等，還應進行特別規定。對於分期付款的項目，例如建設項目、集成項目、或貴重設備等，還要明確每一期的付款標準或時間，而且這些標準應該是容易度量和界定的。

按照信用制度賦予客戶信用後，公司還應當專人負責定期追蹤各個客戶的信用履行情況，是否發生違約，並對應收帳款帳齡進行分析。對於經常違反的客戶，要及時採取補救措施，包括縮短信用期、減少訂單、停止發貨或要求賠償等。

實踐中，常見企業會在合約中約定按某個固定週期付款，例如月結60天。但僅僅這樣的規定遠遠不夠，因為客戶的信用是隨時在發生變化的，當客戶已經發生了某個確定會嚴重影響付款能力的情況時，而付款時間還沒達到約定的60天，則銷售方就不能主張要求提前

付款，縮短付款週期；而且如果沒有相應的違約責任條款，即便60天到了，在對方不付款的情況下，銷售方的合法權益仍得不到有力保障。因此，可以考慮在合約中細化有關的信用制度，如果合約不能大幅度約定不同情況下的付款週期時，也可以考慮將公司的信用政策單獨做為合同的附件，由雙方簽字蓋章加以確認，明確銷售方可以根據客戶的償債能力或其他情況的變化或客戶的履約情況，而隨時調整付款週期，同時對於違反信用政策的客戶可以要求賠償等。

按週期結算方式，還須注意對帳問題。經常有客戶以帳未對清為由，不予支付款項。針對此類情況，可以在合約中約定：對於發生帳目無法對清時，應對雙方均認可的部分予以先期支付。這樣至少可以保障銷售方的一部分權益，其他有爭議部分，雙方另行協商處理。

【127】合同、訂單、補充協議比較分析

合同、訂單和補充協議，在很多場合經常被混用。日常業務中，企業經常以訂單為主要的書面交易憑證，並誤認為只要有訂單就不會有問題，但事實上並非如此。

合同、訂單和補充協議其實都是合約的一種，如果由當事人各方簽署並生效，就對各方均有約束力，並須嚴格遵守。但是，這三者之間的差異不能混淆。

一、合同、訂單和補充協議的區別

1. 內容不同

合同的內容規定得比較詳細，通常除了當事人的名稱或者姓名和住所、標的、數量、品質、價款或者報酬、履行期限、地點和方式這六個必備條款外，還會有違約責任、解決爭議的方法、包裝方式、檢驗標準和方法、結算方式、合同效力等條款。而訂單的內容和格式要簡單得多，通常只規定六個必備條款，有的時候甚至少於六個，但一般不影響權利義務的履行。至於補充協議，顧名思義就是對於合同或者訂單未規定的內容加以補充說明，往往是針對特殊的內容進行的細化約定，及對合同履行過程中新發生的情況進行的約定，例如約定特別的履行條件、付款方式，甚至可能變更原來合同的約定等等。

2. 適用範圍不同

訂單一般適用於不確定因素較少的產品，譬如日常辦公用具、簡單設備等，主要是圍繞產品規格、價錢、交貨時間等進行約定，所約定的買賣雙方權利義務基本是約定俗成的，不容易引起誤解。而合同則適用於有很多條款需要雙方約定的產品或服務，譬如大型設備購買，可能涉及安裝、培訓、售後服務、技術轉讓等等，就需要訂立詳細的合同來約定，僅靠一張訂單無法滿足要求；此外由於訂單比較簡

單，對於經常合作的客戶之間，除了訂單以外，還會另簽總體性的框架合同，對在訂單中未規定的，具有相同性的內容進行規定，比如約定違約責任、爭議解決方式等，以彌補訂單的不足。而補充協議只有在特殊情況下才需要簽署。

二、合同、訂單和補充協議的共同注意事項

1. 形式的完備性和一致性

合同、訂單和補充協議雖然內容不同，但形式上都應當具備完整性，包括具備當事人、時間等因素。對於補充協議，其當事人應當與原合同當事人嚴格一致，形式也應當與原合同一樣完備，並要防止與原合同發生內容矛盾，對合同與補充協議的效力高低進行約定。通常可以在補充協議中約定：本補充協議與原合同具有同等法律效力，是原合同的組成部分，本補充協議未盡事宜者，按照原合同履行，本補充協議的條款與原合同條款有衝突的，以本補充協議為準。對於訂單，也可以規定類似的條款。

2. 生效條件

合同、訂單和補充協議，都需要當事各方簽字蓋章之後才能生效。實踐中，企業在簽署合同或補充協議時，都會認為要書面列印並各方簽字蓋章；而對於訂單，常會忽視書面文件及簽字蓋章，往往對方發來的訂單多數是傳真或者郵件，在未簽署正式的書面訂單並雙方蓋章簽字之前，就開始進行生產或發貨，這就容易引起糾紛，對方往往會以合約未成立或生效為由，拒絕履行。雖然傳真、郵件也可以做為合約的一種形式，但容易被否認，在證據效力上低於書面文件，所以企業在日常業務中，應當儘量確保訂單上面有簽字蓋章，並且留下正本文件。

【128】買賣合同必備條款

買賣合同的條款可由當事人自行約定，一般包括以下條款：當事人的名稱或者姓名和住所；標的；數量；品質；價款或者報酬；履行期限、地點和方式；違約責任；解決爭議的方法。除此之外，還可以包括包裝方式；檢驗標準和方法；結算方式；合同使用的文字及其效力等條款。在上述條款中，有一些條款屬於買賣合同的必備條款，缺少了這些條款，合同的效力及執行就會受到嚴重影響。通常情況下，上述前六個條款，屬於買賣合同的必備條款。

1. 當事人的名稱或者姓名和住所。當事人是合同的主體，如果當事人不清楚，則權利義務的承擔就無法確認；而當事人的住所，則會對發生糾紛後確定管轄法院有重要影響。實踐中，不寫當事人名稱的畢竟是少數，多是當事人名稱簡寫，或者列印的名稱與公章上的名稱不一致，或者使用英文名稱，導致在確認主體時發生糾紛。因此寫合同時，要儘量寫全名，並確認公章上的主體與合同主體保持一致，儘量少用英文名稱，因為英文名稱容易發生重名情況。

2. 標的。標的是合同權利義務指向的對象。沒有標的，合同不能成立；標的不清晰，則無法履行。買賣合同的標的，應當明確品名、型號、規格、品種、等級、花色等等。很多企業在訂單中，往往只是簡單標註字母代碼，而且只是企業內部的代碼，如果沒有其他證據佐證，很難確認究竟是什麼貨物。因此標註時應儘量使用行業通用術語，儘量避免簡稱、俗稱、代稱或地方用語。在包裝或者快遞單據上，也應當完整寫明標的名稱；另外還要說明進口與國產、原裝與組裝之分，以及用途等。

3. 數量。數量也是非常重要的一個條款，通常是指單位個數、體積、面積、長度、容積、重量等的計量。實踐中，訂單上往往會以簡稱或者字母來確定數量，或者遺漏部分數量指標，或者指標本身不

明確，這就容易造成誤解，例如只寫一車、一箱等。因此寫數量時，要儘量選擇使用共同接受的計量單位、計量方法和計量工具，有時候數量可能無法精確，或者會自然損耗，就要規定允許的誤差幅度。另外應儘量大寫，避免被篡改。

4. 品質。合同糾紛中，品質問題引起的糾紛非常多，一是因為品質本身不過關導致的糾紛，另一是品質標準約定不清楚導致的糾紛。很多日常的合同條款中，經常忽視品質條款的約定，或者只是含糊地規定為以企業標準或國家標準為準，但究竟是哪個標準，沒有明確，這樣容易埋下隱患。所以明確標準非常重要，包括標準名稱、代號和編號，有樣品的要封樣等。此外，還需要約定品質檢驗的方法、品質責任的期限和條件、對品質提出異議的條件與期限等。

5. 價款或者報酬。買賣合同通常是為了獲取利益，因此價格條款必不可少。實踐中，不寫價格的比較少，更多的是價格標註錯誤，包括未區分含稅與非含稅、不同的國際貿易術語等，還有一些價格規定比較籠統，未做細分，例如未明確運費、保險費、保管費、裝卸費、報關費等是否含在價格中，以及由誰支付等。此外價格要儘量大寫，避免被篡改。對於分期付款的情況，也要明確註明每期付款的時間和條件。

6. 履行期限、地點和方式。買賣合同中賣方負有交貨義務，因此何時交貨、在哪交貨，要明確清楚。不同的交貨地點和方式，對買賣價格將產生重大影響，所以必須明確。另外履行地點也會對未來管轄法院的確認、貨物毀損風險的承擔有重要影響。

除了上述必備條款外，違約責任、解決爭議的方法等條款，也非常重要，對保障自己的權益，保證合同履行，及糾紛處理都非常重要，也應儘量在合同中進行細化規定。

【129】買賣合同中如何約定驗收條款

驗收條款雖然不屬於合同的必要條款，但也不可忽視，因為它直接影響到貨款的支付及質量責任的轉移。實踐中買方經常會想盡辦法遲延驗收，或者找各種理由不驗收，甚至認定驗收不合格，對賣方造成極大的不公平，故驗收條款宜在合同中加以明確約定。

一、首先要明確質量標準

驗收的前提，必然要有一個可參考的質量標準，需要在合同中加以明確。質量標準可由雙方自行約定，例如某個企業標準，或者國家、地方、行業標準，或某個樣品，只要該約定不違反法律和行政法規的強制性規定即可。通常首選是自己熟知並能達得到的標準，或者在生產經營中正在適用的標準，如果對方要求適用其他國家或者自己不熟悉的標準時，應認真研究清楚，以免造成不符。因為一個產品領域往往會通行多個標準，甚至同一標準不同年份也有多個版本，不同國家和地區也有不同的標準，而不同的標準往往對於工藝、性能等都有不同要求，需要事先瞭解清楚。

二、明確質量檢驗期間、檢驗方式、檢驗地點等

買賣合同應當對質量檢驗的期間、地點、方式等進行明確約定。例如由誰驗收，是一方單獨驗收，買、賣雙方共同驗收還是第三方驗收，或者需要通過試運行驗收，都要明確約定。檢驗地點可以約定在賣方工廠檢驗、買方工廠檢驗或裝卸貨時或第三方檢驗，不同地點對品質責任的轉移會有不同程度的影響。檢驗期間通常以交貨時或交貨後的某個時間內進行，也可根據實際情況約定其他期間，對於鮮活農副產品等易腐化貨物，或易氧化的電子加工產品等貨物，則需要及時驗收，約定較短的驗收期間。

三、約定質量異議條款

　　按照合同法的規定，買方應在約定的檢驗期間或合理期間內提出質量異議，怠於通知的，視為質量符合標準，因此應根據貨物的特性約定不同的質量異議期間。另外可以針對驗收的不同對象設定不同的異議期間，例如對於數量、品種、規格、花色等物理性參數以及表面狀況及包裝存在異議，應當當場提出；而對於性能等內在性特徵，須使用或安裝運行後才能發現問題的，可以約定一定時日的異議期。此外，還可以在合同裡規定買方收到貨物以後，或賣方申請驗收後某個合理時間以內，買方有義務自行驗收，逾期未提書面異議的視為驗收合格。還應約定異議後直至爭議得到解決這段期間的貨物保管責任等問題，如約定由賣方暫時保管貨物，若證明貨物無品質問題，則此期間賣方因此支出的費用以及貨物的損失由買方承擔。對於發生異議後的處理，可以約定將貨物提交第三方檢測機構進行檢測，並約定檢測貨物的提交、檢測機構的確定等內容。

　　司法實踐中，買方發現質量問題時，往往會口頭主張，但忘了以書面形式提出質量異議，導致訴訟時證據不足；有的即便提出了書面異議，但未明確說明貨物存在的質量問題所在，包括貨物的批次、型號等，無法證明不合格貨物為賣方所供貨物，從而喪失勝訴權。因此提出質量異議一定要採用書面形式，並留下相關的交貨書面憑證和簽名，例如送貨單、出庫單等。另外，需要注意的是，買方如果已經將貨物投入使用、進行轉手銷售或者進行下一工序的安裝製作或加工，往往會視同驗收合格，除非貨物瑕疵必須在使用或安裝後才能發現，所以如果買方在驗收時已經發現質量問題，就應當及時提出異議，不要等使用後再提出。

【130】買賣合同中應如何約定違約責任的承擔方式

違約責任，是指合同當事人一方不履行合同義務，或履行合同義務不符合合同約定所應承擔的民事責任。因為違約責任的主要目的在於補償守約一方因違約行為所遭受的損失，因此一方出現違約行為時應承擔什麼樣的違約責任，即違約責任的承擔方式，對於買賣合同的雙方尤為重要。

一、繼續履行

在雙方簽署買賣合同後，經常會出現一方存在交貨延遲、不予交貨、拒絕收貨，或者交貨數量、包裝等不符合約定的情形，而且通常情況下這些行為會導致守約一方將違反下一個合同，比如無法按期交貨給第三方等。對此，可以明確約定，如果一方違約，守約方有權利要求對方繼續履行合同，即應履行立即交貨、按期收貨、提交數量準確、包裝完好的貨物等。

二、解除合同

儘管在合同中可以約定繼續履行，但經常也會發生一方的違約行為可能導致後續的繼續履行對守約一方沒有實際意義，甚至可能帶來更大的損失，或者守約一方根本無法等待違約一方的繼續履行。例如買賣的貨物是季節性很強的產品，因為賣方逾期交貨而導致過季，之後即便買方收到貨物，也無從賣出，只會損失更大，所以應該在買賣合同中約定，守約的一方有權利立即解除合同，即不再要求繼續履行合同，而是追究其他違約責任，例如可以要求支付違約金、賠償損失等。

三、採取補救措施

在買賣合同中，一方違約，另一方可要求違約方採取補救措施，這主要針對對方的違約行為是可以補救的情形，比如賣方交付的

貨物品質不合格，可以要求賣方採取立即進行修理、更換、重做、退貨、減少價款或者報酬等補救措施。在實務中，還可以約定如果一方違約，守約方可以自行採取補救措施，只不過採取補救措施所需要的費用應由違約方承擔。其實，從「合同法」第一百十九條的規定可知，為防止損失擴大，守約方採取適當補救措施也是其職責之一。

四、支付違約金或適用定金罰則

買賣合同中，約定支付違約金是最常見的違約責任承擔方式，通常的約定有兩種，一種是約定固定金額違約金，即只要合同一方存在違約行為，不管這個違約行為嚴重與否，或者給守約方帶來的損失如何，即應該支付固定金額的違約金給對方，另一種是根據違約的具體情況（例如違約的期限、嚴重程度等）確定違約金，譬如對於逾期付款的，根據逾期付款金額，再按照逾期付款的天數，乘以每日的違約金支付標準（例如萬分之五）來計算違約金。需要提醒的是，不管哪種約定，如約定的違約金過分高於造成的損失，違約方可以請求人民法院或者仲裁機構予以適當減少。

至於定金罰則，是專門針對合同雙方約定了一方向對方給付定金做為合同履行等的擔保，即約定了給付定金的一方不履行約定義務的，無權要求返還定金；收受定金的一方不履行約定義務的，應當雙倍返還定金。不過合同既約定了違約金，又約定了定金的，一方違約時，守約方只能選擇要求支付違約金或者定金，不能同時選擇。

五、賠償損失

在買賣合同中可以約定，一方不履行合同義務或者履行合同義務不符合約定，給對方造成損失的，應該賠償相當於違約所造成的損失，該損失包括直接損失和合同履行後可以獲得的利益。甚至為了更方便計算損失金額，雙方可以約定損失賠償額的具體計算方法，例如約定損失的構成，及每部分構成按照什麼樣的具體標準進行計算。

　　以上是買賣合同中主要的違約責任承擔方式，但承擔方式並非只能單獨使用，大多數情況下可以交叉使用、交叉約定，比如一方逾期付款，另一方可以要求繼續履行（例如繼續付款）且支付違約金。

【131】買賣合同中如何約定違約責任的違約金條款

一個完整的合約，違約責任條款是必不可少的，違約責任中的違約金條款是合同當事人在合同中預先約定的，當一方不履行合同或不完全履行合同時，由違約一方向對方賠付一定金額貨幣的責任。正確約定違約金條款，對守約方有至關重要的保護作用，如果約定模棱兩可，或者違約金約定過高或過低，都有可能導致違約金條款的效力大打折扣。

違約金條款通常可以如下表述：

1. 逾期付款的，違約方按照每逾期一天支付逾期付款金額__％的違約金，逾期超過__天的，違約方除支付違約金外，守約方有權解除合同。（主要適用金錢給付類義務）

2. 有下列情形之一的，違約方應當向守約方支付__元的違約金，違約金不足以彌補損失的，應當補足差額。（主要適用非金錢給付類義務）

違約責任由合約方自行約定，一般不以過錯或發生損失為前提條件，只要發生了違約行為就應當支付違約金，但由於違約金採取的是「以補償性為主、懲罰性為輔」的原則，故法律上仍然對該自行約定有一定程度的限制，不能約定過高或過低。根據「合同法」第一百十四條第二款規定：「約定的違約金低於造成的損失的，當事人可以請求人民法院或者仲裁機構予以增加；約定的違約金過分高於造成的損失的，當事人可以請求人民法院或者仲裁機構予以適當減少。」其中：

1. 所謂「過分高於」，通常是指約定的違約金超過造成損失的30％，但並不是「一刀切」。根據大陸「最高人民法院關於當前形勢下審理民商事合同糾紛案件若干問題的指導意見」（法發[2009]40號），調整過高違約金，要根據案件的具體情形，以違約造成的損失

為基準，綜合衡量合同履行程度、當事人的過錯、預期利益、當事人締約地位強弱、是否適用格式合同或條款等多項因素，根據公平原則和誠實信用原則予以綜合權衡；同時在舉證責任上，違約方對於違約金約定過高的主張承擔舉證責任，非違約方主張違約金約定合理的，亦應提供相應的證據。實踐中，除了民間借貸利息過高，法院可以主動調整外，其他情況法院一般不會對違約金過高主動進行調整，因此如果一方認為違約金過高主張減少時，應在訴訟或仲裁中及時提出。

2. 所謂「低於」，一般是參考實際損失，如果違約金低於實際損失而主張提高違約金，提高部分的違約金數額以不超過實際損失額為限。增加違約金以後，當事人又請求對方賠償損失的，人民法院將不予支持。

因此，在約定違約金時，對於以金錢給付為標的的合同，違約金約定以不超過合同標的額的30%為限較為適宜；對於以非金錢給付為標的的合同，違約金約定以可以預估損失的130%為限，直接確定違約金金額；對於事前難於預估損失的，可以採用約定損失的計算方法來解決。

另外需要注意的是，違約金不等於定金，定金具有雙倍返還的特性，約定時需要加以區分，如果合同中既約定了違約金，同時又約定了定金，發生違約情況時，守約方不能同時主張，只能選擇適用定金或者違約金的其中一種。

【132】定金的種類分析

定金指的是在合同訂立或履行之前，一方支付給另一方一定數額的金錢做為擔保的方式。

定金根據擔保的內容，主要分為訂約定金、成約定金、解約定金、違約定金幾種。

1. 訂約定金主要是為擔保合同訂立而支付一定金額定金的擔保形式。大陸最高人民法院「關於貫徹執行『中華人民共和國擔保法』若干問題的解釋」第一百十五條規定，當事人約定以交付定金做為訂立主合同擔保的，給付定金的一方拒絕訂立主合同時，無權要求返還定金；收受定金的一方拒絕訂立合同時，應雙倍返還定金。

2. 成約定金指的是當事人為擔保合同成立或生效而支付一定金額定金的擔保方式。大陸最高人民法院「關於貫徹執行『中華人民共和國擔保法』若干問題的解釋」第一百十六條規定，當事人約定以交付定金做為主合同成立或者生效要件的，給付定金的一方未支付定金，但主合同已經履行或者已經履行主要部分的，不影響主合同的成立或者生效。該條說明的是，在主合同尚未履行或者主要部分尚未履行的情況下，成約定金如未支付，則合同不成立或不生效。該種定金形式下，定金交付後，合同才得以成立或生效。

3. 解約定金指的是當事人為保留單方解除主合同的權利而交付一定金額定金的擔保方式。大陸最高人民法院「關於貫徹執行『中華人民共和國擔保法』若干問題的解釋」第一百十七條規定，定金交付後，交付定金的一方可以按照合同的約定以喪失定金為代價而解除主合同，收受定金的一方可以雙倍返還定金為代價而解除主合同。該條說明交付定金的當事人可以以喪失定金來解除合同，而接受定金的當事人也可以雙倍返還定金來解除合同。

4. 違約定金指的是當事人為擔保合同的履行而支付的一定金額

定金的擔保方式，交付定金的當事人若不履行債務，接受定金的當事人可以沒收定金。「擔保法」第八十九條規定，當事人可以約定一方向對方給付定金做為債權的擔保。債務人履行債務後，定金應當抵做價款或者收回。給付定金的一方不履行約定的債務的，無權要求返還定金；收受定金的一方不履行約定的債務的，應當雙倍返還定金。「合同法」第一百十五條規定，當事人可以依照「中華人民共和國擔保法」約定一方向對方給付定金做為債權的擔保。債務人履行債務後，定金應當抵做價款或者收回。給付定金的一方不履行約定的債務的，無權要求返還定金；收受定金的一方不履行約定的債務的，應當雙倍返還定金。

【133】定金條款使用注意事項

定金做為一種重要的擔保方式，在合同中應用十分普遍，因此在定金條款的應用過程中須注意以下事項。

1. 定金合同的性質。定金條款或定金合同做為一種擔保合同，是從合同，定金條款或定金合同隨主合同的存在而存在，隨著合同的消滅而消滅。主合同無效，定金條款或定金合同也無效，因此，在簽署定金條款和定金合同時須注意主合同是否有效及是否屬可被撤銷的合同，如主合同無效或被撤銷，即便當事人已有交付和收受定金的事實，也不能適用定金條款。

2. 定金條款或定金合同的形式。「擔保法」第九十條規定定金應當以書面形式約定；當事人在定金合同中應當約定交付定金的期限；定金合同從實際交付定金之日起生效。該條說明定金條款和定金合同必須以書面形式訂立，且只有合同當事人將定金實際交付給對方，定金才能生效，否則，僅有書面的定金條款或定金合同，但定金尚未交付，定金條款或定金合同都不生效。

3. 定金的數額。定金數額原則上由當事人自行協商，但「擔保法」對定金的最高額做了限定，即定金不得超過主合同標的額的20％。如果當事人約定的定金數額超過主合同標的額20％的，超過的部分，人民法院不予支持。

4. 約定的定金金額與實際交付金額不一致。大陸最高人民法院「關於貫徹執行『中華人民共和國擔保法』若干問題的解釋」規定，實際交付的定金數額多於或者少於約定數額，視為變更定金合同；收受定金一方提出異議並拒絕接受定金的，定金合同不生效。這說明定金須交付給另一方當事人後，定金條款或定金合同才生效。

5. 定金條款及定金合同的適用。法律規定因當事人一方遲延履行或者其他違約行為，致使合同目的不能實現，可以適用定金罰則。

但法律另有規定或者當事人另有約定的除外。當事人一方不完全履行合同的，應當按照未履行部分所占合同約定內容的比例，適用定金罰則。因不可抗力、意外事件致使主合同不能履行的，不適用定金罰則。因合同關係以外第三人的過錯，致使主合同不能履行的，適用定金罰則。受定金處罰的一方當事人，可以依法向第三人追償。

　　6. 定金與違約金競合。如果當事人在合同中既約定違約金，又約定定金的，一方違約時，守約方可以選擇適用違約金或者定金條款。因此，當合同中定金條款與違約金條款競合時，守約方只能選擇其中之一進行主張，而不能既主張定金罰則又主張違約金。

　　7. 定金與預付款、訂金、保證金等的關係。當事人交付留置金、擔保金、保證金、訂約金、押金或者訂金等，但如果沒有約定定金性質，當事人主張定金權利的，人民法院不予支持。另根據實務操作經驗，當事人約定定金條款或定金合同時，最好明確定金的概念，即「給付定金的一方不履行約定的債務的，無權要求返還定金；收受定金的一方不履行約定的債務的，應當雙倍返還定金。」否則，如僅僅表明適用「定金」條款，而未明確說明定金含義，有可能法院不會予以支持。

【134】交易過程中如何保留證據

　　根據民事訴訟的證據規則「誰主張，誰舉證」，如果原被告雙方希望獲得對自己有利的判決，就應當提供對自己有利的證據，尤其是原告，如要法官支持自己的訴訟請求，就必須圍繞自己的訴訟請求提供相關的證據，並使這些證據形成證據鏈。

　　下面重點介紹幾種實務中常見的證據，並介紹如何保留、收集這些證據。

　　1. 合同、訂單、對帳單、發貨單、驗收單、入庫單等書面證據：對於書面證據一定要保留原件，並加蓋雙方公司公章，如果是通過傳真形成的書面資料，事後一定要儘量補到原件。如該書面文件有許多頁，一定要加蓋雙方的騎縫章，以免發生爭議後，對方對未加蓋騎縫章的部分不予認可。對於非法定代表人簽字的文件，須要求對方提供該簽字人的授權委託書，該授權委託書要加蓋公司公章，以證明該人有權簽署文件，以免發生糾紛後，對方否認該簽字人的簽字資格。另外，還要注意上述書面文件上對方蓋的公章是否一致，以免對方業務人員私刻公章，發生糾紛後，公司不認可這些蓋有私刻公章的文件。同時，公司還應定期與對方組織對帳，對帳單原件可以對合同履行的階段及雙方尚未履行的金額提出很好的說明和確定，在訴訟中非常受到重視。對於確實無法提供原件的書面資料，則需要提供其他證據來予以佐證，補強影本的證明力。

　　2. 電子郵件：電子郵件也是一種書面證據，電子郵件在現在交易過程中廣泛使用，但電子郵件容易被竄改，因此其效力和形式真實性容易被對方否認，如在訴訟中，對方否認郵箱或否認電子郵件內容的真實性，則須申請到營運商的伺服器中調取原始的證據，或申請對電子郵件的真實性進行鑑定。

　　3. 短信（即簡訊）：在收件箱裡的短信一般不能竄改，如果有

意將短信做為證據，須把手機帶至法庭，向法庭出示收件箱裡的短信內容。但如果對方當事人否認手機號碼為其擁有，進而否認發過該條短信，則需要至手機營運商處調取對方為該手機號碼持有人的證據。

4. 錄音錄影資料：一般來說，有其他證據佐證並以合法手段取得的、無疑點的錄音錄影，可以確認證明力。至於什麼是合法手段，一般則是指不侵犯他人隱私、不違反法律禁止性規定，例如：不是以暴力、入室秘密竊取等手段獲取的證據。由於視聽資料也容易被篡改，因此，為使己方提供的視聽資料能得到法院採納，一般建議將錄音錄影資料的收集過程予以公證以確保其證明力。

5. 證人證言：由於證人證言受證人的主觀因素影響比較大，因此，法律對於證人的資格做出規定：（1）不能正確表達意志的人，不能做為證人；（2）待證事實與其年齡、智力狀況或者精神健康狀況相適應的無民事行為能力人和限制民事行為能力人，可做為證人。

法律對於不予採納的證人證言也進行了明確：（1）未成年人所做的與其年齡和智力狀況不相當的證言；（2）與一方當事人或者其代理人有利害關係的證人出具的證言；（3）無正當理由未出庭作證的證人證言。因此，如要將證人證言當做證據提交法庭並得到法庭的採信，一定要儘量使證人的資格符合法律規定，且證人須出庭接受法庭及雙方的詢問，才能得到法院採信。

【135】如何利用擔保來保障債權

在借貸、買賣、貨物運輸、加工承攬等經濟活動中，債權人為保障其債權實現，可以要求債務人提供擔保。在大陸，擔保的方式主要有五種：保證、抵押、質押、留置和定金。下面主要介紹每種擔保方式及如何利用擔保保障債權。

一、保證

保證是指保證人和債權人約定，當債務人不履行債務時，保證人按照約定履行債務或者承擔責任的行為。保證一般分為一般保證和連帶保證兩種。一般保證是指當事人在保證合同中約定，債務人不能履行債務時，由保證人承擔保證責任。一般保證的保證人在主合同糾紛未經審判或者仲裁，並就債務人財產依法強制執行仍不能履行債務前，對債權人可以拒絕承擔保證責任。而連帶保證是指保證人與債務人對債務承擔連帶責任。連帶責任保證的債務人在主合同規定的債務履行期屆滿沒有履行債務的，債權人可以要求債務人履行債務，也可以要求保證人在其保證範圍內承擔保證責任。

保證期間，債權人許可債務人轉讓債務的，應當取得保證人書面同意，保證人對未經其同意轉讓的債務，不再承擔保證責任。債權人與債務人協議變更主合同的，也應當取得保證人書面同意，未經保證人書面同意，如果加重了保證人的義務，保證人在加重範圍內不承擔保證義務。另外，如未約定保證期間，保證期間為主債務履行期屆滿之日起 6 個月，保證期內如果債權人沒有向債務人或保證人主張債權，保證人則不承擔保證責任。保證既可以提供人保也可以提供物保。同一債權既有保證人又有物的擔保的，保證人對物的擔保以外的債權承擔保證責任。

二、抵押

抵押是指是指債務人或者第三人不轉移對不動產的占有，將該不動產做為債權的擔保。債務人不履行債務時，債權人有權以該不動產折價，或者以拍賣、變賣該不動產的價款優先受償。可以用做抵押的不動產，最常見的是房產、交通運輸工具、國有土地使用權等。由於房產可以保值，且操作簡便，外商採用較多的是房產抵押。採用房產抵押的，抵押權人和抵押人雙方應當簽訂書面的抵押合同，並到房地產交易中心辦理房產抵押登記，未經登記，抵押合同不生效。同一房產上如果存在兩個以上的抵押，則按照房產抵押登記的先後順序清償；順序相同的，則按照債權比例清償。

三、質押

質押是指債務人或者第三人將其動產移交債權人占有，將該動產做為債權的擔保。債務人不履行債務時，債權人有權以該動產折價，或者以拍賣、變賣該動產的價款優先受償。可用於質押的動產既包括普通的動產，也包括權利，例如匯票、支票、本票等票據、依法可以轉讓的股份、股票、依法可以轉讓的商標專用權，專利權、著作權中的知識產權等。但由於實務中普通動產債權人須承擔保管義務，且一般動產價值不大，可用於質押的權利不容易變現，而像股票類的權利價值波動大，手續繁雜，故實務中採用權利質押的並不常見。

四、留置

因保管合同、運輸合同、加工承攬合同發生的債權，債務人不履行債務的，債權人可以占有債務人的動產，行使留置權。債權人留置財產後，債務人應當在不少於 2 個月的期限內履行債務，債務人逾期仍不履行的，債權人可以與債務人協議以留置物折價，也可以依法拍賣、變賣留置物。留置權主要發生在諸如保管、運輸、加工承攬等債權人已先占有債務人財產的情況下。

五、定金

　　定金已有專門章節進行闡述，在此不再贅述。

　　對於外商而言，在交易過程中，如果對交易對方的履約能力持有懷疑，則可以要求交易對方或直接要求對方的法定代表人或股東個人，提供現金保證、個人信用擔保或將房產抵押或提供定金，這樣在交易過程中比較可以保障自身債權得以實現。

【136】訴訟和仲裁的選擇

訂立合同時，對於案件發生糾紛後，究竟是選擇法院訴訟還是選擇仲裁管轄，是諸多當事人關注的問題，本文對在中國大陸訴訟和仲裁做一比較，以便外商對大陸的訴訟和仲裁程序有基本瞭解。

一、基本介紹

	訴訟	仲裁
受案範圍	財產關係、人身關係的糾紛。	僅限於合同糾紛和其他財產權益糾紛，與人身有關的婚姻、收養、監護、扶養、繼承糾紛不得仲裁。
立案依據	根據當事人約定或法律法定。	根據當事人約定。
審理人員	法官專職化，由人大任命，實行任命制。	兼職（律師、行業內專家、教授等），實行聘任制。
審級	一般兩審終審。但判決生效後，如已經發生法律效力的判決、裁定確有錯誤的，可以提起上訴。	一裁終局。
管轄範圍	不得違反級別管轄、地域管轄、專屬管轄的規定。	沒有限制，只要雙方有約定即可。
審判庭	人民法院指定。	當事人自願選定或共同委託仲裁委員會指定等。
審理方式	一般公開審理（涉及隱私、商業秘密、國家機密以及離婚案件中當事人申請不公開審理的除外）。	不公開審理。

	訴訟	仲裁
保全方式	可直接採取財產保全。	委託被申請人住所地或被申請保全的財產所在地的基層人民法院保全。
庭審方式	嚴格按照法庭調查、辯論等程序。	形式相對自由。
裁決的承認與執行	對本國法院判決的效力，一般只有簽署了雙邊司法協助的國家間才承認和執行。	參加「聯合國承認與執行外國仲裁裁決公約」的國家內都適用。
審理期限	普通程序：在立案之日起 6 個月內審結。有特殊情況需要延長的，由本院院長批准，可以延長 6 個月；還需要延長的，報請上級人民法院批准。簡易程序：在立案之日起 3 個月內審結。	不同的仲裁委員會審理期限有所不同。

二、優缺點分析

　　一般來說，仲裁程序比較靈活，程序相對簡單，審理期限比較短，但是仲裁的費用比較高，且仲裁是一裁終局，一旦敗訴，就不能再次審理。而訴訟程序比較複雜，審理的時間比較長，一般來說，一審是在立案後 6 個月內審結，而二審是在立案後 3 個月內審結，如果案情複雜，法院還可以延長審理的時間，但訴訟的費用相對較低，且一審敗訴了，還可以提起上訴。

三、選擇標準

　　如果案件是涉外案件，即合同雙方有一方是境外主體，一般建議選擇仲裁，比如「中國國際經濟貿易仲裁委員會」（總部北京、上海分會、華南分會）。如果是合同雙方國內主體，則建議選擇訴訟方

式做為爭議解決方式，可供選擇的管轄法院：合同雙方當事人住所地、合同簽訂地、合同履行地、標的物所在地，但一般建議最好選擇由公司住所地法院管轄，如此不但可節省成本並能避免對方所在地法院地方保護。

【137】如何查找財產線索

掌握和控制了交易對方的財產線索，就意味著掌握了訴訟的主動權，否則即使贏得了訴訟，所得到的訴訟結果可能只是一紙「法律白條」，權益無法得到保障。因此，對於交易對方財產線索的查找應該是貫穿於整個交易過程中，包括交易前、交易過程中、交易對方逾期付款後的催款過程及整個訴訟過程中。

1. 交易前，交易一方應對交易對方的資信及財產情況進行調查。交易前雙方合作的誠意比較大，因此在此時讓對方提供相關的資信資料，對方比較容易接受也較配合，此時可要求對方提供營業執照影本、稅務登記證等關於主體資格的文件，及財務報表、審計報告等有關資產情況的文件，通過財務報表、審計報告等可以知曉對方的存貨、應收帳款、貨幣資金等情況，藉此對對方財產情況有基本瞭解。

2. 交易中應注意保留留有對方財產信息的資料。比如在雙方簽署的合同中，可以要求對方註明銀行信息。另，一般在增值稅發票上也會註明雙方的銀行信息，因此，發生糾紛後，不至於對對方的財產線索一無所知。

3. 如交易對方發生逾期付款，交易一方應全力尋找對方的財產線索。通常的方式有如下幾種：（1）到房地產交易中心查找交易對方的房產信息；（2）到國土管理局調查交易對方的土地信息；（3）到車輛管理所調查登記在交易對方名下的車輛信息；（4）委託律師去工商局調取交易對方的工商信息，調閱交易對方開辦登記、股權登記及年檢資料等，以發掘財產線索，比如對方的基本帳號、對外投資股權、機器設備、貨物、資產負債表等登記信息；（5）如果案件已被法院立案受理，則可委託律師向法庭申請調查令，前往銀行、證券登記結算公司查詢對方的銀行帳戶、持有的股票、債券情況，但須說明的是，有的銀行從為客戶保密的角度，不接受律師持調查令前

往調取交易對方的銀行帳戶；（6）到國家商標總局、知識產權局等知識產權管理部門，查詢對方的商標、專利等知識產權；（7）通過與交易對方內部工作人員或交易對方的溝通交流，瞭解掌握其重大投資、重大交易及重大財產變動信息，包括應收帳款、到期債權等；（8）通過交易對方的客戶瞭解交易對方的應收帳款、預付款項信息；（9）申請法院調查交易對方的財產線索。如交易對方已被法院判決敗訴，需要支付貨款或被判決承擔其他金錢給付義務，而勝訴方無法進一步提供對方的財產線索，在執行階段勝訴方可申請法院調查對方的財產線索；（10）採取懸賞公告等合法方式，在法律允許的範圍內調查交易對方的財產線索。懸賞公告是一種很好的查找交易對方財產線索的方法。勝訴方可以向人民法院申請，請求法院以懸賞公告的形式，向社會各界徵求敗訴方的財產線索等信息，一旦舉報查明屬實，則給予舉報人一定的物質獎勵。

【138】民事強制執行措施 及律師在強制執行中的作用

　　民事強制執行措施，是指法院按照法定程序，運用國家強制力量，根據民事執行文書的規定，強制被執行人完成其所承擔的義務，以保證權利人的權利得以實現。根據大陸的「民事訴訟法」規定，民事強制執行措施主要有以下八種：

　　1. 查詢、凍結、劃撥被申請執行人的存款：承擔金錢給付義務的被執行人如拒不履行給付金錢的義務時，法院可以查詢、凍結、劃撥被執行人的存款，但法院查詢、凍結、劃撥存款不得超出被執行人應當履行義務的範圍。

　　2. 扣留、提取被申請執行人的收入，查封、扣押、拍賣、變賣被申請執行人的財產：但法院做出前述強制措施時，應當保留被執行人及其所扶養家屬的生活必需費用。

　　3. 搜查被申請執行人隱匿的財產：例如被執行人不履行法律文書確定的義務，並隱匿財產，法院有權發出搜查令，對被執行人及其住所或者財產隱匿地進行搜查。

　　4. 強制遷出房屋或者強制退出土地：例如在租賃合同糾紛中，合同到期後，承租人拒不搬出承租房屋，法院判決後，則可適用強制遷出房屋的措施。

　　5. 被執行人未按執行通知履行，人民法院可以強制執行或者委託有關單位或者其他人完成：如法院判決被執行人承擔一定的行為義務，比如登報賠禮道歉、消除影響等，而被執行人拒不履行時，法院可以以法院的名義進行登報，費用由被執行人承擔。

　　6. 加倍支付遲延履行期間的債務利息：被執行人未按判決、裁定和其他法律文書指定的期間履行給付金錢義務，應當加倍支付遲延

履行期間的債務利息。

7. 強制辦理有關財產權證照轉移手續：在執行中，需要辦理有關財產權證照轉移手續的，例如需要被執行人配合辦理房產證轉移手續，而被執行人拒不配合，則法院可以向房地產交易中心發出協助執行通知書，由房地產交易中心強制辦理房產證的轉移手續。

8. 限制出境：如被執行人不履行法律文書確定的義務，人民法院可以對其採取，或者通知有關單位協助採取限制出境，包括限制前往台港澳地區。

有的當事人贏了官司後，認為執行是法院的事情，律師已是可有可無，事實上並非如此。律師其實在強制執行中具有非常重大的作用，主要有如下幾點：1. 調取被執行人的財產線索。由於大陸法院的執行庭普遍存在案多人少的問題，因此，執行庭的法官無法對每一個案件都親自為執行申請人查找財產線索，大多數情況下都需要執行申請人自行提供被執行人的財產線索，但執行申請人往往由於自身的限制有時無法取證，而律師憑藉律師的身分則可以輕而易舉地收集一些證據，且有些證據只能以律師的身分進行收集，比如去工商局查詢被執行人的工商信息等；2. 申請採取保全。律師如發現被執行人有轉移財產的行為時，也可以及時利用相關法律手段申請財產保全，更大限度的保護委託人的合法財產權益；3. 參與制定執行方案，配合法官執行案件。律師在與執行法官的交流上，可利用專業的知識，提出有利於執行申請人的執行方案，並可以配合法官執行案件；4. 以其他非財產方式協助敦促被執行人履行義務。例如在被執行人拒不履行生效判決的情況下，律師可以向法院申請限制被執行人高消費、限制被執行人出境，甚至在一些特別情況下，律師可以向法院申請被執行人破產等方式，敦促被執行人積極履行義務。

【139】如何利用財產保全保障債權回收

　　一個案件從法院受理至判決做出再到強制執行，短則數月，長則持續數年，部分債務人會利用這一段時間惡意藏匿、轉移或變賣資產，以期判決得不到執行。為避免贏得訴訟卻拿不到錢的窘境，債權人可以充分利用財產保全制度保障自己權益。

　　財產保全簡而言之，就是由法院對案件爭議的標的或者當事人的財產，採取限制其處分或流通的保護性措施。財產保全又可分為訴前保全和訴訟保全，通常情況下，法院只接受訴訟保全申請，即只有當訴訟案件在法院立案後，申請人提出的財產保全申請才會被接受，而訴前保全一般只適用於知識產權侵權、交通肇事理賠及特殊情況下的勞動爭議糾紛等少數幾類案件。

　　申請人在申請財產保全時，應當提供財產擔保，做為對保全不當造成的損失，常見的擔保方式包括現金擔保、資信擔保或不動產擔保等。實務中，各地法院對擔保的要求有所差異，以上海地區為例，法院只接受現金和不動產做為擔保，其中，申請人現金擔保的金額須相當於被保全財產價值30%，不動產的價值須大於等於被保全財產，且只限於上海地區的不動產，提供不動產做擔保的，需要將房產證原件交給法院保管直至財產保全撤銷。而在昆山地區，擔保的要求更高，法院對申請人提供現金擔保的金額，要求達到相當於被保全財產價值的50%，如果以昆山本地不動產做擔保的，法院會要求對不動產進行查封登記；另外，昆山法院可以接受某些專門的擔保公司、金融機構提供的資信擔保。在有些地區，法院也願意接受外地的不動產做為擔保，但會附加要求申請人提供不動產評估報告等資料來證明不動產的價值，因此擔保時需要提供何種財產做為擔保，具體還需要和受理財產保全申請的法院根據個案情況進行事前確認。

　　常見的財產保全措施包括查封、扣押、凍結等。實務中，法院

會依照被保全財產的性質來確定保全的具體措施。最常見的，就是對債務人銀行帳戶或股票等有價證券帳戶進行凍結，該資金帳戶在被凍結的資金範圍內只進不出。對於採取產權登記制度的財產，例如房屋、車輛等，法院通過通知有關產權登記部門的方式限制其交易，而對於廠房類的不動產或者機器設備等不易移動的動產，通常採用查封，即貼封條就地封存的方式，扣押則一般適用於對異地財產的扣留。另外需要提請注意的是，當債務人的財產不能滿足保全請求，而債務人對第三人有到期債權的，人民法院可以依債權人的申請裁定該第三人不得對本案債務人清償，但法院一般都會要求申請人提供債務人對第三人到期債權的交易合同、債務人審計報告中顯示的對第三人應收帳款金額等證據資料，以證明到期債權的合法性和真實性。

這裡需要提示的是，為了保證財產保全的效果，債權人一定要把握好提出財產保全申請的時機。財產保全申請應與訴狀一併向法院提起，並要求法院立刻安排辦理執行法官對債務人資產採取查封、凍結等保全措施，以避免債務人在收到法院寄出的起訴狀副本之後立即轉移、藏匿其資產的情況發生。另外，財產保全通常有時間期限，如果案件審理時間較長，可能造成案件裁決前財產保全期限屆滿而解除的情況，對此，當事人可根據實際情況申請延續保全。

【140】在訴訟仲裁中的調查取證分析

　　瞭解證據規則，分清舉證責任，依法獲取證據，是當事人在訴訟仲裁中占據主動的關鍵。

一、舉證責任

　　大陸「民事訴訟法」第七十四條規定「當事人對自己的主張，有責任提供證據」，明確了「誰主張，誰舉證」的一般舉證規則。但在一些特殊侵權案件中，存在「舉證責任倒置」的情況，例如高度危險作業、環境污染、建築物倒塌脫落、缺陷產品、飼養動物致人損害等，此類案件中由被告對自己行為無過錯承擔舉證責任。另外，在勞動爭議類型的案件中，也有兩種舉證責任倒置的情況，由用人單位負責舉證：1. 在工傷認定的案件中，職工或者其直系親屬認為是工傷，用人單位不認為是工傷的；2. 因用人單位做出開除、除名、辭退、解除勞動合同、減少勞動報酬、計算勞動者工作年限等決定，而發生勞動爭議的。

二、收集證據的方式

　　1. 當事人自行收集證據

　　基於「誰主張誰舉證」的一般舉證規則，大部分證據需要當事人自行收集。證據取得方法必須合法，一旦被認定是以侵犯他人的合法權利獲取的證據（例如以暴力手段獲取的證據、侵犯他人隱私權獲得的證據等），即便證據內容真實也無法獲得法院採信。但當事人也不需要矯枉過正，目前實務中在獲取錄音錄影等視聽資料證據時，即便未事先告知，即所謂的「偷錄、偷拍」，只要沒有侵犯到對方的合法權益，也可以做為認定事實的證據。

　　近年來，電子檔案（手機簡訊、電子郵件、網上資訊等）越來越多地做為證據在訴訟或仲裁中運用。由於電子證據具有易偽造、篡

改的特徵，建議舉證人在對電子證據的採集過程委託公證機關進行公證，而不是簡單地列印電子郵件、短信提交，否則證據的真實性很難被法庭認可。對電子郵件的公證最好在公證處或法院進行，以保證公證所使用的電腦沒有被其他人控制，公證效力比較強。對於網絡上的信息進行公證時，應要求公證人員記載公證當時上網的方式和具體過程，記錄公證的時間，以保證網絡證據的準確性和時效性。另外，庭審質證過程中，法院通常會要求當庭用儲存該電子信息的電腦或手機等載體現場演示，甚至有些情況下，會要求對電子證據進行鑒定，因此舉證方應當保留電子證據的初始狀態，不要隨意修改、移動。

2. 律師調查取證

在很多情況下，當事人對於不處於自己保管或控制下的證據，例如第三方持有的證據、證人證言等，無法通過正常調查途徑獲得，這種情況下，可以由訴訟代理律師向法院申請調查令進行調查。申請調查令應具備以下條件：

（1）申請人必須是法院已經立案受理的案件當事人，或經當事人委託的訴訟代理人。

（2）申請人應當向人民法院遞交申請書，述明需要收集的證據和所要證明的待證事實，以及無法取得上述證據的原因。

（3）持令人是案件當事人的訴訟代理人，僅限於取得有效律師執業證書的律師。

對調查令的申請，由審理該案的合議庭或獨任審判法官進行審查並填發調查令。

3. 向人民法院申請調查令

通過律師申請調查令仍無法獲取所需證據時，當事人還可以申請人民法院調查收集。實務中，可以申請法院調查收集的證據，範圍主要限於屬於國家有關部門保存並不對外公開的文件和資料，或是涉及國家秘密、商業秘密、個人隱私的資料等，比如稅務機關保存的納

稅紀錄、房產交易中心保存的當事人持有的房產信息、銀行保存的有關銀行存款的資料、海關保存的海關出入報關單、勞動爭議中處理勞動爭議的資料、人身傷害案中的傷害鑒定資料、醫療事故糾紛中醫院的診斷病歷資料和用藥處方等。

三、舉證期限

舉證人原則上必須在舉證期限屆滿之前收集完畢證據，並向法院或仲裁庭提交，否則對方當事人很可能以逾期提交證據為由，要求法院不予組織質證。此外，當事人申請調查令的，原則上須在不遲於舉證責任屆滿前7日提出。舉證具體期限，一般在法院出具的送達案件受理通知書或應訴通知書上列明。

四、關於遞交境外形成的證據

根據大陸「民事訴訟法」的有關規定，當事人向人民法院提供的證據是在中華人民共和國領域外形成的，該證據應當經所在國公證機關予以證明，並經中華人民共和國駐該國使領館予以認證，或者履行中華人民共和國與該所在國訂立的有關條約中規定的證明手續。另外，證據如果是在台灣地區取得的，則首先應該在台灣當地進行公證，並通過海基會和海協會轉寄中國公證員協會或省、自治區、直轄市公證員協會（或公證員協會籌備組）查證後，轉交大陸受理案件的法院。

【141】因產品質量發生糾紛如何解決

發生產品質量問題後，通常可以通過以下幾種途徑解決。

一、協商解決

如果雙方對質量問題爭議不大，則協商解決無疑是省事省力的解決辦法。大陸「民法通則」和「產品質量法」均規定，產品質量發生問題，銷售者承擔負責修理、更換、退貨的責任，並且如果產品質量造成進一步人身和財產損失，銷售者應當負責賠償。買方可以依法主張其權利，但這裡需要指出的是，上述法律規定沒有明確限定銷售者必須以修理、更換或退貨的哪種形式來解決品質問題，易造成交易雙方在責任承擔的方式選擇上發生爭議。為解決這一問題，建議買賣雙方可以在合同中約定發生質量問題的具體解決方案，包括買方可以選擇要求採取限期維修、更換，或在買方可以接受的情況下予以降價處理等方式，這樣一旦在履行中發生質量問題，雙方處理起來即有據可循。

二、通過司法途徑解決

如果買賣雙方對產品是否存在質量問題存有爭議，或在解決方案上無法協商達成一致，則最終很可能不得不通過訴訟等司法途徑解決。

在通過訴訟維權時，應注意以下幾點：

1. 產品存在質量問題的認定。

（1）質量標準

質量標準應由合同雙方在合同中約定明確，如果合同中未約定，或者只是籠統性地表述為產品應達到質量標準等，則一旦發生爭議，通常以具有同類產品所具有的一般質量水準，並能實現通常的使用目的來判斷。而此類標準一般

只是「合格」，如果買方對所購買產品的質量有更高的期待，一定要在合同中明確。

（2）檢驗義務

按照合同法的規定，買方收到產品後應在約定的檢驗期間內對產品進行檢驗，沒有約定檢驗期間的，應當及時檢驗並在發現或應當發現產品質量不符合約定的合理期間內通知賣方。如果買方怠於履行驗收義務，或未及時驗收，都會對其主張產品質量責任造成不利影響，甚至因此無法獲賠，因此對驗收結果進行書面確認十分重要，往往會成為勝訴與否的關鍵。

2. 對產品質量檢測

即便合同中已約定了產品的質量標準，但現實中，對於產品是否達到合同標準，雙方還是常常會發生爭議，而法院也會因缺乏對產品的專門知識而難以直接認定。因此在訴訟中，產品質量是否達標通常會需要專門的檢測機構進行鑒定。這裡要提示的重點是，實務中，一方在訴前單方面委託的檢測，其檢測結果通常不會被另一方接受，也很難得到法院的承認，因此，申請鑒定最好是在訴訟後向法院提出申請，並由法院指定法定鑒定機構進行鑒定。此外，對於檢測時間、委託檢測的具體內容、方式和認定標準等，也應由雙方和法院在委託檢測前確定，以避免爭議發生。

3. 損失證明

質量問題產生的損失應當由受害方舉證證明，因此受害方在產品的合約書、產品樣品、驗收單據、質量問題造成的財產或人身損失的各項證據，都應保存。這裡需要提示的是，如果買方並非產品的最終使用者，則買方因為產品質量問題向客戶承擔賠償責任的證據，包括裁判文書、和解協議以及付款憑證等，也可以做為損失的證據而主張索賠。

三、質量問題和付款義務

實務中，常常有買家在對產品質量存疑時即拒絕支付貨款。對此需要說明的是，除非合同中有明確約定或者得到賣方的認可，否則僅因買方對產品質量存疑並不構成拒付貨款的合法理由，買方如果拒付貨款，最終產品質量經檢驗卻合格，則買方還可能需要承擔逾期付款的違約責任。

外商在中國從事貿易法律財稅實務（增訂版）

2012年2月初版　　　　　　　　　　　　　　　　定價：新臺幣420元
2012年10月增訂二版
2013年11月增訂二版三刷
有著作權・翻印必究
Printed in Taiwan.

著　　　者	富蘭德林事業群				
總 編 輯	胡　金　倫				
發 行 人	林　載　爵				

出　版　者	聯經出版事業股份有限公司	叢書主編	鄒　恆　月
地　　　址	台北市基隆路一段180號4樓	特約編輯	鄭　秀　娟
編輯部地址	台北市基隆路一段180號4樓	封面設計	富蘭德林事業群
叢書主編電話	(02)87876242轉223	內文排版	陳　玫　稜
台北聯經書房	台北市新生南路三段94號		
電　　　話	(02)23620308		
台中分公司	台中市北區健行路321號1樓		
暨門市電話	(04)22312023、(04)22302425		
郵政劃撥帳戶第0100559-3號			
郵　撥　電　話	(02)23620308		
印　刷　者	世和印製企業有限公司		
總　經　銷	聯合發行股份有限公司		
發　行　所	新北市新店區寶橋路235巷6弄6號2F		
電　　　話	(02)29178022		

行政院新聞局出版事業登記證局版臺業字第0130號

本書如有缺頁，破損，倒裝請寄回台北聯經書房更換。　　ISBN　978-957-08-4076-6 (軟皮精裝)
聯經網址 http://www.linkingbooks.com.tw
電子信箱 e-mail:linking@udngroup.com

國家圖書館出版品預行編目資料

外商在中國從事貿易法律財稅實務

（增訂版）/富蘭德林事業群著．二版．
臺北市．聯經．2012年10月（民101年）．
392面．14.8×21公分
ISBN　978-957-08-4076-6（軟皮精裝）
[2013年11月增訂二版三刷]

1.貿易法規　2.租稅　3.投資　4.中國

558.2　　　　　　　　　　　101020159